독자의 1초를
아껴주는 정성을
만나보세요!

세상이 아무리 바쁘게 돌아가더라도 책까지 아무렇게나 빨리 만들 수는 없습니다.

인스턴트 식품 같은 책보다 오래 익힌 술이나 장맛이 밴 책을 만들고 싶습니다.

땀 흘리며 일하는 당신을 위해 한 권 한 권 마음을 다해 만들겠습니다.

마지막 페이지에서 만날 새로운 당신을 위해 더 나은 길을 준비하겠습니다.

길벗 IT 도서 열람 서비스

도서 일부 또는 전체 콘텐츠를 확인하고 읽어볼 수 있습니다.
길벗만의 차별화된 독자 서비스를 만나보세요.

더북(TheBook) ▸ https://thebook.io

더북은 (주)도서출판 길벗에서 제공하는 IT 도서 열람 서비스입니다.

아는 만큼 보이는 프런트엔드 개발

Explore the Front-End Roadmap

초판 발행 • 2023년 9월 25일

지은이 • 김기수
발행인 • 이종원
발행처 • (주)도서출판 길벗
출판사 등록일 • 1990년 12월 24일
주소 • 서울시 마포구 월드컵로 10길 56(서교동)
대표 전화 • 02)332-0931 | **팩스** • 02)323-0586
홈페이지 • www.gilbut.co.kr | **이메일** • gilbut@gilbut.co.kr

기획 및 책임 편집 • 변소현(sohyun@gilbut.co.kr) | **디자인** • 장기춘 | **제작** • 이준호, 손일순, 이진혁, 김우식
마케팅 • 임태호, 전선하, 차명환, 박민영, 지운집, 박성용 | **영업관리** • 김명자 | **독자지원** • 윤정아

교정교열 • 박민정 | **전산편집** • 이상화 | **출력 및 인쇄** • 정민 | **제본** • 정민

ISBN 979-11-407-0638-9 93000
(길벗 도서번호 080351)

정가 24,000원

독자의 1초를 아껴주는 정성 길벗출판사

㈜도서출판 길벗 | IT교육서, IT단행본, 경제경영서, 어학&실용서, 인문교양서, 자녀교육서
www.gilbut.co.kr

길벗스쿨 | 국어학습, 수학학습, 어린이교양, 주니어 어학학습, 학습단행본
www.gilbutschool.co.kr

페이스북 • www.facebook.com/gbitbook

한 권으로 보는 프런트엔드 로드맵과 학습 가이드

아는 만큼 보이는 프런트엔드 개발

김기수 지음

길벗

지은이의 말

대학생이던 10여 년 전, 전공과 무관하게 우연히 들어선 개발자의 길을 지금까지 꾸준히 걷고 있습니다. 감사하게도 이 길을 걸어가는 매 순간이 즐겁고 행복합니다.

작년에 《코딩 자율학습 HTML + CSS + 자바스크립트》를 펴낸 후 길벗출판사로부터 프런트엔드 개발자를 위한 로드맵을 콘셉트로 하는 책을 출간하자는 제의를 받았습니다. 고마운 제의였지만 '프런트엔드 로드맵'이라는 주제가 폭넓은 데다 이야기를 풀어가기가 어려울 것 같아 고민했습니다. 로드맵을 어떻게 글로 표현해야 할지, 무슨 내용을 어떻게 전달해야 할지 생각하다 보니 자연스럽게 필자가 개발에 입문했던 때와 지금을 비교하게 됐습니다.

필자가 처음 개발을 배운 2000년대 중반에는 대중적으로 알려진 개발 언어가 지금처럼 많지 않았습니다. 선택지가 별로 없었기 때문에 어떤 것을 배워야 할지 고민할 필요가 없었죠. 예컨대 프런트엔드 분야의 경우 HTML, CSS, 자바스크립트 말고는 별다른 것이 없었습니다. 과거에 많이 사용됐던 jQuery 라이브러리나 오늘날 인기 있는 타입스크립트 같은 언어는 필자가 개발을 시작한 지 몇 년 뒤 등장했으니, 과거를 돌이켜보면 배워야 할 내용이 적었습니다.

하지만 지금은 다릅니다. 타입스크립트 등의 뛰어난 언어가 출시됐고, 효율적인 웹 개발을 위한 아키텍처 스타일 및 방법론, 프레임워크, 라이브러리가 다양합니다. 그러나 이 많은 언어와 기술 사양을 모두 알아야 하는 것은 아닙니다. 일부만 배워도 프런트엔드 개발을 하는 데 문제가 없습니다.

그렇다 해도 프런트엔드 개발에 처음 발을 들여놓는 입문자로서는 이를 판단하기 어렵습니다. 과거에 비해 공부해야 할 것이 늘어나고 선택의 폭도 넓어졌기 때문입니다. 모든 것을 다 알아야만 프런트엔드 개발이 가능하다면, 학습량은 많을지언정 선택의 갈림길에서 갈팡질팡하지는 않을 것입니다. 이에 필자는 프런트엔드 개발의 길에 먼저 들어서 오랫동안 걸어온 선배로서, 이제 막 진입한 사람들을 위한 프런트엔드 학습 가이드가 있으면 좋겠다는 생각에 이 책을 집필하게 됐습니다.

프런트엔드는 끊임없이 발전하면서 진화하고 있습니다. 지금 이 순간에도 새로운 도구, 기술, 접근 방식이 등장하고 있습니다. 필자의 경험과 연구를 바탕으로 한 이 책은 프런트엔드 분야의 변화에 발맞춰 관련 기술의 학습 경로를 안내하고, 개발자에게 필요한 기술과 개념을 단계적으로 익히도록 하는 데 목적이 있습니다. 미래에 어떻게 바뀔지 모르는 최신 기술을 소개하기보다는 검증되고 안정화된 기술 위주로 유용한 정보를 제공합니다. 이 책을 읽고 나면 독자는 머릿속에 프런트엔드에 대한 전반적인 구조를 충분히 그릴 수 있을 것입니다. 프런트엔드 개발자로서 기나긴 여정을 시작하는 데 이 책이 나침반과 같은 역할을 하기 바랍니다.

김기수

THANKS TO

이 책을 집필하는 동안 긍정적인 조언을 해주시고, 탈고한 이후에는 훌륭한 모양새를 갖추도록 큰 도움을 주신 변소현 편집자님과 길벗출판사 담당자 여러분에게 무한한 감사의 인사를 드립니다. 이분들이 있었기에 부족한 글이 멋진 책으로 세상 밖에 나올 수 있었습니다.

끝으로, 집필 기간 동안 집중할 수 있도록 살림과 육아를 도맡아준 아내 그리고 삶의 활력소인 아들에게 사랑이 가득 담긴 마음을 전합니다.

베타 리더의 한마디

인터넷의 기초부터 HTML+CSS+자바스크립트, API, 테스트, 배포까지 저자의 경험을 체계적으로 반영한 이 책은 실패할 여유조차 없는 사람에게 큰 도움이 될 것입니다. 11장에서 단계별 추천 포지션과 필수 기술을 설명한 부분이 특히 마음에 듭니다. 프런트엔드 개발자가 되는 과정을 입문, 초급, 중급, 고급 단계로 나눠 예상 학습 기간과 공부 주제를 명확히 알려줘 유용합니다.

• 윤진수

처음 접하는 프런트엔드 로드맵은 방대하게 펼쳐진 모습이라 어떻게 공부해야 할지 막막하기만 합니다. 이 책은 프런트엔드 로드맵을 제시하고 그에 따른 기술 지식을 자세히 설명한 후 학습 방법을 조언하기 때문에 입문자를 잘 이끌어주는 길잡이가 될 것입니다.

• 이상엽

빠르게 변하는 프론트엔드 기술 중 무엇을 배워야 할지 고민이라면 이 책으로 그 방향을 정할 수 있습니다. 물론 로드맵이기 때문에 심도 있게 파고들지는 않지만, 무엇을 배워야 할지 스스로 로드맵을 그려갈 수 있습니다.

• 이호철

마치 선배가 꿀팁을 알려주듯이 이 책은 프런트엔드 개발자라면 알아야 할 모든 내용을 담고 있습니다. 사용해야 할 도구나 개념이 있다면 목차에서 찾아 바로 읽어보세요. 학습 순서나 필수적인 개념, 해당 내용과 관련된 여러 도구 중 대중적인 것들을 비교해 알려줍니다.

• 이장훈

이 책에는 프런트엔드란 무엇인지, 어떤 언어를 배워야 하는지, 추가로 공부해야 할 심화 기술이 무엇인지 등의 내용이 큰 줄기를 따라 하나하나 유기적으로 설명돼 있습니다. 특히 입문자는 공부 방향을 설정하는 데 큰 도움을 받을 수 있습니다.

• 김진원

이 책은 로드맵을 단순히 소개하는 데 그치지 않고 개념을 익힐 수 있도록 설명해줍니다. 입문자에게는 앞으로 학습해야 할 내용을 대략적으로 소개하고, 중급자에게는 자신의 지식을 점검하고 확실히 다질 수 있는 기회를 만들어줍니다.

• 문주영

프런트엔드 개발과 관련된 전반적인 개념을 로드맵으로 도식화하고 단계별로 설명해 해당 영역에 대한 이해도를 높일 수 있습니다. 프런트엔드 개발에 들어서기 전 '나도 개발을 배워볼까? 그게 뭐지?' 하고 궁금해하는 이들에게 프런트엔드 개발이 무엇이고, 어떤 일을 하는지 자세히 알려줍니다.

• 김대경

과거부터 현재까지 프런트엔드 분야가 어떻게 발전해왔는지 설명하고, 웹 개발에 필요한 다양한 지식을 체계적으로 알려줍니다. 이 책을 통해 자신이 만든 웹 페이지의 최종 성능을 확인하고 배포하는 데 필요한 포괄적인 지식을 쌓을 수 있습니다.
• 배윤성

이 책이 제시하는 로드맵을 따라가다 보면 어느새 프런트엔드 개발자의 기본을 모두 갖추게 됩니다. 성장 단계별로 필수로 익혀야 할 기술을 알려주므로, 이를 기반으로 공부한다면 프런트엔드 개발자로서 능력을 발휘하는 미래를 구체적으로 그릴 수 있을 것입니다.
• 서태호

이 책은 현업 프런트엔드 개발자의 가이드가 담긴 실용적인 학습서입니다. 경쟁력 있는 개발자로서 지식과 경험을 갖추기 위한 목표와 우선순위를 알려주며, 일부 장은 추가적인 설명이 필요하지 않을 정도로 자세한 내용으로 구성돼 있습니다.
• 김선혜

충분한 지식 없이 실무에 뛰어든 비전공 초급 웹 퍼블리셔에게 도움이 되는 책입니다. 대충 넘겨짚어 알고 있던 내용이 잘 정리돼 흩어진 퍼즐 조각이 맞춰진 느낌입니다. '요즘 유행이니까 공부해야지'가 아니라 실제로 실무에서 쓰이는 기술과 그 장단점을 설명해줘 자신만의 커리큘럼을 짤 수 있었습니다.
• 홍정아

이 책을 읽기 전에 '어려워서 못 따라가면 어떻게 하지'라고 생각했던 독자라도 막상 읽기 시작하면 술술 읽힐 것입니다. 혼자서 찾아야 할 자료와 각종 개념을 한번에 보여주고, 어떤 프로그램을 더 깊이 공부해야 하는지 명확히 알려줘 매우 유익합니다.
• 김새롬

빠르게 변하는 IT 기술 속에서 공부 방향을 잡기는 어렵습니다. 방대한 인터넷 자료를 찾고 그중에서 필요한 내용을 선별 및 검증하는 것 또한 쉽지 않습니다. 이 책에는 프런트엔드 개발과 관련된 모든 개념과 참고 자료가 친절하게 제시돼 있어 그러한 수고로움을 덜 수 있고, 〈수코딩의 조언〉을 통해 새로운 내용을 배우게 됩니다.
• 이세화

비전공자로서 사수 없이 웹 퍼블리셔로 일하면서 내가 제대로 하고 있는지 몰라 프런트엔드에 대한 이론 정립이 필요하던 차에, 이 책을 통해 지금 내가 무엇을 공부해야 하는지 알 수 있었습니다. 모든 내용을 실무적인 측면에서 다루기 때문에, 프런트엔드에 발을 들여놓은 사람이라면 꼭 한 번 읽어보기 바랍니다.
• 손수연

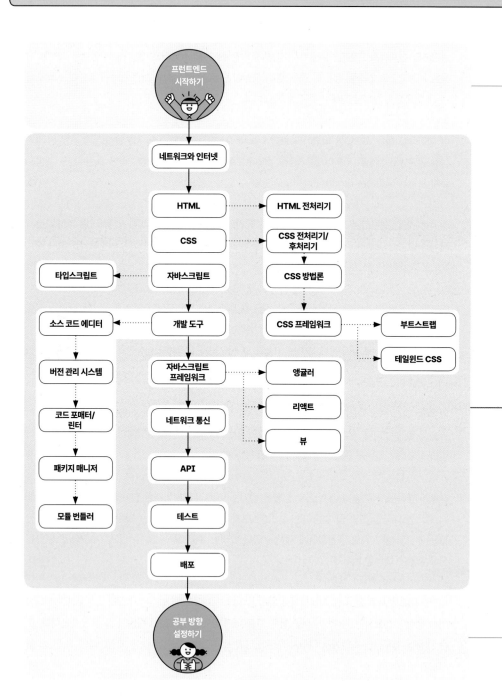

HTML+CSS+자바스크립트부터 배포까지 프런트엔드 로드맵을 따라가며 프런트엔드에서 다루는 언어, 기술, 도구 등을 살펴보고 공부 순서와 방법을 조언합니다. 로드맵을 통해 전체를 파악하고 공부 전략을 짠다면 프런트엔드 개발자로 가는 길이 한결 평탄할 것입니다.

PART 1 · 처음 만나는 프런트엔드

전체적인 웹 개발의 구조 속에서 프런트엔드 개발이란 무엇인지 이해하고 프런트엔드 개발자가 되면 무슨 일을 하는지 알아본 후, 2부에서 살펴볼 프런트엔드 로드맵을 개괄적으로 짚어봅니다.

PART 2 · 프런트엔드 로드맵 따라가기

프런트엔드 로드맵을 따라가며 주요 기술의 정의, 등장 배경, 동작 원리를 설명하고, 필자의 경험을 바탕으로 어떻게 공부하면 좋을지 학습 방법을 조언합니다. 예시 코드, 도식, 캡처 화면 등을 제시하면서 설명해 해당 기술을 간접적으로 체험하고 이해할 수 있습니다.

PART 3 · 프런트엔드 개발자로 성장하기

▶ 입문(4개월) > 초급(7개월) > 중급(1년 4개월) > 고급(3년)

기업이 원하는 개발자 그리고 총 4단계의 성장 포지션을 제시합니다. 각 단계별로 학습 주제와 순서, 소요 시간 등을 안내하고, 자신만의 커리큘럼을 짜는 방법을 소개합니다. 이 책을 다 읽고 나면 프런트엔드 개발 전체를 볼 수 있는 시야를 가지게 됩니다.

목차

1

처음 만나는
프런트엔드

프런트엔드 시작하기

이 장에서는 웹 개발의 전반적인 구조를 살펴본 다음 프런트엔드가 무엇인지 설명하겠습니다. 그리고 프런트엔드가 등장한 배경을 통해 프런트엔드 개발자가 하는 일을 알아봅니다. 또한 프런트엔드 개발자에게 필요한 기술을 훑고, 프런트엔드 로드맵을 따라가는 데 필요한 큰 줄기를 짚어봅니다.

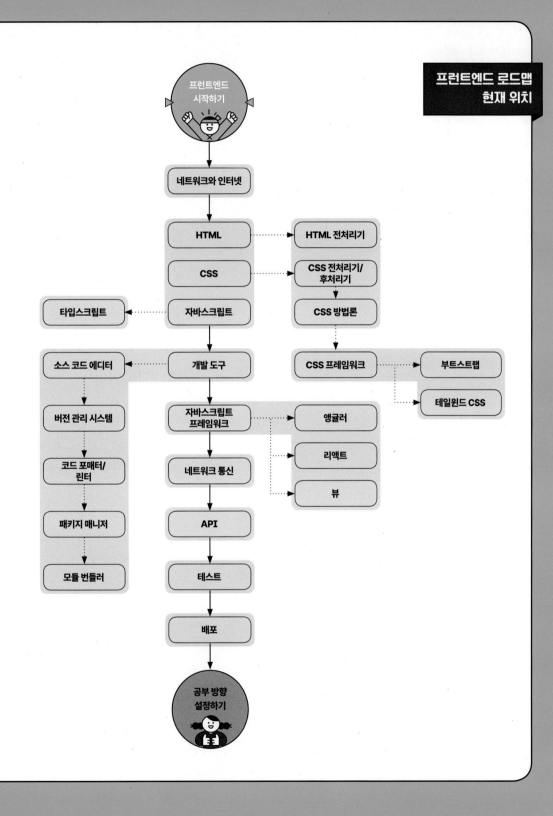

1.1

웹 개발의 구조

다음은 기상청의 날씨누리 사이트입니다. 구글과 같은 인터넷 검색 사이트에서 '기상청'을 입력하면 검색 결과를 통해 이 사이트에 접속할 수 있습니다.

그림 1-1 **기상청 날씨누리 사이트**

날씨누리의 홈 화면에는 텍스트, 이미지, 버튼, 링크 등이 있습니다. 만약 서울의 날씨가 궁금하면 검색창에 '서울'을 입력하고 돋보기 모양의 검색 버튼을 누릅니다. 그러면 서울 지도가 나타나고 서울 지역의 날씨가 표시됩니다.

우리는 이렇게 웹 페이지에서 필요한 정보를 검색하거나 클릭해 결과를 확인합니다. 이처럼 웹 브라우저에서 동작하며 사용자와 상호작용이 가능한 소프트웨어를 **웹 애플리케이션**(web application) 또는 줄여서 **웹 앱**(web app)이라고 합니다. 그리고 이러한 웹 애플리케이션을 만드는 일을 **웹 개발**(web development)이라고 합니다. 앞에서 봤던 날씨누리 사이트는 날씨 정보를 알려주는 웹 애플리케이션입니다.

그렇다면 사용자와 상호작용하는 과정은 실제 웹 내부에서 어떻게 처리될까요? 웹의 동작 방식은 다음과 같이 이뤄집니다.

그림 1-2 **웹의 동작 방식**

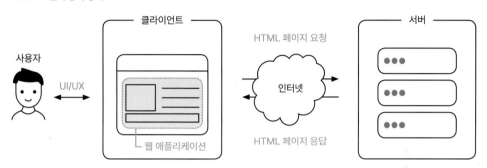

사용자가 웹 브라우저를 통해 웹 애플리케이션에 작업을 요청하면 이를 서버가 받아 처리한 뒤 그 결과를 반환합니다. 이러한 동작은 **클라이언트**(client)의 요청과 **서버**(server)의 응답으로 이뤄집니다. 클라이언트는 서버에 작업을 요청하는 컴퓨터 또는 응용 프로그램을 말하고, 서버는 클라이언트의 요청을 받아 처리하는 컴퓨터 또는 응용 프로그램을 말합니다.

보통 인터넷 같은 통신망에 접속할 수 있게 해주는 응용 프로그램인 웹 브라우저가 바로 클라이언트입니다. 웹 애플리케이션은 웹 브라우저에서 실행되는 소프트웨어로, 웹 브라우저의 주소창에 도메인(예: www.weather.go.kr)을 입력하면 해당 웹 애플리케이션이 구동되는 서버에 접속해 데이터를 받아와 화면에 출력합니다. 사용자는 그때부터 서비스를 이용할 수 있습니다.

클라이언트-서버 구조에서 웹 개발은 크게 프런트엔드(front-end) 개발과 백엔드(back-end) 개발로 나뉩니다. 각각의 개발 내용은 다음과 같습니다.

- **프런트엔드 개발:** 사용자가 웹 애플리케이션을 사용할 수 있도록 눈에 보이는 화면과 기능을 개발합니다.
- **백엔드 개발:** 서버에서 동작하는 실제 웹 애플리케이션을 개발합니다. 즉 웹 애플리케이션에서 다루는 데이터를 관리하고 처리하는 부분을 개발합니다.

이 책에서는 프런트엔드 개발자가 되는 데 필요한 기술과 공부 방법을 살펴봅니다. 백엔드 개발에 대해서는 더 이상 설명하지 않지만, 프런트엔드를 하나씩 배우다 보면 백엔드 개발도 자연스럽게 이해할 수 있을 것입니다.

1.2 프런트엔드의 등장 배경

웹 초창기에는 프런트엔드라는 개념이 존재하지 않았습니다. 이 용어가 등장한 시기는 2000년대 초반으로 거슬러 올라갑니다. 프런트엔드가 어떻게 탄생하게 됐는지 웹의 변천 사를 통해 알아봅시다.

1.2.1 웹의 변천사

웹 생태계를 언급할 때는 일반적으로 웹 1.0, 웹 2.0, 웹 3.0과 같이 '웹'과 '버전'을 붙여서 지칭합니다.

웹 1.0

웹이 탄생한 1990년대부터 2004년까지를 말합니다. 이 시대의 웹을 가장 잘 나타내는 키워 드는 '정적(static)'입니다. 사용자는 개발자가 만든 웹 페이지를 단순히 읽기만 할 수 있었기 때문입니다. 야후(Yahoo!), 구글(Google), 네이버(NAVER), 다음(Daum)과 같은 포털 사이트 는 이때 등장한 대표적인 웹 사이트입니다.

그림 1-3 **웹 1.0의 정보 흐름**

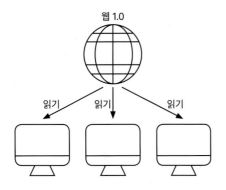

웹 1.0 시대에는 새로운 프로그래밍 언어도 많이 개발됐습니다. 대표적으로 CSS(Cascading Style Sheets), 루비(Ruby), PHP, 자바스크립트(JavaScript) 등을 꼽을 수 있습니다.

웹 1.0 시대에 여기저기서 수요가 많았던 직업은 웹 디자이너입니다. 주로 콘텐츠 제공자가 주는 정보를 읽기만 했기 때문에 웹 페이지를 차별화하기 위해 아름답게 꾸밀 수 있는 인력이 필요했습니다. 반대로 읽기만 하는 간단한 웹 페이지를 만드는 기술의 난도는 매우 낮아서 웹 페이지를 제작하는 전문 인력이 필요하다고 생각하지 않았습니다. 이 시대에 중요한 것은 '사람들이 볼 콘텐츠 만들기'와 '웹 페이지 아름답게 꾸미기'였습니다.

웹 2.0

2004년부터 현재까지를 말합니다. 이 시대의 웹을 가장 잘 나타내는 키워드는 '상호작용(interactive)'입니다. 사용자는 웹에서 일방적으로 제공하는 정보를 읽기만 하는 것이 아니라 직접 작성하고 수정할 수 있게 됐습니다. 싸이월드(Cyworld), 페이스북(Facebook), 트위터(Twitter), 인스타그램(Instagram) 등이 이때 등장한 대표적인 웹 사이트입니다. 웹 2.0 시대에는 웹 페이지에서 제공하는 정보를 단순히 읽기만 하는 방식이 비주류로 취급됐습니다.

그림 1-4 **웹 2.0의 정보 흐름**

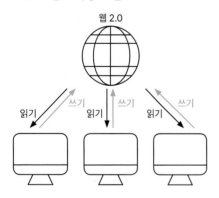

웹 2.0이 막 시작되던 때 어도비(Adobe)에서 개발한 플래시(Flash)가 주력 기술로 떠올랐습니다. 플래시를 이용하면 기존 HTML이나 자바스크립트로는 제공하지 못한 애니메이션 효과와 비디오 같은 데이터를 웹 페이지에서 재생할 수 있었습니다. 이때만 해도 웹 디자이너는 플래시를 할 줄 알아야 했습니다. 한편 웹 개발자는 여전히 큰 비중을 차지하지 못했습니다.

이러한 상황은 2010년에 애플의 스티브 잡스(Steve Jobs)가 아이폰(iPhone)에서는 플래시를 지원하지 않기로 선언하면서 급격한 변화를 맞이합니다.

웹 3.0

웹 2.0이 현재까지라면 웹 3.0은 미래의 웹을 말합니다. 웹 3.0의 정확한 정의는 전문가들 사이에서 아직도 논의 중이지만, 일반적으로는 지능형 웹 기술이 적용된 시대로 정의 내릴 수 있습니다.

지능형 웹이란 컴퓨터가 시맨틱 웹(semantic web, 의미론적인 웹) 기술을 이용해 웹 페이지에 담긴 내용을 이해하고 개개인에 맞춘 정보를 제공하는 것을 말합니다. 대표적인 지능형 웹 기술은 인공지능, 블록체인, 사물 인터넷 등이며, 웹 3.0 시대는 이러한 기술을 이용해 보다 지능적으로 연결되고 분산된 웹을 만드는 것을 목표로 합니다. 웹 3.0 기술은 더욱 공평하고 안전하며 지능적인 온라인 세상을 만드는 방향으로 나아갈 것입니다.

> **수코딩의 조언** 💬
>
> 웹 1.0에서 웹 2.0으로 전환되는 데 10년 이상이 소요됐습니다. 웹 2.0에서 웹 3.0으로 전환되는 데에도 최소 그 이상의 시간이 걸릴 것으로 보입니다.

1.2.2 프런트엔드의 등장 배경

웹 1.0 시대에는 프런트엔드라는 개념이 없었습니다. 그러다 웹 2.0 시대가 열리면서 몇 가지 사건이 발생하고 프런트엔드가 등장했습니다. 어떤 사건이 있었는지 살펴봅시다.

이미지 태그의 등장

1991년에 팀 버너스리(Tim Berners-Lee)는 다음과 같은 HTML 태그 목록을 공개했습니다. 제목을 입력하는 <title>부터 목록을 만드는 <ul>, <menu>, <dir>, <li>까지 주로 텍스트와 링크 위주의 태그였습니다.

그림 1-5 **최초의 HTML 태그 목록**

- **Title:** `<title>`
- **Anchors:** `<a>`
- **Plaintext:** `<plaintext>`
- **Paragraph:** `<p>`
- **Address:** `<address>`
- **Glossaries:** `<dl>`, `<dt>`, `<dd>`
- **Next ID:** `<nextid>`
- **IsIndex:** `<isindex>`
- **Example sections:** `<listing>`
- **Headings:** `<h1>`~`<h6>`
- **Highlighting:** `<hp1>`, `<hp2>`, …
- **Lists:** `<ul>`, `<menu>`, `<dir>`, `<li>`

이미지를 삽입하기 위한 `<img>` 태그는 2년 후인 1993년에 나왔습니다. `<img>` 태그 덕분에 텍스트와 링크 위주의 웹 페이지에 이미지를 삽입할 수 있어 시각적으로 더욱 풍부한 정보를 제공할 수 있게 됐습니다. 그러나 웹 페이지 자체는 여전히 복잡하지 않아서 전문적인 기술을 가진 인력이 필요치 않았습니다.

CSS의 등장

유럽입자물리연구소(CERN, Conseil European Ia Research Nurcleaire)에서 일하던 호콘 비움리(Håkon Wium Lie)는 1994년에 CSS를 제안했습니다. CSS는 웹 페이지에 시각적 디자인을 입히는 데 사용하는 언어로, 웹 페이지에 구성 요소를 배치하고 전체적인 구조를 만드는 일과, 구성 요소에 시각적 디자인을 입히는 일을 분리하기 위해 개발됐습니다.

1996년에 정식으로 출시된 CSS는 1998년에 웹 표준을 개발하고 장려하는 조직인 월드와이드웹컨소시엄(W3C, World Wide Web Consortium)의 권장 사항이 됐습니다. 웹 페이지에 CSS가 적용되면서 단순히 텍스트, 링크, 이미지를 보여주는 수준에서 시각적 디자인이 가미된 수준으로 한 단계 올라섰습니다.

CSS는 HTML과는 별도로 학습해야 하는 독립적인 언어입니다. 하지만 문법과 구조가 간단하기 때문에 CSS가 적용됐다고 해서 웹 페이지 자체가 크게 복잡해지지는 않습니다. 당시 CSS가 적용된 웹 페이지는 단조로웠기 때문에 웹 개발에 고급 인력이 필요치 않았습니다.

1998년에 출시된 구글의 메인 페이지를 보면 CSS가 사용된 것을 알 수 있습니다. 최초의 구글 홈페이지는 다음 링크에서 확인할 수 있습니다.

http://web.archive.org/web/19981111183552/http://google.stanford.edu

그림 1-6 **CSS가 적용된 1998년 구글의 메인 페이지**

자바스크립트의 등장과 웹 2.0 시대로의 전환

넷스케이프커뮤니케이션스(Netscape Communications)에 몸담고 있던 브렌던 아이크 (Brendan Eich)는 1995년에 사용자와 웹 페이지가 서로 상호작용하며 동작할 수 있도록 새로운 프로그래밍 언어를 개발했는데, 이것이 바로 자바스크립트입니다. 자바스크립트의 등장으로 웹 생태계는 사용자와의 상호작용을 중시하는 웹 2.0 시대로 가는 기틀이 마련됐습니다.

그렇다면 웹 2.0을 자바스크립트가 개발된 1995년부터로 보면 될까요? 그렇지 않습니다. 웹 2.0이 정확히 언제부터인지에 대한 명확한 근거는 없지만, 보통은 페이스북 같은 사용자 참여 형태의 소셜 미디어가 등장한 2004년을 웹 2.0의 시작으로 봅니다.

어쨌든 웹 생태계가 웹 2.0으로 전환됨에 따라 웹 페이지는 더 이상 정적인 형태로 정보를 제공하는 것에 머무르지 않고 사용자와 상호작용하며 정보를 제공하는 형태로 발전했습니다. 이는 웹 페이지를 만드는 데 보다 전문적인 기술자가 필요하게 된 중요한 계기이기도 합니다.

AJAX의 등장

AJAX(Asynchronous JavaScript and XML, 에이잭스)는 비동기식 자바스크립트와 XML 기술을 말합니다. 이는 새로운 프로그래밍 언어가 아니라 비동기로 화면을 동적으로 구성할 수 있게 해주는 프로그래밍 기법입니다. 비동기란 특정 작업이 다른 작업과 독립적으로 실행되는 방식을 의미합니다.

AJAX가 나오기 전에는 웹 페이지에 변경된 내용이 있으면 새로 고침을 해야 했습니다. 즉 서버로부터 정보를 새로 받아오려면 웹 페이지 전체를 다시 읽어와야 했습니다. 하지만 AJAX를 사용해 비동기로 화면을 개발함으로써 새로 고침을 하지 않고도 새로운 정보를 받아올 수 있게 됐습니다.

구글은 이러한 비동기 기법을 사용해 거대 기업으로 성장했습니다. 2004년에 지메일(Gmail), 2005년에 구글 지도(Google Maps)를 만드는 데 비동기 기법을 사용했습니다. AJAX는 원래 뚜렷한 이름 없이 사용되다가, UX 디자이너인 제시 제임스 개릿(Jesse James Garrett)이 'AJAX'라는 용어를 만들어 구글이 사용한 기술이라고 밝히면서 널리 알려졌습니다.

AJAX는 자바스크립트를 기반으로 하며, AJAX가 대중적으로 사용되면서 자바스크립트의 위상이 높아졌습니다. 당시 자바스크립트는 고급 기술에 속했기 때문에 이때부터 전문적인 기술을 가진 웹 개발자의 존재가 부각되기 시작했습니다.

플래시의 몰락

자바스크립트와 AJAX의 등장으로 웹 페이지는 더 이상 단순한 방식으로 만들 수 없게 됐습니다. 그럼에도 불구하고 프런트엔드라는 개념이 등장하기에는 어도비의 플래시가 굳건히 자리를 지키고 있었습니다.

1996년에 출시된 플래시는 웹 페이지에 간단한 그래픽과 애니메이션을 추가하는 도구로 널리 사용돼 웹 2.0 시대의 초반을 이끌었다고 해도 과언이 아닙니다. 매년 새로운 버전으로 업그레이드된 플래시는 다양한 움직임과 동영상, 음악 같은 멀티미디어 요소를 재생하면서 소위 인터랙티브한 효과를 구현하는 핵심 기술로 사용됐습니다. 이는 AJAX가 나타난 2006년 이후에도 변함이 없었습니다. 이 시기에는 자바스크립트 개발자와 플래시 개발자가 따로 있을 정도로 각각의 업무 특성이 달랐습니다.

그러나 승승장구하던 플래시도 결국 2010년을 기점으로 몰락의 길에 들어섰습니다. 이렇게 된 데에는 다음과 같은 이유가 컸습니다.

- **취약한 보안:** 플래시는 해커가 악성 소프트웨어를 퍼트리고 사용자 데이터를 손상할 수 있어 보안상 위험이 컸습니다.

- **성능 저하:** 플래시를 웹 페이지에서 실행하면 컴퓨터 자원을 많이 잡아먹습니다. 이는 데스크톱처럼 자원이 풍부한 기기에서는 문제가 되지 않지만, 스마트폰 같은 모바일 기기에서는 배터리가 빨리 닳는 등 여러 가지 문제를 야기합니다.

- **접근성 문제:** 시각 장애인이 사용하는 스크린 리더기와 같은 보조 프로그램에는 HTML 구조를 해석해 낭독하는 원리가 적용됩니다. 그런데 웹 페이지에서 플래시가 포함된 영역은 HTML이 아닙니다. HTML이 아닌 플래시 영역은 스크린 리더기와 같은 보조 도구가 읽을 수 없어 시각 장애인이 웹 페이지 내부의 콘텐츠를 파악하기가 매우 어렵습니다.

- **색인 생성의 어려움:** 플래시는 검색 엔진이 구동하는 색인 생성 프로그램에서 예외로 처리됩니다. 따라서 검색 엔진 사이트에서 최적화(검색 엔진이 웹 사이트의 구조를 이해하기 쉽게 최적화하는 것)하기에 매우 불리합니다.

- **HTML5와 AJAX의 등장:** HTML이 HTML5로 진화하면서 플래시 없이 비디오 및 오디오 기능을 자체적으로 지원할 수 있게 됐습니다. 또한 AJAX까지 등장해 기존의 플래시가 하던 역할 이상의 것들을 할 수 있게 됐습니다.

어도비는 이러한 문제점을 개선할 의지가 없었습니다. 결국 플래시는 역사의 뒤안길로 사라지고 HTML5 같은 최신 시맨틱 문법 및 자바스크립트가 부상했습니다.

웹 대용량화 그리고 프런트엔드와 백엔드의 분리

웹 2.0 시대에 AJAX가 등장한 후 웹이 점점 더 발전했습니다. 사용자가 많아지고 트래픽도 과거보다 더 많이 몰렸습니다. 이에 따라 더 많은 정보를 처리할 수 있는 구조와 시스템이 필요하게 됐습니다.

이렇게 웹이 급속도로 발전하자 웹 페이지를 효율적으로 제작하기 위해 다음과 같이 프런트엔드와 백엔드를 분리하게 됐습니다.

- **프런트엔드:** 처리한 데이터를 이용해 사용자 화면 구성

- **백엔드:** 서버 내부에서 데이터 처리

이러한 변화는 웹 개발에서 주요한 변곡점이 됐습니다.

지금까지 웹의 변천사를 통해 프런트엔드의 등장 배경을 살펴봤습니다. 이처럼 프런트엔드는 하나의 특정 사건으로 인해 갑자기 나타난 개념이 아닙니다. 웹의 발전 과정에서 다양한 사건이 일어나면서 사용자의 요구에 따라 등장하게 됐다는 것을 알아두세요.

1.3 프런트엔드 개발자가 하는 일

프런트엔드 개발을 담당하는 인력을 프런트엔드 개발자(front-end developer)라고 합니다. 프런트엔드 개발자가 하는 일은 다음과 같이 크게 일곱 가지로 구분할 수 있습니다.

그림 1-7 **프런트엔드 개발자가 하는 일**

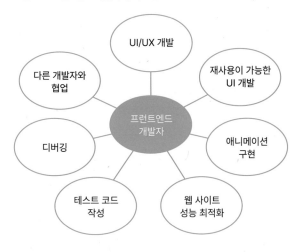

● **UI/UX 개발**

프런트엔드 개발자는 기본적으로 UI(User Interface, 사용자 인터페이스)와 UX(User Experience, 사용자가 웹 사이트를 이용하면서 느끼고 생각하는 총체적 경험)를 개발합니다. 웹 1.0 시대에는 정적인 콘텐츠만 제공했기 때문에 UI만 신경 써도 괜찮았습니다. 하지만 웹 2.0 시대가 도래하자 사용자와의 상호작용이 중요해졌습니다. 오늘날의 프런트엔드 개발자는 UI는 물론이고 UX까지 고려한 웹 페이지를 만들 줄 알아야 합니다.

- **재사용이 가능한 UI 개발**

  프런트엔드 개발자는 앵귤러, 리액트, 뷰 등의 자바스크립트 프레임워크(JavaScript framework)를 가지고 재사용할 수 있는 UI를 만듭니다. 재사용할 수 있는 UI를 만들어놓으면 향후 프로젝트를 진행하면서 UI의 일관성을 유지할 수 있고, 프로젝트 전반의 생산성 향상에도 도움이 됩니다.

- **애니메이션 구현**

  프런트엔드 개발자는 CSS 또는 자바스크립트를 사용해 다양한 효과가 포함된 애니메이션을 만듭니다. 이러한 애니메이션 효과는 웹 사이트를 방문하는 사용자의 흥미를 유발하고 사용자 경험을 긍정적으로 바꿀 수 있습니다.

- **웹 사이트 성능 최적화**

  웹 사이트 성능 최적화란 사용자가 웹 사이트를 쾌적하게 이용할 수 있도록 로딩 속도, 반응 속도, 안정성 등의 요소를 개선해 사용자 경험을 향상하는 것을 말합니다. 프런트엔드 개발자는 사용자가 웹 사이트에서 좋은 경험을 하도록 웹 브라우저의 개발자 도구나 라이트하우스(Lighthouse, 웹 사이트 성능 측정 테스트 도구) 등을 이용해 웹 사이트의 성능을 최적화합니다. 웹 사이트 성능 최적화에 사용되는 기술로는 캐싱, 압축, 이미지 최적화 등이 있습니다.

- **테스트 코드 작성**

  프런트엔드 개발자는 작성한 코드의 품질을 유지하기 위해 테스트 코드를 작성합니다. 테스트 코드는 웹 사이트의 올바른 동작 여부를 테스트하기 위해 작성하며, 테스트 코드를 잘 만들면 다양한 브라우저와 기기에서 안정적인 서비스를 제공할 수 있습니다.

- **디버깅**

  프런트엔드 개발자는 다양한 문제를 해결하기 위해 문제가 발생하는 코드를 추적하는 디버깅(debugging, 소스 코드의 오류 또는 버그를 찾아 수정하는 것)을 수행합니다. 디버깅 훈련이 잘된 개발자는 다양한 상황에서 발생하는 오류에 대처하는 능력이 뛰어나 안정적인 서비스를 제공할 수 있습니다.

● 다른 개발자와 협업

프런트엔드 개발자는 프로젝트를 빠르고 정확하게 끝내기 위해 다른 개발자와 협업하기도 합니다. 예를 들어 프로젝트와 관련된 코드, 문서, 데이터 등의 자원을 공유해 개발 속도를 높입니다. 또한 협업을 위한 버전 관리 도구(Git, SVN)를 사용해 전문적으로 소스 코드를 관리하며, 이슈 트래커(Jira)와 같은 도구를 사용해 체계적으로 업무를 할당하고 관리하기도 합니다. 프런트엔드 개발자가 되면 메신저, 화상 회의, 전화 등을 통해 업무와 관련된 소통을 신속하고 명확하게 해야 합니다.

1.4

프런트엔드
로드맵 소개

프런트엔드 개발자가 되려면 어떤 기술을 배워야 할까요? 웹 브라우저에 표시되는 웹 페이지를 만드는 것이 주된 역할이므로 기본 언어인 HTML, CSS, 자바스크립트를 배워야 합니다. 그리고 코드 관리를 위한 버전 관리 시스템도 필수로 공부해야 합니다. 또한 CSS와 자바스크립트의 심화 기술, 협업을 위한 각종 개발 도구, 자바스크립트 기반 프레임워크 등을 공부해 프런트엔드 개발 전문가로 발돋움하는 발판을 마련해야 합니다.

이 책에서 다루는 프런트엔드 로드맵은 **그림 1-8**과 같습니다. 여기서는 대략적인 개요만 머릿속에 넣어두고, 2장부터 이 로드맵을 따라가면서 각 기술을 자세히 배워봅시다.

● **네트워크와 인터넷(2장)**

프런트엔드 개발자라면 클라이언트와 서버의 통신 과정에 적용되는 네트워크와 인터넷 기초 지식을 알고 있어야 하며, 이는 책 한 권으로도 모자랄 만큼 방대한 분량입니다. 이 책에서는 간략히 인터넷의 발전 과정과 DNS, IP, 도메인 네임 같은 네트워크의 기초 개념을 알아봅니다.

● **HTML, CSS, 자바스크립트(3장)**

HTML, CSS, 자바스크립트는 프런트엔드 개발자가 되기 위해 반드시 배워야 하는 언어입니다. HTML과 CSS는 무난하게 배우지만 자바스크립트는 어려워서 중간에 포기하는 경우가 많은데, 진정한 프런트엔드 개발자가 되려면 자바스크립트를 다룰 줄 알아야 합니다.

● **HTML, CSS, 자바스크립트 심화 기술(4장)**

　　• **HTML 전처리기**: HTML에 익숙해졌다면 HTML 언어의 불편함을 느낄 수밖에 없습니다. HTML은 마크업 언어(markup language)라서 불필요하게 정형화된 작성 규칙이 있

그림 1-8 프런트엔드 로드맵

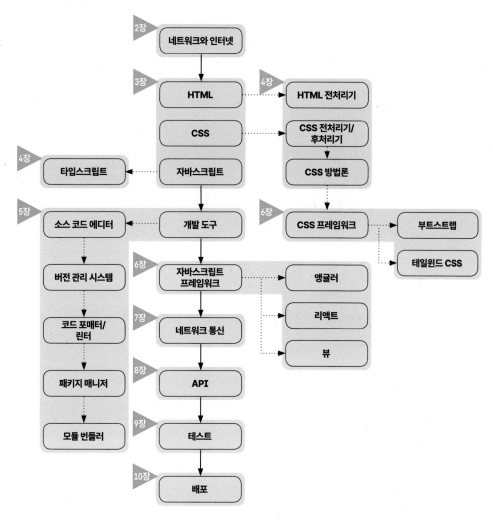

고, 반복하거나 유사하게 작성해야 하는 경우도 많습니다. HTML 전처리기는 이러한 불편함을 해소해 좀 더 편리하고 효율적으로 코드를 작성할 수 있게 해줍니다. 이 책에서는 많은 HTML 전처리기 중에서 가장 대표적인 함엘, 슬림, 퍼그에 대해 알아봅니다.

- **CSS 전처리기/후처리기:** HTML을 좀 더 편리하고 효율적으로 작성하기 위한 HTML 전처리기가 있듯이 CSS에도 전처리기와 후처리기가 있습니다. 대부분의 실무에서는 단순하게 CSS를 사용하기보다 CSS 전처리기나 후처리기를 사용하는 경우가 많습니다. 이 책에서는 CSS 전처리기로 SCSS를, 후처리기로 PostCSS를 소개합니다.

- **CSS 방법론:** CSS에 익숙해졌다면 CSS를 효율적으로 작성하는 데 필요한 여러 가지 방법론을 배워야 합니다. 처음부터 방법론에 관심을 가질 필요는 없지만, 고급 기술을 구사하는 개발자가 되려면 반드시 거쳐야 하는 학습 과정입니다. 이 책에서는 CSS 방법론으로 OOCSS, SMACSS, BEM을 소개합니다.

- **타입스크립트:** 타입스크립트는 고급 프런트엔드 개발자가 되기 위해 반드시 배워야 하는 언어 중 하나입니다. 타입스크립트는 자바스크립트를 기반으로 하므로 자바스크립트를 알면 쉽게 배울 수 있지만, 자바스크립트를 아예 배우지 않고 타입스크립트만 배우는 것도 가능합니다. 그러나 자바스크립트를 배우고 나서 타입스크립트를 배우는 것이 좋습니다. 이 책에서는 타입스크립트의 정의와 특징을 살펴봅니다.

● 개발 도구(5장)

프런트엔드 개발 시 활용할 수 있는 개발 도구가 많은데, 대표적으로 소스 코드 에디터, 버전 관리 시스템, 코드 포매터, 린터, 패키지 매니저, 모듈 번들러가 있습니다. 이러한 도구는 실무에서 자주 활용되므로 언제 배우냐는 시기의 문제일 뿐 반드시 알아야 합니다. 이 책에서는 각 도구의 용도와 기능을 살펴봅니다.

● 자바스크립트 프레임워크, CSS 프레임워크(6장)

- **자바스크립트 프레임워크:** 실무에서는 대부분 자바스크립트 프레임워크를 사용하기 때문에 가장 인지도 높은 몇 가지 프레임워크를 이해하고 다룰 줄 알아야 합니다. 이 책에서는 앵귤러, 리액트, 뷰를 소개합니다.

- **CSS 프레임워크:** CSS를 기본으로 하는 프레임워크가 굉장히 많은데, 실무에서 가장 많이 사용하는 프레임워크는 부트스트랩과 테일윈드 CSS입니다. 이 책에서는 이 두 가지 CSS 프레임워크를 소개합니다.

● 네트워크 통신(7장)

프런트엔드에서 백엔드와 데이터를 주고받을 때는 HTTP 프로토콜을 사용해 통신합니다. HTTP 프로토콜 자체만 놓고 보면 네트워크 개발에 더 가깝지만, 그래도 백엔드와의 데이터 교환을 위해 기본 지식을 알고 있어야 합니다. 이 책에서는 프런트엔드 개발자가 최소한으로 알아둬야 할 네트워크 통신의 기본 지식을 살펴봅니다.

- **API(8장)**

  API(Application Programming Interface, 응용 프로그래밍 인터페이스)는 HTTP 프로토콜로 데이터를 교환할 때 사용하는 기술입니다. API는 프런트엔드 개발 시 많이 듣게 되는 용어이므로 개념을 확실히 알고 있어야 실무가 편해집니다. 이 책에서는 API의 종류, 디자인 패턴, 호출 방법 등을 살펴봅니다.

- **테스트(9장)**

  하나의 웹 애플리케이션을 만드는 과정은 생각보다 어렵습니다. 아무리 개발을 잘한다고 해도 버그나 예상치 못한 문제가 불거지게 마련인데, 이러한 문제를 최소한으로 줄이기 위해 테스트 과정을 거칩니다. 이 책에서는 프런트엔드에서 수행할 수 있는 테스트의 종류, 유형, 도구 등을 살펴봅니다.

- **배포(10장)**

  웹 애플리케이션이 완성되면 다른 사용자가 접근할 수 있도록 인터넷에 공개하는 과정인 배포를 해야 합니다. 배포는 프런트엔드 개발의 끝이자 새로운 시작입니다. 배포 후 웹 애플리케이션이 공개되더라도 해야 할 일이 많기 때문입니다. 이 책에서 배포까지 공부했다면 실무에 필요한 기본적인 로드맵을 전부 살펴봤다고 할 수 있습니다.

정리하기

이 장에서는 프런트엔드-백엔드 구조로 돌아가는 웹 개발의 구조를 파악하고, 웹의 변천사를 통해 프런트엔드가 등장한 배경을 알아봤습니다. 그리고 프런트엔드 개발자가 어떤 일을 하는지 간략하게 살펴보고, 프런트엔드 개발자가 되기 위해 배워야 할 기술까지 로드맵을 통해 훑어봤습니다. 이 장을 통해 독자가 앞으로 알아가야 할 프런트엔드의 기본적인 개념이 머릿속에 정리됐기를 바랍니다.

프런트엔드 로드맵 따라가기

네트워크와
인터넷

이 장에서는 프런트엔드 동작의 기반이 되는 인터넷에 대해 알아봅니다. 인터넷과 웹이 어떻게 발전해왔는지 살펴보면서 프로토콜, IP 주소 등 인터넷과 관련된 기본 용어와 개념을 이해합니다.

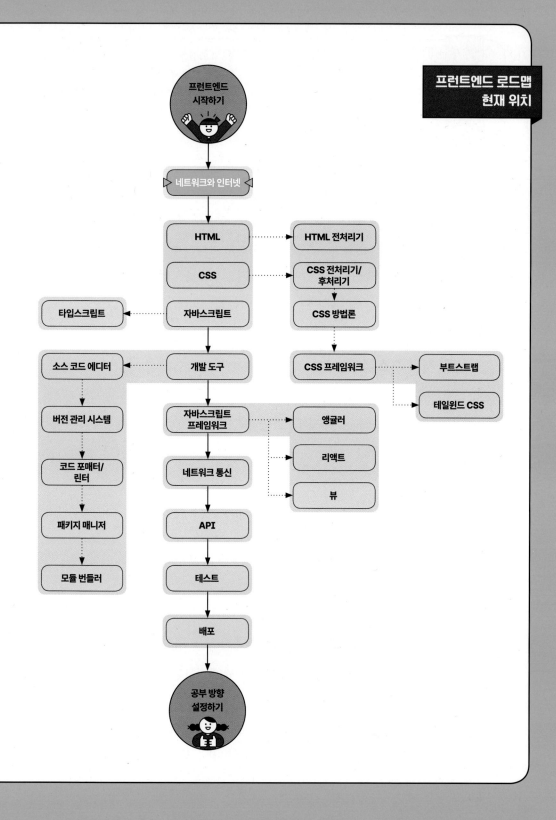

프런트엔드
시작하기

네트워크와 인터넷

HTML

HTML 전처리기

CSS

CSS 전처리기/
후처리기

타입스크립트

자바스크립트

CSS 방법론

소스 코드 에디터

개발 도구

CSS 프레임워크

부트스트랩

테일윈드 CSS

버전 관리 시스템

자바스크립트
프레임워크

앵귤러

코드 포매터/
린터

네트워크 통신

리액트

패키지 매니저

API

뷰

모듈 번들러

테스트

배포

공부 방향
설정하기

2.1

인터넷의 탄생과 발전 과정

오늘날 우리의 삶과 떼려야 뗄 수 없는 **인터넷**(internet)은 전 세계를 아우르는 컴퓨터 네트워크 시스템입니다. 그리고 **네트워크**(network)는 데이터를 교환할 수 있는 기기(컴퓨터, 서버, 기타 하드웨어)가 연결된 통신망을 말합니다. 그렇다면 인터넷은 어떻게 탄생됐을까요? 인터넷의 탄생과 발전 과정을 알아봅시다.

2.1.1 일괄 처리 시스템

1957년 이전에는 한 컴퓨터에서 한 번에 하나의 작업만 처리할 수 있었는데, 이러한 방식을 **일괄 처리 시스템**(batch processing system)이라고 합니다. 이는 굉장히 비효율적이었지만 당시 컴퓨터의 성능상 어쩔 수 없었습니다.

그림 2-1 **일괄 처리 시스템**

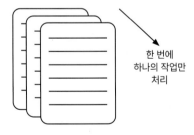

한 번에
하나의 작업만
처리

이후 컴퓨터의 성능이 좋아졌지만 컴퓨터의 크기가 커지면서 발열이 심해 고장이 잦았습니다. 그래서 컴퓨터를 식힐 수 있는 별도의 환기 시스템이 설치된 공간이 필요했고, 그곳에서만 컴퓨터를 사용할 수 있었습니다.

사람들은 어쩔 수 없이 일정한 명령어가 작성된 카드(프로그래밍 카드)를 만든 다음, 원격지에 있는 컴퓨터에 꽂아 실행하는 방식으로 작업했습니다. 코드에 오류가 발생하면 카드를 수정한 뒤 다시 꽂아 실행했습니다. 상황이 이렇다 보니 프로그램 수정 시 복잡하고 많은 비용이 들었습니다.

이러한 단점은 1957년에 원격지의 컴퓨터에 연결할 수 있는 터미널(입력과 출력이 가능한 전자 하드웨어 기기) 기술이 등장하면서 해결됐습니다. 컴퓨터에 명령을 내리기 위해 멀리 있는 컴퓨터에 가지 않아도 가까이 있는 터미널을 통해 컴퓨터에 명령을 내릴 수 있게 된 것입니다.

2.1.2 시분할 시스템

원격지의 컴퓨터를 터미널로 연결할 수 있게 되자 또 다른 문제가 발생했습니다. 컴퓨터의 성능은 점점 좋아지는데 이용하는 사람이 한 명뿐이라 컴퓨터의 성능을 최대한으로 활용하지 못한다는 문제였습니다.

이를 해결하기 위해 성능 좋은 컴퓨터 한 대를 여러 사람이 나눠 쓰는 방안이 고안됐습니다. 하지만 컴퓨터의 성능이 아무리 좋아졌다고 해도 한 번에 하나의 작업만 처리할 수 있는 것은 마찬가지였고, 여러 사용자가 동시에 작업할 수도 없었습니다.

이에 그 해결책으로 **시분할 시스템**(time sharing system)이 등장했습니다. 이는 시간을 쪼개 여러 사람이 컴퓨터 한 대를 사용하는 것으로, 컴퓨터의 처리 시간을 아주 짧게 세분화한 뒤 각 사용자의 프로그램에 할당해 한 번에 하나씩 처리합니다. 매우 짧은 시간에 하나의 처리를 완료하고 다음 처리를 하기 때문에 마치 여러 개를 처리하는 것처럼 보입니다. 이러한 시분할 시스템 덕분에 컴퓨터 자원을 낭비하지 않고 효율적으로 사용할 수 있게 됐습니다.

그림 2-2 **시분할 시스템**

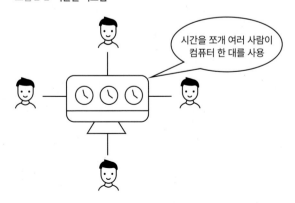

시간을 쪼개 여러 사람이 컴퓨터 한 대를 사용

시분할 시스템은 오늘날 클라우드 컴퓨팅을 비롯한 많은 응용 프로그램에서 널리 사용되고 있습니다.

2.1.3 컴퓨터 네트워크

마냥 효율적일 것 같던 시분할 시스템에도 단점이 있었습니다. 시간을 나눠 쓴다고 해도 결국 모든 작업이 컴퓨터 한 대에서 이뤄지기 때문에 컴퓨터가 갑자기 고장 나거나 전력이 차단되면 모든 작업이 일시에 중단될 수밖에 없었습니다. 그래서 컴퓨터와 컴퓨터를 연결해 한 컴퓨터가 멈추더라도 다른 컴퓨터에서 명령을 처리할 수 있게 하자는 논의가 진행됐습니다. 이렇게 해서 등장한 것이 **컴퓨터 네트워크**(computer network)입니다.

최초의 컴퓨터 네트워크는 미국의 군사 조직인 고등연구계획국(ARPA, Advanced Research Projects Agency)이 만든 아파넷(ARPANET)입니다.

그림 2-3 **미국 고등연구계획국 로고**

분산된 컴퓨터 자원을 공유하고 군사 통신망을 구축하기 위해 개발된 아파넷은 연구 및 기술 개선을 거치며 발전해 1983년에 공식적으로 TCP/IP를 적용한 완전체로 출범했습니다. 그야말로 전 세계 컴퓨터를 연결하는 하나의 거대한 네트워크로 성장한 것입니다. 아파넷은 오늘날 인터넷의 원형으로 평가받고 있습니다.

NOTE TCP/IP

TCP/IP는 'Transmission Control Protocol(전송 제어 프로토콜)'과 'Internet Protocol(인터넷 프로토콜)'의 약자를 조합한 것으로, 컴퓨터 간 통신의 표준인 네트워크 규약을 말합니다.

2.1.4 인터넷의 발전

아파넷 이후 인터넷은 몇 가지 의미 있는 사건을 거치며 오늘날 우리가 사용하는 형태로 발전했습니다.

월드 와이드 웹 발명(1989~1995년)

1989년에 유럽물리입자연구소에서 일하던 팀 버너스리는 인터넷을 통해 쉽게 정보를 공유할 수 있는 하이퍼텍스트(hypertext, 다른 텍스트에 대한 링크가 포함된 텍스트) 기반의 문서 공유 시스템을 제안했습니다. 이후 그는 이 아이디어를 발전시켜 월드 와이드 웹(WWW, World Wide Web)을 구축했습니다.

인터넷에 연결된 사용자들이 서로 정보를 공유할 수 있는 공간인 월드 와이드 웹이 구축되기 전에는 일부 전문가만이 인터넷을 사용해 정보를 주고받을 수 있었습니다. 하지만 월드 와이드 웹이 구축되면서 웹 브라우저를 통해 일반 사용자도 쉽게 인터넷에 접근할 수 있게 됐습니다. 월드 와이드 웹은 인터넷의 폭발적인 성장에 기폭제 역할을 했습니다.

닷컴 버블(1995~2000년)

월드 와이드 웹의 발명으로 일반 사용자에게 인터넷이 보급되자 인터넷 서비스 회사가 속속 설립됐습니다. 이러한 회사는 '닷컴(dot-com)'이라 불렸고, 수많은 닷컴 회사가 들어선 현상을 '닷컴 버블(dot-com bubble)'이라고 합니다. 닷컴 버블로 인해 전 세계적으로 수많은 기업이 인터넷 관련 사업에 투자해 인터넷 환경이 한 단계 더 도약했습니다.

닷컴 몰락(2000~2003년)

닷컴 버블에 힘입어 수많은 기업이 생겨나고 인터넷 서비스 투자와 관련 연구 및 개발이 활발하게 진행됐습니다. 그러나 닷컴 버블은 현실적인 문제로 오래가지 못했는데, 가장 큰 문제는 인터넷 속도였습니다. 당시에는 고속으로 인터넷에 접근할 수 있는 회선 설비가 없었기 때문에 일반 사용자가 인터넷으로 어떤 서비스를 이용하기에는 매우 느렸습니다. 월드 와이드 웹 덕분에 인터넷 보급률이 증가하고 일반 사용자도 쉽게 접근할 수 있게 바뀐 것은 분명하지만, 속도가 느려 기업이 어떤 서비스나 사업을 하기에는 역부족이었습니다.

이를 해결하기 위해 연구 및 개발을 지속했지만 자금난 등의 경제적인 문제를 극복하지 못하고 결국 파산하는 회사가 줄을 이었습니다. 이에 닷컴 버블이 끝났다는 의미로 이 시기를 '닷컴 몰락'이라고 일컫습니다.

닷컴 몰락으로 수많은 기업과 투자자가 어려운 시기를 보냈습니다. 하지만 닷컴 버블에 꼭 부정적인 측면만 있는 것은 아닙니다. 닷컴 버블 시기가 있었기 때문에 인터넷 서비스에 대한 투자 및 개발을 할 수 있었고, 그로 인해 인터넷이 발전해 오늘날에 이른 것입니다.

닷컴 몰락 후 회복(2003~2007년)

닷컴 몰락 후 몇몇 기업은 위기를 극복하기 위해 새로운 비지니스 모델을 구축했습니다. 그 결과 구글, 아마존, 이베이 같은 기업이 어려운 시기를 극복하고 강력한 시장 위치를 확보하게 됐습니다. 또한 닷컴 몰락을 반면교사 삼아 인터넷 환경을 발전시킬 수 있는 검색 엔진 최적화, 클라우드 컴퓨팅 같은 새로운 기술이 등장했습니다. 닷컴 몰락 후 침체됐던 인터넷 시장은 점차 활기를 찾게 됩니다.

모바일 인터넷(2007년~현재)

1990년대 초부터 컴퓨터의 기능과 휴대폰의 기능을 결합한 스마트폰에 대한 연구가 활발하게 진행됐습니다. 1993년에는 IBM이 시몬(Simon)이라는 스마트폰을 최초로 출시했지만 대중화에는 실패했습니다.

스마트폰이 대중화된 역사적인 사건은 2007년에 일어났습니다. 바로 스티브 잡스가 이끌던 애플에서 아이폰을 공개한 것입니다. 아이폰 출시는 터치스크린과 앱 기반 인터페이스의 사용을 대중화하고 스마트폰의 새로운 기준을 제시함으로써 모바일 산업에 중요한 전환점이 됐습니다.

이후 수많은 기업에서 아이폰과 유사한 기능을 갖춘 휴대폰을 출시하기 시작했습니다. 이때를 휴대폰으로 인터넷을 사용할 수 있는 모바일 인터넷이 시작된 시기로 봅니다.

2.2 도메인과 DNS

네트워크 기술이 발전함에 따라 컴퓨터와 컴퓨터를 연결하는 방법도 발전했습니다. 이 절에서는 컴퓨터 네트워크 연결 시스템을 들여다보면서 그 원리를 이해해봅시다.

2.2.1 IP 주소

컴퓨터와 컴퓨터를 네트워크로 연결하려면 각 컴퓨터의 위치를 식별할 수 있는 주소와 같은 개념이 필요한데, 컴퓨터 네트워크에서는 이러한 주소를 **IP 주소**(Internet Protocol address)라고 합니다. IP 주소는 10진수 4개로 이뤄진 고유한 숫자입니다.

그림 2-4 **네트워크에서 각 컴퓨터를 식별하는 IP 주소**

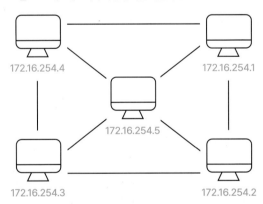

> **수코딩의 조언** 💬
>
> IP 주소는 IPv4(Internet Protocol version 4)와 IPv6(Internet Protocol version 6)가 있습니다. 이 책에서 모든 내용을 다루기는 어렵고, IP 주소를 네트워크에서 컴퓨터를 식별하는 값 정도로 설명하겠습니다.

초기 아파넷에서는 IP 주소를 hosts.txt라는 파일에 저장해 수동으로 관리했습니다. 하지만 아파넷이 민간에 공개되면서 폭발적으로 확장함에 따라 IP 주소를 hosts.txt 파일로만 관리할 수 없게 됐습니다. 따라서 이 문제를 해결하기 위해 도메인 네임과 DNS가 등장했습니다.

2.2.2 도메인 네임

IP 주소는 네트워크에 연결된 컴퓨터의 위치를 10진수 4개로 이뤄진 고유한 숫자로 나타내기 때문에 사람이 기억하고 사용하기가 어렵습니다. 이를 보완하고자 IP 주소와 일대일로 매칭되며 기억하기 쉬운 **도메인 네임**(domain name, 줄여서 도메인이라고도 함)을 만들어냈습니다.

네이버에 접속하려면 IP 주소(223.130.200.107)를 입력해야 하지만, 친숙한 문자열인 www.naver.com으로도 접근할 수 있습니다. 이 문자열이 바로 도메인 네임인데, 도메인 네임은 www. 다음에 표시되는 고유한 이름을 말합니다.

명령 프롬프트에서 ping 명령어로 네이버의 IP 주소를 조회하면 다음과 같이 나타납니다. 네이버에 접속하려면 웹 브라우저의 주소 표시줄에 IP 주소를 입력해도 되고 도메인 네임을 입력해도 됩니다.

그림 2-5 네이버의 IP 주소 조회

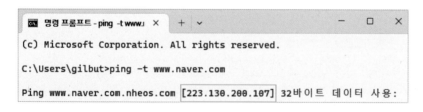

> **수코딩의 조언** 💬
>
> 네이버의 IP 주소는 고정적으로 IP를 부여하지 않는 유동 IP 주소를 사용하기 때문에 조회할 때마다 달라질 수 있습니다.

2.2.3 DNS

복잡한 IP 주소는 도메인 네임 덕분에 비교적 기억하기 쉬운 문자열로 대체됐습니다. 한편 도메인 네임도 hosts.txt 파일처럼 어딘가에 기록하고 관리해야 하는데, 이를 위해 고안된 시스템이 **DNS**입니다.

DNS는 'Domain Name System'의 약자로, 도메인 네임을 IP 주소로 변환해주는 시스템입니다. 인터넷에 연결된 컴퓨터의 주소는 무조건 IP여야 합니다. 도메인 네임으로 주소를 대체했다고 하더라도 컴퓨터끼리 통신하려면 IP 주소가 있어야 합니다.

DNS의 동작 방식은 다음과 같습니다.

❶ 사용자가 웹 브라우저의 주소 표시줄에 도메인 네임을 입력합니다.

❷ DNS 서버가 이를 해석해 IP 주소를 반환합니다.

❸ 웹 브라우저가 IP 주소를 받아 해당 IP 주소를 가진 컴퓨터에 접속합니다.

그림 2-6 **DNS의 동작 방식**

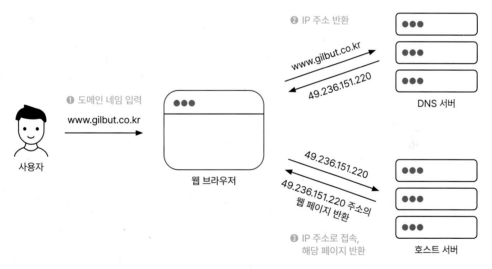

이 장에서는 인터넷의 탄생과 발전 과정을 살펴봤습니다. 프런트엔드 개발자가 되려면 이러한 역사적 사실을 기본 상식으로 알아두는 것이 좋습니다. 특히 인터넷과 월드 와이드 웹을 동의어처럼 사용하는 경우가 많은데, 실은 엄연히 다른 개념입니다. 인터넷이라는 글로벌 네트워크 위에 구축된 시스템이 바로 월드 와이드 웹이라는 것을 기억하세요.

또한 인터넷에 연결된 다른 컴퓨터에 접속할 때 영문으로 된 도메인 네임을 사용하는데, 이는 사용자가 입력한 도메인 네임을 DNS를 통해 IP 주소로 변환하는 과정을 거친 결과입니다. 이러한 동작 과정을 이해하면 앞으로 프런트엔드 로드맵을 따라가는 데 많은 도움이 될 것입니다.

HTML, CSS, 자바스크립트

인터넷과 웹 브라우저의 등장, 웹의 발전으로 남녀노소 가릴 것 없이 누구나 인터넷에 접근할 수 있게 됐습니다. 기업뿐만 아니라 개인도 자신의 웹 페이지를 가질 수 있게 되면서 프런트엔드 분야가 더욱 중요해졌고, 프런트엔드 개발자의 수요도 점점 커지고 있습니다.

그럼 프런트엔드 개발자가 되고 싶다면 어떻게 공부를 시작해야 할까요? 온라인 코딩 강의? 오프라인 코딩 학원? 부트캠프? 모두 다 도움이 되겠지만, 앞으로 내가 어떤 공부를 하게 될지 전체적인 학습 과정을 머릿속에 그려보는 것이 중요합니다. 이 과정을 생략한 채 무작정 공부를 시작하면 쉽게 지치거나 포기할 수도 있습니다. 하나를 다 배웠다고 생각했는데 배워야 할 것이 계속 생기는 것 같기 때문입니다. 그래서 이 장부터는 로드맵을 따라 프런트엔드에서 다루는 언어, 기술, 프레임워크 등을 본격적으로 살펴보겠습니다.

먼저 프런트엔드의 기본 언어인 HTML, CSS, 자바스크립트에 대해 알아봅시다. 이 세 언어가 어떤 역할을 하고 어떤 원리로 동작하는지 공부합니다.

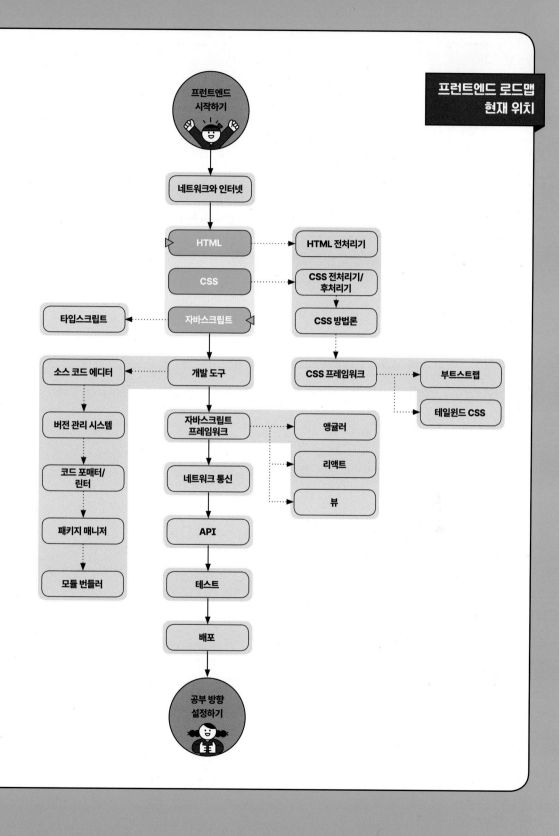

프런트엔드 로드맵
현재 위치

프런트엔드
시작하기

네트워크와 인터넷

HTML → HTML 전처리기

CSS → CSS 전처리기/
후처리기
↓
CSS 방법론

타입스크립트 ← 자바스크립트

소스 코드 에디터 ← 개발 도구 → CSS 프레임워크 → 부트스트랩
테일윈드 CSS

버전 관리 시스템

자바스크립트
프레임워크 → 앵귤러

코드 포매터/
린터

리액트

네트워크 통신

패키지 매니저

뷰

API

모듈 번들러

테스트

배포

공부 방향
설정하기

3.1 들어가기 전에

이 책은 프런트엔드 로드맵을 소개하고 프런트엔드에서 사용하는 다양한 기술의 정의, 등장 배경, 동작 방식을 설명함으로써 프런트엔드 개발을 전반적으로 이해할 수 있도록 이끄는 데 목적이 있습니다. 앞으로 여러 언어와 개발 도구를 소개하고, 이를 이해하는 데 필요하다면 간단한 코드를 제시하면서 설명하겠습니다.

독자 중에는 프런트엔드 분야에 이제 막 입문한 사람도 있고, 기본 언어를 배웠거나 프레임워크를 공부 중인 사람도 있을 것입니다. 그러니 이 책에서 제시하는 코드의 문법 하나하나를 몰라도 괜찮습니다. 내용을 읽으면서 '이렇게 동작하는구나' 하는 정도로 이해하세요. 로드맵을 훑어보고 전체 동작을 이해한 상태에서 해당 언어나 도구를 배우면 훨씬 수월하게 학습할 수 있을 것입니다.

자, 그럼 프런트엔드의 기본 언어부터 시작해봅시다.

3.2

HTML

프런트엔드 개발은 웹 브라우저에 시각적으로 **렌더링**(rendering)되는 UI를 개발하는 것을 말합니다. 여기서 렌더링은 서버로부터 소스 코드를 읽어와 웹 브라우저에서 보이는 그래픽 형태로 출력하는 과정을 말합니다. 이렇게 렌더링된 UI를 만드는 데 사용하는 언어가 바로 **HTML**(Hypertext Markup Language)입니다.

다음은 구글 홈페이지의 첫 화면입니다. 그림에 박스로 표시된 이미지, 글자, 아이콘 등이 모두 HTML을 사용해 만든 것입니다.

그림 3-1 **구글 홈페이지**

HTML은 웹 브라우저에 시각적으로 보이는 웹 페이지를 만들기 위해 사용하는 **표준 마크업 언어**입니다. 마크업 언어는 태그 등을 이용해 문서나 데이터의 구조를 표시합니다.

3.2.1 태그

HTML에서 가장 핵심이 되는 요소는 **태그**(tag)입니다. 태그는 크게 일반 태그와 시맨틱 태그로 구분됩니다.

일반 태그

태그는 HTML 언어를 구성하는 기본 단위입니다. 홑화살괄호(<>) 안에 작성하며, 다음과 같이 시작 태그만 있는 경우, 시작 태그와 종료 태그가 있는 경우가 있습니다.

```
<시작 태그>
```

```
<시작 태그>콘텐츠</종료 태그>
```

시작 태그만 있는 경우는 콘텐츠가 비어 있는 태그라는 의미에서 '빈 태그'라고도 합니다. 빈 태그는 태그 자체의 의미와 역할이 매우 중요합니다. 행갈이를 위해 사용하는
 태그와 같은 것이 대표적인 빈 태그입니다.

```
<br>
```

반면 시작 태그와 종료 태그가 있는 경우에는 반드시 콘텐츠가 포함됩니다. 이러한 태그는 콘텐츠에 의미를 부여하기 위해 사용합니다. 예를 들어 중요한 텍스트를 나타내려면 <strong></strong> 태그로 텍스트를 감싸고, 일반적인 텍스트를 나타내려면 <p></p> 태그로 텍스트를 감쌉니다.

```
<strong>This Text is Important!</strong>
<p>This Text is Important!</p>
```

콘텐츠에는 텍스트, 이미지, 링크, 폼 같은 HTML 구성 요소, 다른 태그로 작성한 요소 등이 포함됩니다.

시맨틱 태그

초창기에는 <시작 태그>콘텐츠</종료 태그> 형식을 사용한다 하더라도 태그 자체에 아무런 의미를 부여하지 않고 시각적인 효과(스타일)만 나타냈습니다. 대표적인 예로 <b></b> 태그는 글자를 굵게 표시하고, <i></i> 태그는 글자를 이탤릭체로 표시합니다.

HTML이 발전하면서 웹 페이지의 효과적인 유지·보수 및 코드의 확장성을 위해 콘텐츠와 시각적인 효과를 분리하는 쪽으로 눈을 돌렸습니다. 또한 콘텐츠를 보다 의미 있게 전달하고 문서의 구조를 효율적으로 구분하기 위해 더욱 의미론적인 태그의 필요성이 부각됐습니다. 이러한 점을 반영해 HTML의 다섯 번째 버전인 HTML5에는 **시맨틱 태그**(semantic tag)라는 개념을 담았습니다.

시맨틱 태그는 사람이 이해하기 쉽도록 이름만 보고 역할이나 위치를 알 수 있게 만든 태그입니다. 다음 그림처럼 시맨틱 태그를 이용하면 태그 이름을 통해 문서 내 요소의 위치와 역할을 알 수 있습니다.

그림 3-2 **시맨틱 태그의 예**

HTML5에 추가된 시맨틱 태그는 〈header〉, 〈main〉, 〈section〉, 〈article〉, 〈footer〉, 〈nav〉, 〈aside〉 등입니다. 각 태그는 문서를 좀 더 의미 있게 작성하도록 하며, 이제는 HTML의 핵심 태그로 자리매김했습니다.

3.2.2 속성

태그만으로 모든 정보를 나타내기 어려운 경우가 있습니다. 대표적으로 〈a〉 태그가 그렇습니다. 〈a〉 태그는 하이퍼텍스트(hypertext, 다른 문서를 참조할 수 있는 텍스트)를 위한 태그로, 〈a〉 태그로 작성한 콘텐츠를 클릭하면 다른 콘텐츠로 연결됩니다. 하지만 단순히 〈a〉 태그만 사용해서는 어느 부분의 콘텐츠와 연결되는지 의미를 온전히 전달할 수 없습니다. 연결할 콘텐츠의 경로가 다양하기 때문입니다.

그래서 HTML은 태그와 더불어 **속성**(attribute)을 사용합니다. 속성은 태그에 의미나 기능을 더하는 역할을 합니다. 예를 들어 〈a〉 태그에 href 속성을 사용하면 연결할 콘텐츠를 명시할 수 있습니다.

```
<a href="연결할 콘텐츠 경로">링크제목</a>
```

다음은 길벗출판사를 클릭하면 길벗출판사 홈페이지로 이동하도록 〈a〉 태그와 href 속성을 작성한 것입니다.

```
<a href="https://www.gilbut.co.kr">길벗출판사</a>
```

속성은 〈a〉 태그처럼 태그와 함께 필수로 사용해야 하는 경우가 있고, 필수는 아니지만 태그 자체의 의미를 좀 더 자세히 나타내기 위해 사용하는 경우도 있습니다. 어느 쪽이든 속성은 태그와 함께 사용되고 의미나 기능을 보충해준다는 점을 기억하세요.

글로벌 속성

일반적으로는 태그에 따라 사용할 수 있는 속성이 다릅니다. 하지만 일부 속성은 태그의 종류와 상관없이 모든 태그에서 사용할 수 있는데, 이를 **글로벌 속성**(global attribute)이라고 합니다.

글로벌 속성에는 id, class, style, data-*, lang 등이 있습니다. 이러한 속성은 태그의 영향을 받지 않기 때문에 모든 태그에서 사용할 수 있습니다.

> **NOTE** 글로벌 속성 더 보기
>
> 더 많은 글로벌 속성은 다음 링크에서 확인할 수 있습니다.
> **https://www.w3schools.com/tags/ref_standardattributes.asp**

3.2.3 문서의 기본 구조

다음은 HTML 문서의 기본 구조로, 모든 태그는 〈html〉〈/html〉 태그 사이에 작성합니다. 〈html〉 태그는 HTML 문서의 시작과 끝을 의미합니다. 웹 브라우저는 〈html〉〈/html〉 태그 사이에 작성된 코드를 읽어 HTML 규칙에 맞게 해석한 뒤 그 결과를 표시합니다.

```html
<!DOCTYPE html>
<html>
<!-- 모든 태그는 여기에 작성 -->
</html>
```

예를 들어 웹 브라우저에 HTML Sample Page!라는 문장을 출력해보겠습니다. 최상위 〈html〉 태그를 시작으로 〈head〉와 〈body〉 태그를 작성하고, 출력할 문장은 〈body〉 내에 〈p〉 태그로 작성하면 됩니다.

```html
<!DOCTYPE html>
<html lang="en">
  <head>
    <meta charset="UTF-8">
    <meta http-equiv="X-UA-Compatible" content="IE=edge">
    <meta name="viewport" content="width=device-width, initial-scale=1.0">
    <title>Document</title>
  </head>
  <body>
    <p>HTML Sample Page!</p>
  </body>
</html>
```

실행 결과는 다음과 같습니다.

그림 3-3 **실행 결과**

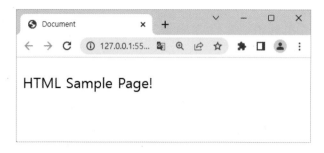

이와 같이 HTML은 태그를 이용해 문서 형식을 구조화합니다.

3.2.4 학습 방법

HTML은 이 책에서 다룬 태그, 속성, 기본 구조 말고도 추가로 배워야 할 내용이 많은데, 필자가 권장하는 학습 방법은 다음과 같습니다.

● **태그를 암기하려고 하지 말기**

HTML에서 지원하는 태그는 150개가 넘습니다. HTML5는 아직 완전한 버전이 아니어서 앞으로 새로운 버전이 출시되면 더 많은 태그가 추가될 가능성도 있습니다. 그렇다면 수많은 태그를 모두 외워야 할까요? 결론부터 말하자면 그럴 필요가 없습니다. 수많은 태그가 있지만 실무에서 주로 사용되는 것은 20여 개입니다. 이 정도는 실무에서 몇 번 사용하다 보면 자연스레 익히게 됩니다.

● **태그를 정확히 알고 사용하기**

HTML을 공부하면서 가장 많이 하는 실수는 의미를 확실히 모르는 태그를 어림짐작으로 사용하는 것입니다. 태그를 사용할 때 의미와 역할이 명확히 기억나지 않으면 인터넷 검색으로 정확한 의미와 역할을 파악한 뒤 사용하도록 습관을 들여야 합니다.

- **다양한 예제 코드 분석하기**

  HTML의 태그 대부분을 암기해 사용할 수 있다고 하더라도 이를 적절하게 사용해 올바른 문서를 작성하는 것은 별개의 문제입니다. 처음에는 태그의 의미와 역할을 정확히 알고 사용하는 것을 목표로 공부하되, 어느 단계에 이르면 다양한 예제 코드를 통해 다른 사람은 어떻게 HTML 문서를 작성했는지 분석하고 배우는 자세가 필요합니다.

- **공식 문서와 온라인 자료 참고하기**

  공식 문서와 다양한 온라인 자료를 참고하는 것도 HTML을 학습하는 좋은 방법입니다. 참고할 만한 공식 문서로 HTML 리빙 스탠다드와 MDN 기술 블로그가 있습니다.

  - **HTML 리빙 스탠다드:** https://html.spec.whatwg.org/multipage
  - **MDN 기술 블로그:** https://developer.mozilla.org/ko/docs/Web/HTML

- **HTML 역사 공부하기**

  HTML의 등장 배경을 공부하는 것도 HTML을 이해하는 데 도움이 됩니다. 프런트엔드 개발자라면 적어도 기본 소양으로 HTML을 누가 만들었고, 왜 만들었는지 정도는 알고 있는 것이 좋습니다.

3.3

CSS

CSS(Cascading Style Sheet)는 웹 페이지에 시각적 디자인을 입히는 데 사용하는 스타일 시트 언어입니다. 스타일 시트 언어란 문서에 스타일을 적용하는 언어를 말합니다. HTML이 웹 페이지의 의미론적 구조를 담당한다면, CSS는 웹 페이지의 시각적 디자인을 담당합니다.

오늘날의 웹 페이지는 초창기 HTML이 추구하던 것처럼 정보를 단순하게 의미론적으로 구조화해 표현하는 것에 그치지 않습니다. 그에 못지않게 시각적 디자인을 강조하는데, 이를 **웹 디자인**(web design)이라고도 합니다. 웹 디자인은 웹 페이지를 구성하는 핵심적인 요소입니다.

다음은 구글 사이트의 첫 화면입니다. HTML에는 디자인을 위한 태그가 없기 때문에 HTML만으로는 이와 같은 웹 페이지를 만들 수 없습니다. 즉 웹 페이지에 디자인을 입히는 별도의 언어인 CSS가 필요합니다. 만약 CSS가 없다면 구글 웹 페이지는 여백도, 글자색이나 배경색도, 정렬도 없어서 밋밋해 보일 것입니다.

그림 3-4 **CSS가 적용된 구글 웹 페이지**

3.3.1 주요 특징

CSS의 주요 특징은 캐스케이딩과 상속입니다. 이 두 가지 특징을 알면 CSS를 더 잘 이해할 수 있습니다.

캐스케이딩

캐스케이딩(cascading)은 하나의 태그에 적용되는 스타일 규칙이 여러 개일 때 우선순위에 따라 스타일이 적용되는 원칙을 의미합니다. CSS는 내부적으로 캐스케이딩 원칙이 적용되기 때문에 여러 스타일이 동시에 적용되더라도 오류가 발생하지 않습니다. 이러한 특징 덕분에 CSS 코드를 작성하는 데 유연성을 발휘할 수 있습니다.

캐스케이딩에 따라 우선순위를 판별할 때 사용하는 원리는 중요도, 명시성, 작성 순서입니다.

● **중요도**

CSS 속성의 마지막에 !important 키워드를 붙이면 해당 CSS 속성은 캐스케이딩 원칙에서 가장 높은 우선순위를 가지게 됩니다. 만약 하나의 태그에 적용되는 스타일 규칙에 !important 키워드가 여러 개 사용됐다면 작성 순서가 더 늦은 것이 우선 적용됩니다.

● **명시성**

명시성(specificity)은 CSS의 **선택자**(selector)가 얼마나 구체적인지를 나타내는 값을 의미합니다. 선택자란 말 그대로 스타일을 적용할 요소를 선택해주는 요소입니다. CSS에는 내부적으로 선택자에 따른 명시성 값이 다음과 같이 정의돼 있습니다.

- **인라인 선택자:** 1000
- **아이디 선택자:** 100
- **클래스 선택자, 가상 클래스 선택자, 속성 선택자:** 10
- **요소 선택자, 가상 요소 선택자:** 1

명시성 값의 총합이 높은 스타일이 총합이 낮은 스타일보다 우선 적용됩니다.

- **작성 순서**

  중요도와 명시성을 판단해도 우선순위가 결정되지 않는다면 마지막으로 적용하는 원칙은 작성 순서입니다. 가장 늦게 작성된 CSS 속성일수록 우선순위가 더 높습니다.

상속

상속(inheritance)은 부모 요소에 적용된 속성이 자식 요소에 자동으로 적용되는 현상을 말합니다. 다시 말해 부모 요소에 적용된 속성이 자식 요소에 적용돼 있지 않더라도 자식 요소는 부모 요소의 속성과 동일한 값을 가지게 됩니다.

예를 들어 〈body〉 태그 내에 〈h1〉 태그를 사용해 제목을 작성했다고 합시다. 이때 최상위 〈html〉 태그에 CSS로 스타일을 적용하면 CSS 속성은 순차적으로 〈html〉 태그와 부모-자식 관계인 〈body〉, 〈h1〉 태그에 상속됩니다

그림 3-5 **상속의 개념**

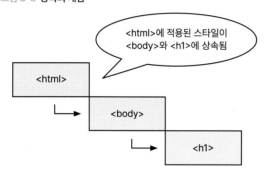

단, 모든 속성이 상속되는 것은 아니고 상속되는 속성이 따로 있습니다. 일반적으로 텍스트와 관련된 속성(글꼴, 크기, 색상)이 상속되고, 박스 모델과 관련된 속성(너비, 높이, 여백, 마진)은 상속되지 않습니다. 이는 CSS를 정식으로 공부하면 자연스레 알게 될 것입니다.

> **NOTE** 박스 모델
>
> 모든 HTML 요소가 사각형 박스로 둘러싸여 있다는 개념입니다. 박스 형태의 요소를 원하는 곳에 배치해 하나의 웹 페이지를 원하는 모양으로 만듭니다. 하나의 박스는 네 가지 구성 요소(영역), 즉 콘텐츠(content, 내용), 패딩(padding, 내부 여백), 보더(border, 테두리), 마진(margin, 외부 여백)으로 이뤄집니다. CSS는 이러한 박스의 크기, 위치, 속성(색, 배경, 테두리 모양 등)을 결정합니다.

3.3.2 적용 방법

모든 웹 페이지는 HTML로 작성하며, HTML로 작성된 문서를 웹 브라우저가 해석해 화면에 표시합니다. CSS는 웹 브라우저가 HTML 문서를 해석할 때 참조할 수 있어야 합니다.

HTML에 CSS를 적용하는 방법은 크게 내부 스타일 시트, 외부 스타일 시트, 인라인 스타일로 나뉩니다.

내부 스타일 시트

내부 스타일 시트(internal style sheet)는 HTML 문서에 CSS를 적용하는 가장 간단한 방법입니다. 다음과 같이 〈head〉 태그 내부에 〈style〉 태그를 이용해 CSS를 적용합니다.

```
<head>
 <style>
  /* CSS 코드 */
 </style>
</head>
```

외부 스타일 시트

외부 스타일 시트(external style sheet)는 별개의 CSS 문서를 만들어 HTML 문서와 연결하는 방법입니다. 이때 CSS 문서의 확장자는 반드시 *.css여야 합니다. 다음과 같이 〈head〉 태그 내부에 〈link〉 태그를 이용해 CSS 문서를 연결하면 HTML 문서에 CSS가 적용됩니다.

```
<head>
 <link rel="stylesheet" href="style.css">
</head>
```

인라인 스타일

인라인 스타일(inline style)은 HTML 태그에 사용할 수 있는 글로벌 속성 중 하나인 style 속성을 이용해 CSS를 적용하는 것입니다. 다음과 같이 style 속성을 사용하면 HTML 태그에 CSS를 적용할 수 있습니다.

```
<body>
  <p style="color: red">sample text</p>
</body>
```

3.3.3 기본 문법

CSS의 기본 문법은 크게 선택자와 선언부로 구분됩니다.

그림 3-6 **CSS의 기본 문법**

- **선택자:** CSS 스타일을 적용할 HTML 요소를 선택합니다.

- **선언부:** 선택자에서 선택한 요소에 적용할 스타일을 작성합니다. 선언부는 적용하고자 하
  는 스타일을 속성과 값의 쌍으로 중괄호({}) 안에 작성합니다. 이때 값 뒤에 세미콜론(;)
  을 넣으면 여러 스타일을 연달아 작성할 수 있습니다.

예를 들어 〈p〉 태그의 텍스트 크기를 24px, 색상을 red로 지정하고 싶다면 다음과 같이 작성
합니다.

```
p {
  font-size: 24px;
  color: red;
}
```

3.3.4 학습 방법

CSS의 주요 특징, 적용 방법, 기본 문법을 이해했다면 다음 사항을 참고해 CSS를 학습하기
바랍니다.

● 선택자 지정 방법 정확히 알기

선택자는 CSS의 가장 기본적인 문법입니다. 스타일을 지정할 HTML 요소를 선택하지 못한다면 CSS를 공부하는 것이 무의미하니, 원하는 HTML 요소를 선택할 수 있는 선택자 지정 방법을 제대로 학습하세요. 다음 사이트는 선택자를 연습하는 데 도움이 될 것입니다.

* **선택자 연습하기:** https://flukeout.github.io

● 속성과 값 학습하기

선택자와 선언부로 구성되는 CSS 기본 문법은 매우 간단한 형식이라 문법적으로 더 이상 배울 내용이 없지만, 속성 그리고 속성에 따라 사용할 수 있는 값은 추가로 학습해야 합니다. 필자는 속성과 값을 암기하는 것이 CSS 공부의 시작이자 끝이라고 생각합니다. 속성과 값을 기억해 적절한 위치에 사용하는 것이 처음에는 힘들겠지만, 꾸준히 하다 보면 자연스럽게 익힐 수 있습니다.

● 스타일 호환성 이해하기

같은 CSS 속성과 값이라도 웹 브라우저의 종류(엣지, 크롬, 사파리, 파이어폭스 등)에 따라 조금씩 다르게 보일 수 있습니다. 지금은 인터넷 익스플로러의 공식 지원이 종료됐지만, 몇 년 전만 해도 인터넷 익스플로러는 CSS 사양을 제대로 구축하지 않은 경우가 많아서 CSS를 사용하는 모든 개발자의 골칫거리였습니다. 다행히 지금은 인터넷 익스플로러가 엣지로 대체돼 호환성 문제가 많이 개선됐습니다. 하지만 최신 CSS3 스펙은 여전히 브라우저마다 조금씩 다르게 구현된 부분이 많으므로 스타일 호환성을 이해하고 있는 것이 좋습니다.

● 반응형 디자인과 미디어 쿼리 학습하기

CSS의 세 번째 버전인 CSS3는 반응형 디자인을 처리할 수 있는 속성이 많이 추가됐습니다. 그중에서 가장 대표적인 것이 바로 미디어 쿼리(media query)입니다. 미디어 쿼리를 사용하면 웹 페이지를 렌더링하는 장치에 따라 다른 스타일을 적용할 수 있습니다. 예를 들어 데스크톱과 스마트폰의 화면 크기에 따라 각기 다른 스타일 처리가 가능합니다. 요즘에는 반응형 디자인을 적용하지 않는 웹 페이지가 상대적으로 적기 때문에 반드시 미디어 쿼리를 통한 반응형 디자인 적용법을 학습해야 합니다.

● 공식 문서와 자료 참고하기

해당 언어에서 제공하는 공식 문서와 자료를 참고하면 그 언어를 공부하는 데 도움이 됩니다. CSS 학습에 도움이 될 만한 공식 문서는 다음과 같습니다.

- **CSS 커런트 워크:** https://www.w3.org/Style/CSS/current-work
  현재 작업 중인 CSS의 초안, 표준 관련 정보 등을 확인할 수 있는 사이트입니다.

- **CSS 명세서:** https://www.w3.org/Style/CSS/specs
  CSS1부터 CSS3까지의 해당 세부 명세서를 찾아볼 수 있는 사이트입니다.

- **MDN 기술 블로그:** https://developer.mozilla.org/ko/docs/Web/CSS
  MDN에서 운영하는 CSS 관련 기술 블로그로, CSS에 대한 상세한 정보를 열람할 수 있습니다.

● CSS의 역사 공부하기

CSS의 역사를 알면 CSS의 개념과 발전을 이해하고 프런트엔드의 전반적인 발전 과정을 파악하는 데 도움이 됩니다. 프런트엔드 개발자라면 CSS를 누가 만들었고, 왜 만들었는지 등을 기본적인 지식으로 알아두는 것이 좋습니다.

3.4

자바스크립트

자바스크립트(JavaScript)는 HTML과 CSS로 작성된 정적인 웹 페이지에 복잡한 기능을 구현해 생동감을 불어넣는 스크립트 언어입니다. 자바스크립트가 없다면 일정하고 동일한 데이터만 보여주는 웹 페이지(정적 웹 페이지)뿐일 것입니다.

자바스크립트를 소개할 때 HTML, CSS와 함께 건물에 비유하는 경우가 많습니다. 다시 말해 HTML은 건물의 기본 구조를, CSS는 내부 인테리어를, 자바스크립트는 엘리베이터 같은 편의 시설을 구현한다고 볼 수 있습니다. 실제 웹 페이지를 만들 때 HTML은 화면에 보이는 구조를 설계하고, CSS는 HTML에 스타일을 적용해 적절한 디자인을 보여주며, 자바스크립트는 HTML과 CSS가 할 수 없는 동적인 기능을 구현합니다.

그림 3-7 **HTML, CSS, 자바스크립트의 역할**

웹 구조 설계   웹 페이지 디자인   웹 동작 구현

NOTE 스크립트 언어

스크립트 언어(script language)는 새로운 프로그램을 만들기보다는 기존의 소프트웨어를 제어하는 용도로 쓰이는 언어입니다. 대체로 문법이 단순하고 쉬우며, 컴파일 과정 없이 바로 실행되고, 실행 속도가 느립니다.

로그인 페이지를 예로 살펴봅시다. 로그인 페이지에서 아이디와 비밀번호를 입력한 후 [로그인] 버튼을 클릭하면 아이디와 비밀번호의 유효성을 검증해 유효하면 로그인을, 유효하지 않으면 로그인 거부 화면을 띄웁니다. 웹 페이지에서 이러한 동작이 가능한 것은, 사용자가 입력한 아이디와 비밀번호를 검증할 수 있도록 자바스크립트가 동적인 처리를 하기 때문입니다.

3.4.1 적용 방법

자바스크립트도 CSS처럼 웹 브라우저가 HTML 문서를 해석할 때 같이 해석돼야 하므로 HTML 문서에 적용해야 합니다. HTML에 자바스크립트를 적용하는 방법은 크게 내부 스크립트, 외부 스크립트, 인라인 방법으로 나뉩니다.

내부 스크립트

내부 스크립트(internal script) 방법은 HTML 문서 내부에 〈script〉 태그를 이용해 자바스크립트 코드를 작성하는 것입니다. 〈script〉 태그는 되도록 〈body〉 태그가 끝나기 직전에 사용하는 것이 성능상 유리합니다.

```
<body>
  <script>
    // 자바스크립트 코드
  </script>
</body>
```

외부 스크립트

외부 스크립트(external script) 방법은 별개의 자바스크립트 문서를 만들어 HTML 문서와 연결하는 것입니다. 이때 자바스크립트 문서의 확장자는 *.js이며, 다음과 같이 〈script〉 태그를 이용해 외부의 자바스크립트 문서와 연결합니다. 이 방법도 내부 스크립트 방법과 마찬가지로 〈body〉 태그가 끝나기 직전에 사용하는 것이 성능상 유리합니다.

```
<body>
  <script src="script.js"></script>
</body>
```

인라인

인라인(inline) 방법은 HTML 태그에서 제공하는 이벤트 속성을 사용해 자바스크립트 코드를 적용하는 것입니다.

```
<body>
  <button onclick="자바스크립트 코드"></button>
</body>
```

세 가지 방법 중 가장 많이 사용하는 것은 외부 스크립트 방법입니다. 내부 스크립트 방법은 거의 권장하지 않으며, 인라인 방법도 권장하지는 않지만 현업에서는 종종 사용되고 있습니다.

3.4.2 기본 문법

자바스크립트의 기본 문법은 '실행문'과 '선언 및 할당' 구조로 이뤄져 있습니다. 그리고 여기에 더해 자바스크립트로 다룰 수 있는 데이터의 자료형까지 알아야 합니다.

실행문

자바스크립트 코드는 컴퓨터에 지시한 명령을 실행시키는 **실행문**(statement)으로 구성됩니다. 일반적으로 하나의 실행문은 세미콜론(;)으로 구분해 작성합니다.

```
실행문;
```

선언 및 할당

자바스크립트의 모든 문법은 '선언 및 할당'이라는 기본 형식을 가지고 있습니다.

- **선언:** 프로그램에서 어떤 변수나 명령을 사용하기 위해 컴퓨터에 알리는 것을 말합니다. 어떤 변수나 명령이든 먼저 선언을 해야 사용할 수 있습니다.
- **할당:** 컴퓨터 메모리에 데이터를 저장하는 것을 말합니다.

보통은 선언과 할당을 하나의 개념으로 묶어 설명하는 경우가 많지만, 할당 없이 선언만 하는 경우도 많습니다. 다음은 userName이라는 변수를 선언하고 '철수'라는 문자열을 할당하는 코드입니다.

```
const userName = '철수';
```

자료형

자바스크립트에서 다루는 데이터의 종류를 **자료형**(data type)이라고 합니다. 자바스크립트의 자료형은 크게 기본 자료형과 참조 자료형으로 구분됩니다.

- **기본 자료형:** 문자, 숫자(정수, 실수), 논리(True, False), Undefined, Null, Symbol 등
- **참조 자료형:** 함수, 배열, 객체

3.4.3 학습 방법

앞서 소개한 자바스크립트의 역할, 적용 방법, 기본 문법을 이해했다면 자바스크립트의 가장 기본적인 내용을 파악한 셈입니다. 본격적인 학습을 위해 다음 사항을 참고하세요.

● **입문서나 온라인 강의 보기**

자바스크립트는 언어 자체의 난도가 높고 배워야 할 것도 많기 때문에 인터넷 검색만으로 학습하기는 어렵습니다. 그래서 공부를 시작할 때 학습 방향을 잡아주는 입문서나 온라인 강의를 보길 권합니다. 이를 통해 단계적으로 하나씩 배워야만 자바스크립트를 정복할 수 있습니다.

● **간단한 코드라도 직접 작성하고 실행하기**

자바스크립트는 간단한 코드라도 직접 작성하고 실행해봐야 실력이 늡니다. 프로그래밍 언어는 컴퓨터에 명령을 전달하기 위한 알고리즘을 구현하는 데 사용하는 언어이므로,

머릿속으로 상상만 하지 말고 직접 실행해봐야 그 동작 원리를 온전히 이해할 수 있습니다.

● **공식 문서 참고하기**

자바스크립트 공식 문서를 참고하면 많은 도움이 됩니다. 하지만 사이트를 자주 방문하지 않으면 익숙해지지 않기 때문에 사이트를 탐색하면서 공식 문서를 읽기가 어렵습니다. 공식 문서에는 책이나 동영상 강의에서 알려주지 않는 깊이 있는 내용도 담겨 있으니 반드시 MDN 사이트를 방문해 공식 문서를 읽는 습관을 들이기 바랍니다.

• **MDN 기술 블로그:** https://developer.mozilla.org/ko/docs/Web/JavaScript

● **자바스크립트의 역사 공부하기**

다른 언어와 마찬가지로 자바스크립트의 역사를 조금이라도 알아두는 것은 프런트엔드 개발을 전반적으로 이해하는 데 도움이 됩니다. 자바스크립트를 누가 왜 만들었는지, 어떤 과정을 거쳐 지금의 형태로 사용하게 됐는지는 프런트엔드 개발자로서 알아둬야 할 기본 지식입니다.

이 장에서는 프런트엔드 개발자가 반드시 알아야 할 HTML, CSS, 자바스크립트에 대해 살펴봤습니다. HTML, CSS, 자바스크립트는 이를 대체할 다른 선택지가 없다고 해도 과언이 아닐 정도로 매우 중요한 언어입니다. 하지만 의외로 저평가되는 경우가 많습니다. HTML은 마크업 언어라서, CSS는 스타일 언어라서, 자바스크립트는 타입스크립트라는 대체 가능한 언어가 있어서 그렇다지만, 필자의 생각은 다릅니다.

그 어떤 프런트엔드 개발자라도 HTML, CSS, 자바스크립트를 완벽히 배우지 않는다면 전문 개발자로 우뚝 서기 어렵습니다. 특히 자바스크립트는 타입스크립트가 있다고 하더라도 반드시 알아야 합니다. 자바스크립트를 모르면 여러모로 곤란한 상황을 겪을 수 있기 때문에 가볍게 공부해서는 안 됩니다. 더 나은 프런트엔드 개발자가 되고자 한다면 세 언어를 완벽히 학습해 기본기를 탄탄히 다져야 한다는 것을 명심하세요.

HTML, CSS,
자바스크립트
심화 기술

프런트엔드 개발 시 HTML, CSS, 자바스크립트만 사용해도 충분히 웹 페이지를 만들 수 있습니다. 하지만 개발이 복잡해짐에 따라 HTML, CSS, 자바스크립트로만 웹 페이지를 만들기가 불편했습니다. 일각에서는 세 언어를 대체할 새로운 해결 방법을 모색하는 움직임이 생겨났고, 그 일환으로 HTML 전처리기, CSS 전처리기와 후처리기, 타입스크립트 등의 기술이 탄생했습니다. 이 장에서는 이러한 심화 기술을 자세히 살펴봅니다.

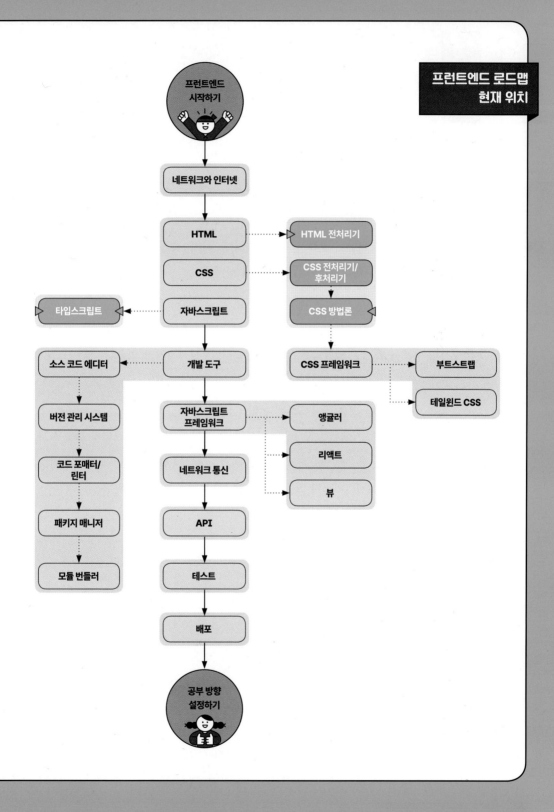

프런트엔드 로드맵
현재 위치

프런트엔드
시작하기

네트워크와 인터넷

HTML → HTML 전처리기

CSS → CSS 전처리기/
후처리기

타입스크립트 ← 자바스크립트 → CSS 방법론

소스 코드 에디터 ← 개발 도구 → CSS 프레임워크 → 부트스트랩

버전 관리 시스템 → 테일윈드 CSS

코드 포매터/
린터 → 자바스크립트
프레임워크 → 앵귤러

패키지 매니저 → 네트워크 통신 → 리액트

모듈 번들러 → API → 뷰

테스트

배포

공부 방향
설정하기

HTML 전처리기

프런트엔드 개발의 가장 기본이 되는 기술은 HTML입니다. 그런데 HTML은 태그와 문법 규정 등이 정형화돼 있어 개발의 효율성이 떨어집니다. 이에 HTML의 불편함을 개선하기 위해 전처리기(preprocessor)라는 방법이 고안됐습니다.

HTML 전처리기(HTML preprocessor)는 기존의 HTML 문법을 확장하고 개선해 작성한 코드를 HTML 코드로 변환하는 도구입니다. HTML의 기능을 확장해 만든 마크업 언어가 각각 독자적인 문법 규칙을 가지고 있더라도 문제가 없습니다. 전처리기가 있으니 다시 HTML 코드로 변환해 사용할 수 있기 때문입니다.

HTML 전처리기로 코드를 변환해 사용하는 언어는 함엘, 슬림, 퍼그 등입니다. 이러한 언어를 **HTML 전처리기 언어**라고 하며, 모두 변수, 반복문, 조건문과 같은 프로그래밍 문법을 사용할 수 있도록 HTML을 확장해 만든 스크립트 언어입니다. HTML 전처리기 언어로 작성한 코드는 궁극적으로 HTML 코드가 아니기 때문에 HTML 코드로 컴파일하는 과정을 거쳐야만 웹 브라우저에서 실행할 수 있습니다.

그림 4-1 **HTML 전처리기의 동작 원리**

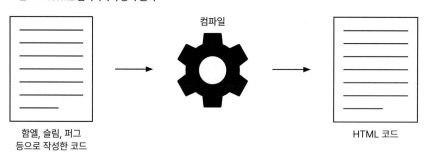

함엘, 슬림, 퍼그
등으로 작성한 코드

컴파일

HTML 코드

NOTE 컴파일

주어진 언어로 작성된 프로그램을 동등한 다른 언어의 프로그램으로 변환하는 과정을 컴파일(compile)이라고 합니다.

함엘, 슬림, 퍼그별로 주요 문법이 어떻게 HTML 문법으로 변환되는지 살펴봅시다.

4.1.1 함엘

함엘(Haml, HTML abstraction markup language)은 2006년에 햄프턴 캐틀린(Hampton Catlin)이 처음 공개한 HTML 전처리기 언어로, 개발자의 생산성을 높이는 데 목적을 두고 있습니다. 함엘은 기존의 HTML 문법보다 더 간결하고 가독성이 높은 문법을 제공합니다. 문서 구조를 들여쓰기로 표현하고, 태그의 중첩 표현을 간소화하며, 태그와 속성을 짧은 키워드로 표현합니다.

이해를 돕기 위해 HTML의 기본 문법인 독타입, 태그, 부모-자식 관계, 속성, 주석 등 다섯 가지 구성 요소에 대해 함엘과 HTML을 비교해보겠습니다.

독타입

독타입(DOCTYPE)은 문서의 유형을 정의하기 위해 사용하는 선언문(Document Type Definition, DTD)으로, 웹 문서의 시작을 알려주고 ⟨html⟩ 태그보다 먼저 선언됩니다.

함엘에서 독타입을 작성할 때는 느낌표(!) 3개를 사용합니다. HTML5에 해당하는 독타입은 다음과 같이 !!! 5로 작성합니다.

함엘

```
!!! 5
```

이 코드를 컴파일하면 다음과 같이 변환됩니다.

HTML

```
<!DOCTYPE html>
```

태그

함엘에서 태그는 시작 태그와 종료 태그를 구분하지 않고 모두 % 기호로 작성합니다. 다음은 ⟨h1⟩과 ⟨h2⟩ 태그를 함엘로 작성한 것입니다.

```
%h1 hello
%h2 haml
```

이 코드를 컴파일하면 다음과 같이 변환됩니다.

```
<h1>hello</h1>
<h2>haml</h2>
```

부모-자식 관계

함엘에서 태그의 부모–자식 관계를 표현할 때는 들여쓰기를 합니다.

```
%body
  %h1 Hello
  %h2 Haml Is Simple
```

이 코드를 컴파일하면 들여쓰기된 부분이 자식 요소로 변환됩니다.

```
<body>
  <h1>Hello</h1>
  <h2>Haml Is Simple</h2>
</body>
```

속성

함엘에서 태그의 속성은 중괄호({})를 사용해 작성합니다.

```
%body
  %h1{class:'red', id:'title'} Hello
  %a{href:'https://www.sucoding.kr', target:'_blank'} sucoding link
```

이 코드를 컴파일하면 중괄호로 처리된 부분이 속성으로 변환됩니다.

```html
                                                                  HTML
  <body>
    <h1 class="red" id="title">Hello</h1>
    <a href="https://www.sucoding.kr" target="_blank">sucoding link</a>
  </body>
```

주석

함엘에서 주석은 / 기호를 사용해 작성합니다.

```
                                                                   함엘
  / comment
```

이 코드를 컴파일하면 HTML 주석으로 변환됩니다.

```html
                                                                  HTML
  <!-- comment -->
```

기본 코드 비교

지금까지 배운 다섯 가지 구성 요소의 문법으로 기본 웹 문서를 작성하면 다음과 같습니다.
확실히 함엘로 작성한 코드가 반복되는 구문 없이 간결하고 깔끔합니다.

함엘	HTML

<pre>!!! 5
%html
  %head
    %meta(charset="utf-8")
    %title Haml To HTML
  %body
    / sample code
    %h1 haml
    %h2 html</pre>
	<pre><!DOCTYPE html>
	<html>
	  <head>
	    <meta charset="utf-8" />
	    <title>Haml To HTML</title>
	  </head>
	  <body>
	    <!-- sample code -->
	    <h1>haml</h1>
	    <h2>html</h2>
	  </body>
	</html></pre>

> **NOTE** 함엘 공식 사이트
>
> 함엘에 대해 자세히 알고 싶다면 다음 공식 사이트를 참고하세요.
> **https://haml.info**

4.1.2 슬림

슬림(Slim)은 함엘 이후에 출시된 HTML 전처리기 언어입니다. 슬림은 개인이 개발한 것이 아니라 깃허브(Github)에서 여러 개발자가 힘을 모아 오픈 소스 프로젝트로 개발했습니다.

슬림은 HTML 문법을 애매하게 제거하거나 숨기지 않고 핵심 구문을 줄이는 것을 목표로 만들어졌습니다. 처음에는 단순하게 HTML의 핵심이라 할 수 있는 홑화살괄호(<>)와 종료 태그 등의 문법을 얼마나 줄일 수 있을지 알아보기 위해 시작했지만, 사람들의 관심이 커지면서 기능을 확장하고 구문의 유연성도 향상해 지금까지 많이 사용되고 있습니다.

함엘과 마찬가지로 HTML의 기본 문법인 독타입, 태그, 부모-자식 관계, 속성, 주석 등 다섯 가지 구성 요소에 대해 슬림과 HTML을 비교해보겠습니다.

독타입

슬림에서는 홑화살괄호를 제거하고 다음과 같이 독타입을 작성합니다.

슬림
```
doctype html
```

이 코드를 변환한 결과는 다음과 같습니다.

HTML
```
<!DOCTYPE html>
```

태그

슬림에서 태그는 홑화살괄호와 종료 태그를 제거하고 태그 이름만 작성합니다.

슬림
```
h1 hello
h2 slim!
```

이 코드를 변환한 결과는 다음과 같습니다.

HTML
```
<h1>hello</h1>
<h2>slim!</h2>
```

부모-자식 관계

슬림에서도 부모–자식 관계를 들여쓰기로 작성합니다.

슬림

```
body
  h1 hello
  h2 slim!
```

이 코드를 컴파일하면 들여쓰기된 부분이 자식 요소로 변환됩니다.

HTML

```
<body>
  <h1>hello</h1>
  <h2>slim!</h2>
</body>
```

속성

슬림에서 태그의 속성은 다음과 같이 작성합니다. 함엘에서는 중괄호({})를 사용했지만 슬림에서는 별다른 구분 없이 작성합니다.

슬림

```
body
  h1 class="red" id="title" hello
  a href="https://github.com/slim-template/slim" target="_blank" slim github
```

이 코드를 컴파일한 결과는 다음과 같습니다.

HTML

```
<body>
  <h1 class="red" id="title">hello</h1>
  <a href="https://github.com/slim-template/slim"
     target="_blank">slim github</a>
</body>
```

주석

슬림에서 주석은 /와 /! 기호를 사용해 작성합니다.

* / 기호로 작성한 주석은 슬림에서만 사용하는 것으로, HTML 코드로 컴파일 시 영향을

주지 않습니다.

- /! 기호로 작성한 주석은 HTML 코드로 컴파일될 때 HTML 주석으로 변경됩니다.

슬림

```
body
  / slim language comment, not change
  /! html comment change
```

이 코드를 컴파일한 결과는 다음과 같습니다.

HTML

```
<body>
  <!-- html comment change -->
</body>
```

기본 코드 비교

다섯 가지 구성 요소의 문법으로 기본 웹 문서를 작성하면 다음과 같습니다. 슬림은 HTML
에서 홑화살괄호와 종료 태그를 뺀 것을 제외하고 비슷합니다. 하지만 HTML의 불필요한
반복을 제거해 HTML을 효과적으로 대체했습니다.

슬림

```
doctype html
html
  head
    meta charset="utf-8"
    title Slim To HTML
  body
    /! sample code
    h1 slim
    h2 html
```

HTML

```
<!DOCTYPE html>
<html>
  <head>
    <meta charset="utf-8">
    <title>Slim To HTML</title>
  </head>
  <body>
    <!-- sample code -->
    <h1>slim</h1>
    <h2>html</h2>
  </body>
</html>
```

NOTE 슬림 공식 깃허브

슬림에 대해 자세히 알고 싶다면 다음 공식 깃허브를 참고하세요.
https://github.com/slim-template/slim

4.1.3 퍼그

원래 자데(jade)로 불렸다 이름이 바뀐 **퍼그**(Pug)는 T. J. 홀로웨이척(T. J. Holowaychuk)
이 2011년에 처음 공개한 HTML 전처리기 언어입니다. 다른 전처리기 언어처럼 기존의
HTML을 간결하고 쉽게 작성하는 것이 그 목적입니다. 함엘보다 나중에 출시돼 함엘 문법
의 영향을 많이 받았고, 자바스크립트와의 호환성도 좋습니다.

퍼그는 태그로 콘텐츠를 감싸는 대신 들여쓰기로 계층 구조를 표현합니다. 이렇게 함으로
써 코드의 가독성을 향상하고 태그를 일일이 열고 닫지 않도록 해 코드의 양을 줄였습니다.

다른 전처리기 언어와 마찬가지로 HTML의 기본 문법인 독타입, 태그, 부모-자식 관계,
속성, 주석 등 다섯 가지 구성 요소에 대해 퍼그와 HTML을 비교해보겠습니다.

독타입

퍼그에서는 다음과 같이 독타입을 작성합니다.

퍼그
```
doctype html
```

이 코드를 컴파일하면 다음과 같이 HTML 독타입으로 변환됩니다.

HTML
```
<!DOCTYPE html>
```

태그

퍼그에서 태그는 태그 이름만 작성합니다.

퍼그
```
h1 Hello
h2 Pug
```

이 코드를 컴파일하면 다음과 같이 변환됩니다.

HTML
```
<h1>Hello</h1>
<h2>Pug</h2>
```

부모-자식 관계

퍼그 또한 부모–자식 관계를 들여쓰기로 작성합니다.

퍼그

```
body
  h1 Hello
  h2 Pug
```

이 코드를 컴파일하면 들여쓰기한 부분이 자식 요소로 변환됩니다.

HTML

```
<body>
  <h1>Hello</h1>
  <h2>Pug</h2>
</body>
```

속성

퍼그에서 속성은 소괄호(( ))를 사용해 작성합니다.

퍼그

```
body
  h1(class='red', id='title') Hello
  a(href='https://pugjs.org/api/getting-started.html') pug website
```

이 코드를 변환하면 다음과 같습니다.

HTML

```
<body>
  <h1 class="red" id="title">Hello</h1>
  <a href="https://pugjs.org/api/getting-started.html">pug website</a>
</body>
```

주석

퍼그에서 주석은 // 기호를 사용해 작성합니다.

퍼그

```
// comment
```

// 기호는 다음과 같이 HTML 주석으로 변환됩니다.

```html
<!-- comment -->
```

기본 코드 비교

다섯 가지 구성 요소의 문법으로 기본 웹 문서를 작성하면 다음과 같습니다. 퍼그로 작성한 코드가 반복되는 구문 없이 간결하고 깔끔한 것을 확인할 수 있습니다.

퍼그	HTML
| ```pug
doctype
html
  head
    meta(charset="utf8")
    title pug2html
  body
    // sample code
    h1 pug
    h2 html
``` | ```html
<!DOCTYPE html>
<html>
  <head>
    <meta charset="utf8">
    <title>pug2html</title>
  </head>
  <body>
    <!-- sample code-->
    <h1>pug</h1>
    <h2>html</h2>
  </body>
</html>
``` |

NOTE 퍼그 공식 문서

퍼그에 대해 자세히 알고 싶다면 다음 공식 문서를 참고하세요.
https://pugjs.org/api/getting-started.html

4.1.4 학습 방법

HTML 전처리기 언어는 기존 HTML의 불편한 점을 해소해줬지만, HTML 문서로 컴파일해야만 웹 브라우저에 정상적으로 표시됩니다. 따라서 HTML 전처리기 언어로 개발하려면 별도의 컴파일이 가능한 환경을 만들어야 하므로 초기 접근성이 좋지 않습니다.

실무에서는 함엘, 슬림, 퍼그를 주로 사용하는데, 컴파일을 위한 환경 설정이 수반돼야 하므로 보통 백엔드 개발에 사용하는 프레임워크와 함께 설정한 후 사용합니다. 함엘, 슬림은 루비 온 레일스(Ruby on Rails)와, 퍼그는 Node.js 기반 프레임워크와 함께 사용합니다.

HTML 전처리기는 필수적으로 학습해야 하는 내용은 아닙니다. 앞에서 설명한 기본 개념, HTML과의 문법적 차이 정도만 알고 있어도 충분합니다. 우리나라 프런트엔드 개발 시장에서는 전처리기보다 프레임워크에서 지원하는 독자 문법을 사용하는 경우가 많기 때문입니다. 예를 들어 국내에서는 프런트엔드 개발 프레임워크로 앵귤러, 리액트, 뷰를 많이 사용하는데, 각각 호환되는 HTML 문법으로 HTML, JSX, 템플릿을 지원합니다. 이러한 프레임워크에 HTML 전처리기 언어를 도입할 수는 있지만, 일부러 그렇게 하는 경우는 거의 없습니다.

프런트엔드 개발자라면 HTML 전처리기의 개념을 알고는 있어야 하지만 반드시 배워야 하는 것은 아닙니다. 그럼에도 배워야 한다면 권장하는 학습 방법은 다음과 같습니다.

● **하나를 배운다면 퍼그**

HTML 전처리기 언어를 배워야 한다면 필자는 퍼그를 추천합니다. 퍼그는 자바스크립트와의 호환성이 좋습니다. 함엘과 슬림은 루비 언어 기반이라 프런트엔드 개발에서 사용할 일이 상대적으로 적습니다.

● **공식 문서 활용하기**

국내에는 HTML 전처리기 언어 관련 입문서나 학습 사이트가 부족한 편입니다. 하지만 걱정하지 마세요. 모든 HTML 전처리기 언어는 HTML 언어를 바탕으로 만들어졌기 때문에 문법적으로 똑같지는 않더라도 낯설지 않습니다. 또한 공식 문서가 잘 정리돼 있어 공식 문서만 봐도 쉽게 학습할 수 있습니다.

- **함엘 공식 문서:** https://haml.info/docs.html

- **슬림 공식 문서:** https://rubydoc.info/gems/slim/frames

- **퍼그 공식 문서:** https://pugjs.org/api/getting-started.html

CSS 전처리기

CSS는 코드 자체의 재사용성을 증가시킬 수는 있어도 유지·보수나 관리의 용이성을 증가시키는 데에는 한계가 있습니다. HTML을 대체하기 위해 전처리기가 등장한 것처럼 CSS도 이러한 불편을 개선하기 위해 전처리기 개념을 도입했습니다.

CSS 전처리기(CSS preprocessor)는 기존의 CSS 문법을 확장하고 개선해 작성한 코드를 기존의 CSS 코드로 변환하는 도구입니다. CSS 전처리기에 대한 개념적인 설명은 기준이 되는 언어가 다른 점만 빼면 HTML 전처리기와 같습니다.

웹 브라우저는 HTML과 마찬가지로 CSS만 해석할 수 있습니다. 따라서 CSS를 확장해 만든 새로운 언어는 CSS 코드로 컴파일해야만 웹 브라우저에서 정상적으로 동작합니다. SCSS, LESS, Stylus 등은 이러한 CSS 전처리기 언어입니다.

그림 4-2 **CSS 전처리기의 동작 원리**

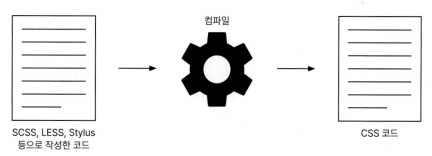

CSS 전처리기 언어 중에서 SCSS와 LESS를 중심으로 그 특징을 살펴보겠습니다.

4.2.1 SCSS

SCSS는 원래 SASS(Syntactically Awesome Style Sheets, 일명 '사스')로 개발됐다가 새롭게 개편돼 SCSS라는 이름으로 공개됐습니다. SCSS의 원형인 SASS는 2006년에 햄프턴 캐틀린이 설계하고 나탈리 바이첸바움(Natalli Weizenbaum)이 개발한 스타일 시트 언어입니다. CSS의 불편한 점을 개선하고 개발자에게 더 나은 스타일 시트를 작성하는 경험을 제공하기 위해 개발됐습니다.

SASS는 변수(variable), 가져오기(import), 중첩(nesting), 확장(extends), 재사용(mixins), 연산(operations), 조건문(if/else), 반복문(loop) 등 프로그래밍 언어에 있을 법한 기능을 제공합니다. 하지만 CSS와 달리 중괄호({})와 세미콜론(;)을 사용하지 않고 들여쓰기를 통해 블록과 규칙을 구분했습니다. 또한 새로운 문법까지 추가해 배우기가 어렵다는 단점이 있었습니다.

이후 SASS는 세 번째 정식 버전을 발표하면서 기존의 CSS 문법과 최대한 유사하고, SASS에서 추가한 문법을 그대로 적용할 수 있는 새로운 형태의 SCSS를 공개했습니다. 최근 SASS 공식 사이트에서도 SASS보다 SCSS를 사용할 것을 권장하고 있습니다.

그렇다면 SCSS의 주요 문법적 특징을 알아봅시다.

변수

SCSS는 변수를 지원합니다. 변수는 프로그래밍 언어에서 데이터를 저장하기 위해 사용하는 개념으로, SCSS에서도 필요한 값을 변수에 담아 활용할 수 있습니다. SCSS에서 변수를 선언할 때는 $ 기호를 사용합니다.

```
$font-size: 16px;
$color: red;

div {
  font-size: $font-size; /* font-size: 16px */
  color: $color; /* color: red */
}
```

```scss
@mixin bordered($width: 5px) { /* bordered() 스타일 정의, 매개변수 사용 */
  border: $width solid #ddd;
  &:hover {
    border-color: #999;
  }
}
h1 {
  @include bordered(3px); /* bordered() 스타일 사용, 매개변수 값 변경 */
}
```

연산

SCSS에서는 CSS에서 산술 연산을 할 때 사용하는 calc() 함수 없이도 덧셈(+), 뺄셈(-), 곱셈(*), 나눗셈(%), 나머지(/) 같은 연산을 할 수 있습니다. 산술 연산으로 처리할 수 있는 단위는 픽셀(px) 및 상대적 단위(%, em, vh, vw 등)입니다. 또한 일부 CSS 속성에서는 슬래시(/)를 허용하므로 산술 연산을 할 때는 소괄호로 묶어야 합니다.

──────────────────────────────── 컴파일 전

```scss
$default: 10px;
$per: 30%;
div {
  width: (100px / 3);
  height: ($default + 10);
  padding: ($per - 10);
  border: ($default * 2) solid red;
}
```

──────────────────────────────── 컴파일 후

```scss
div {
  width: 33.3333333333px;
  height: 20px;
  padding: 20%;
  border: 20px solid red;
}
```

조건문

SCSS는 자바스크립트 같은 프로그래밍 언어와 마찬가지로 @if~@else 문법을 사용해 조건에 따른 스타일을 작성할 수 있습니다. 이때 @else 문을 생략할 수 있지만, @else 문을 단독으로 사용할 수는 없습니다.

컴파일 전

```scss
$theme: "darkmode";
body {
  @if ($theme == "darkmode") {
    color: white;
  } @else {
    color: black;
  }
}
```

컴파일 후

```css
body {
  color: white;
}
```

반복문

@for 문을 사용하면 반복문도 작성할 수 있습니다. @for 문은 고정적으로 사용하는 from 키워드와 선택적으로 사용하는 to, through 키워드를 조합해 작성합니다. to는 '종료 값−1'번 반복하고, through는 종료 값까지 반복합니다.

```scss
/* 1부터 4까지 */
@for $i from 1 to 5 {…}
/* 1부터 5까지 */
@for $i from 1 through 5 {…}
```

반복문의 변수에는 관례상 $i를 사용합니다.

```
@for $i from 1 through 5 {
  .mt#{$i} {
    margin-top: $i + px;
  }
}
```

```
.mt1 {
  margin-top: 1px;
}
.mt2 {
  margin-top: 2px;
}
.mt3 {
  margin-top: 3px;
}
.mt4 {
  margin-top: 4px;
}
.mt5 {
  margin-top: 5px;
}
```

> **NOTE** SCSS 공식 사이트
>
> SCSS에는 변수, 가져오기, 중첩, 확장, 재사용, 연산, 조건문, 반복문 외에도 다양한 문법이 있습니다. 자세한 내용은 다음 공식 사이트를 참고하세요.
> **https://sass-lang.com/documentation**
> **https://sass-guidelin.es/ko(한국어 변역본)**

4.2.2 LESS

LESS(레스)는 2009년에 알렉시 셀리에(Alexis Sellier)가 처음 공개한 CSS 전처리기 언어입니다. SCSS에서 영감을 받은 셀리에는 개발자의 생산성을 높이기 위해 SCSS보다 더 간결하고 편리한 기능을 추가했습니다.

LESS는 SCSS처럼 변수, 가져오기, 중첩, 재사용, 연산, 조건문, 반복문 등 프로그래밍 언어에 있을 법한 기능을 제공합니다. LESS의 기능은 SCSS와 비슷하니 각 기능의 문법적 특징만 간단히 살펴보겠습니다.

변수

SCSS와 마찬가지로 LESS도 변수를 지원합니다. SCSS에서는 변수를 지정할 때 $ 기호를 사용하지만 LESS에서는 @ 기호를 사용합니다.

```less
@font-size: 16px;
@color: red;
div {
  font-size: @font-size; /* font-size: 16px */
  color: @color; /* color: red */
}
```

가져오기

LESS도 @import를 사용해 다른 레스 파일(.less)을 가져올 수 있습니다.

```less
@import "_form"; /* _form.less 파일 가져오기 */
@import "_button"; /* _button.less 파일 가져오기 */
```

중첩

LESS도 코드의 중첩이 가능합니다. 중첩에 사용하는 문법은 SCSS와 동일합니다.

```less
.card {
  border: 1px solid gray;
  border-radius: 5px;
  padding: 16px;
  .card-header { /* CSS 코드 중첩 */
    padding: 8px;
    background-color: lightgray;
  }
}
```

재사용

LESS는 SCSS와 달리 확장 문법(@extend)을 별도로 지원하지 않습니다. 대신 재사용 문법을 지원하는데, 확장과 재사용은 최종적인 결과가 유사해 LESS에서는 확장과 재사용을 따로 구분하지 않습니다. SCSS는 별도의 키워드(@mixin, @include)가 필요하지만, LESS는 클래스명을 그대로 사용해 작성하면 됩니다.

컴파일 전

```less
.btn {
  width: 100px;
  height: 50px;
}
.btn-danger {
  .btn; /* 재사용 */
  background-color: red;
}
```

컴파일 후

```less
.btn {
  width: 100px;
  height: 50px;
}
.btn-danger {
  width: 100px;
  height: 50px;
  background-color: red;
}
```

연산

많지는 않지만 LESS에도 유용하게 사용할 수 있는 연산 관련 함수가 있습니다. 그중 하나가 색상 값을 더 밝게 표현할 수 있는 lighten() 함수입니다.

컴파일 전

```less
@base-color: #336699;
.lighter-color {
  background-color: lighten(@base-color, 20%); /* 20% 더 밝게 조정 */
}
```

```less
.lighter-color {
  background-color: #6699cc;
}
```

조건문

LESS도 조건문과 같은 문법을 구현할 수 있습니다. SCSS에서는 @if~@else 문법을 사용하지만 LESS에서는 if 키워드만 사용합니다.

```less
@condition: false;
.selector {
  /* @condition이 true이면 red, false이면 blue */
  color: if(@condition, red, blue);
}
```

```less
.selector {
  color: if(false, red, blue); /* true이면 red, false이면 blue 적용 */
}
```

반복문

SCSS와 달리 LESS는 특정 키워드를 사용해 반복문을 구현하는 것이 아니라 반복문을 정의하고 호출하는 방식으로 구현합니다.

```less
.generate-margins(@index) when (@index < 6) {
  .mt@{index} {
    margin-top: @index * 1px;
  }
  .generate-margins(@index + 1);
}

.generate-margins(1);
```

```
.mt1 {
  margin-top: 1px;
}
.mt2 {
  margin-top: 2px;
}
.mt3 {
  margin-top: 3px;
}
.mt4 {
  margin-top: 4px;
}
.mt5 {
  margin-top: 5px;
}
```

> **NOTE** **LESS 공식 사이트**
>
> LESS에는 변수, 가져오기, 중첩, 재사용, 연산, 조건문, 반복문 외에도 다양한 문법이 있습니다. 자세한 내용은 다음 공식 사이트를 참고하세요.
>
> **https://lesscss.org**

4.2.3 학습 방법

지금까지 CSS 전처리기 언어 중 SCSS와 LESS를 살펴봤습니다. CSS 전처리기 언어는 이 두 가지 외에도 Stylus, Stylecow, CleverCSS 등이 있으나 현업에서는 SCSS와 LESS를 주로 사용합니다.

HTML 전처리기는 이를 대체할 수 있는 언어(JSX, 템플릿)가 있기 때문에 필수로 배워야 하는 것은 아닙니다. 하지만 CSS 전처리기 언어는 마땅한 대체 언어가 없으며, CSS의 불편한 점을 개선한 확장 언어라 현업에서의 사용 빈도도 높습니다. 따라서 하나 이상의 CSS 전처리기 언어를 배울 것을 권장합니다. 필자가 추천하는 학습 방법은 다음과 같습니다.

● 하나를 배운다면 SCSS

모든 CSS 전처리기 언어를 배우면 좋겠지만 이제 막 프런트엔드에 발을 들여놓은 입문자에게는 어려운 얘기입니다. 한 가지를 골라야 한다면 필자는 SASS의 세 번째 버전인 SCSS를 추천합니다. SCSS는 기존 CSS를 확장한 언어라 CSS 문법과 매우 친화적입니다. 특히 중첩에 중괄호를 사용하는 것이나 프로그래밍적인 기능은 자바스크립트와 닮은 부분이 많습니다. 이러한 점 때문에 SCSS는 학습 난도가 상대적으로 낮은 편이니 한 가지를 배운다면 SCSS를 배워보세요.

● 공식 문서 활용하기

CSS 전처리기 언어의 경우 국내에 참고할 만한 입문서나 학습 사이트가 거의 없습니다. 하지만 잘 정리된 공식 문서가 있는 데다, 어차피 전처리기 언어의 기본 베이스는 CSS입니다. CSS 문법을 사용하되 몇몇 전처리기 언어에 추가된 문법이나 기능을 적용하면 됩니다. 따라서 CSS 전처리기 사용 환경, 즉 컴파일을 통해 CSS 코드로 변환할 수 있는 개발 환경을 설정하고, 필요한 기능은 공식 문서를 참고해 하나씩 적용해보는 방법으로 학습하면 됩니다.

- **SCSS 공식 문서:** https://sass-lang.com/documentation
  https://sass-guidelin.es/ko(한국어 번역본)

- **LESS 공식 문서:** https://lesscss.org

4.3

CSS
후처리기

SCSS, LESS와 같은 CSS 확장 스크립트 언어는 컴파일러에 의해 CSS 문법으로 변환된 후 웹에 적용됩니다. 이는 전처리기의 방식이고, 후처리기는 이와 반대되는 개념입니다.

CSS 후처리기(CSS post-processor)는 완전하게 작성된 CSS 문법을 가지고 자바스크립트 플러그인을 이용해 CSS 문법 스타일을 변환하는 도구입니다. CSS 문법을 그대로 사용해 작성하고, 필요한 확장 기능은 별도의 자바스크립트 플러그인으로 처리합니다. 후처리기는 전처리기와 달리 특정 언어를 가리키는 것이 아니라, CSS 코드를 변환하는 자바스크립트 플러그인을 의미합니다.

CSS 전처리기의 경우 각 언어의 독자적인 문법을 새로 익혀야 합니다. 반면에 CSS 후처리기는 기존의 CSS 문법을 그대로 적용하면 되기 때문에 최근에 많이 사용되고 있습니다.

CSS 후처리기를 지원하는 대표적인 도구로 PostCSS가 있습니다. 대부분의 후처리기에 해당하는 플러그인은 PostCSS 도구를 통해 제공됩니다.

그림 4-3 **CSS 후처리기의 동작 원리**

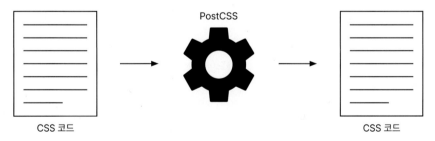

PostCSS

CSS 코드   CSS 코드

4.3.1 PostCSS

PostCSS는 CSS로 작성된 코드를 추상 구문 트리(AST, Abstract Syntax Tree)로 변환한 후 자바스크립트 플러그인을 사용해 CSS 스타일을 변환하는 방법(API)을 제공하는 도구입니다. PostCSS를 통해 제공되는 자바스크립트 플러그인이 바로 후처리기 역할을 합니다. 그래서 PostCSS를 단순히 후처리기 기능을 지원하는 도구로 보는 사람도 있고, 그 자체를 CSS 후처리기로 보는 사람도 있습니다. 하지만 결국 후처리기를 사용하려면 PostCSS 같은 변환 도구가 필요하므로 PostCSS와 자바스크립트 플러그인을 한 맥락으로 이해하는 것이 좋습니다.

NOTE 추상 구문 트리

추상 구문 트리는 코드에서 계층 구조로 된 정보를 추출해 트리 형태로 만든 것입니다. 트리에 괄호((), {}) 등 구문의 세세한 정보까지 표시하지 않기 때문에 추상 구문 트리라고 합니다.

PostCSS는 대규모 플러그인 생태계를 제공합니다. 이러한 플러그인에는 CSS 코드의 일관성 문제나 잠재적 오류 등을 감지하고 식별하는 기능, 변수 활용, 코드 재사용, CSS 구문과 이미지를 변환하는 기능이 포함됩니다.

PostCSS의 적용 방법과 몇 가지 유용한 플러그인을 통해 CSS 후처리기 방식의 장점을 알아봅시다.

PostCSS 적용 방법

PostCSS는 파슬, 웹팩과 같은 모듈 번들러를 이용해 설치합니다. 설치 방법은 모듈 번들러에 따라 다르며, PostCSS 공식 사이트(**https://postcss.org**)를 참고해 설치하면 됩니다.

NOTE 모듈 번들러

모듈 번들러는 여러 자바스크립트 모듈을 웹 브라우저에서 실행할 수 있는 하나의 자바스크립트 파일로 묶는 도구입니다. 5장의 **5.6절 모듈 번들러**에서 자세히 설명하겠습니다.

PostCSS를 설치했다면 후처리기를 위한 자바스크립트 플러그인을 설치해야 합니다. PostCSS에서 사용하는 자바스크립트 플러그인 목록은 PostCSS 공식 사이트의 [Plugins] 메뉴에서 검색할 수 있습니다.

그림 4-4 PostCSS 공식 사이트

자바스크립트 플러그인을 설치하고 나면 PostCSS 설정 파일을 사용해 플러그인을 등록해야 합니다. 일반적으로 PostCSS 설정 파일은 'postcss.config.js' 파일에 다음과 같은 구조로 작성합니다.

플러그인 등록 형식(postcss.config.js)

```
const config = {
  plugins: [
    require('플러그인1'),
    require('플러그인2'),
    …
    require('플러그인n')
  ]
}
module.exports = config
```

이 코드에서 보듯이 사용할 플러그인을 plugins 객체의 속성으로 등록하기만 하면 됩니다. 플러그인 관리가 매우 간단하죠.

여기서는 PostCSS에서 사용할 수 있는 자바스크립트 플러그인 중 가장 유명한 postcss-import, postcss-mixins, postcss-nested, postcss-preset-env, cssnano를 소개하겠습니다.

각 플러그인을 설치한 후 다음과 같이 등록하면 각 플러그인에서 지원하는 후처리기 기능을 사용할 수 있습니다.

주요 플러그인 등록(postcss.config.js)

```js
const config = {
  plugins: [
    require('postcss-import'),
    require('postcss-mixins'),
    require('postcss-nested'),
    require('postcss-preset-env'),
    require('cssnano'),
  ],
};
module.exports = config;
```

postcss-import 플러그인

postcss-import 플러그인은 하나의 CSS 파일 안에서 다른 CSS 파일을 불러오기 위해 사용합니다. 다음 코드와 같이 일반 CSS 파일에서 @import 문법을 사용해 main 폴더에 저장된 mixins.css, mixins-nested.css, preset-env.css, autoprefixer.css 파일을 불러오는 경우입니다. 이처럼 CSS는 @import 문법을 지원하므로 PostCSS 플러그인으로 CSS 파일을 컴파일하지 않아도 코드가 정상적으로 동작합니다.

@import 문법으로 다른 CSS 파일 불러오기

```css
@import "./main/mixins.css";
@import "./main/mixins-nested.css";
@import "./main/preset-env.css";
@import "./main/autoprefixer.css";
```

하지만 CSS의 @import 문법은 성능상의 이유로 사용을 권장하지 않습니다. @import 문법을 사용하기보다 postcss-import 플러그인을 이용해 컴파일하는 것이 좋습니다.

postcss-import 플러그인 등록과 사용 설정은 이미 했으니 앞의 코드를 실행하면 postcss-import 플러그인을 이용해 컴파일됩니다. 주의할 점은 postcss-import 플러그인을 사용할 때는 항상 다른 플러그인보다 먼저 불러와야 한다는 것입니다. 다섯 가지 플러그인을 등록할 때 postcss-import 플러그인을 가장 먼저 작성한 것도 이 때문입니다.

postcss-mixins 플러그인

postcss-mixins 플러그인은 CSS가 지원하지 않는 @mixin 문법, 즉 코드 재사용을 위해 사용합니다. 이 플러그인을 사용하면 @mixin 문법으로 작성된 CSS 코드가 웹 브라우저가 이해할 수 있는 CSS 코드로 변환됩니다.

─── 컴파일 전(재사용 문법 사용)

```
/* icon 스타일 정의 */
@define-mixin icon $network, $color: blue {
  .icon.is-$(network) {
    color: $color;
    @mixin-content;
  }
  .icon.is-$(network): hover {
    color: white;
    background: $color;
  }
}
/* icon 스타일 사용 */
@mixin icon twitter {
  background: url(twt.png);
}
/* icon 스타일 사용 */
@mixin icon youtube, red {
  background: url(youtube.png);
}
```

─── 컴파일 후

```
.icon.is-twitter {
  color: blue;
  background: url(twt.png);
}
.icon.is-twitter: hover{
  color: white;
  background: blue;
}
.icon.is-youtube {
  color: red;
  background: url(youtube.png);
}
```

```
.icon.is-youtube: hover {
  color: white;
  background: red;
}
```

postcss-nested 플러그인

postcss-nested 플러그인은 CSS에서 중첩 문법을 사용할 수 있도록 지원합니다. CSS 코드에 중첩 문법을 적용하더라도 웹 브라우저가 이해할 수 있는 CSS 코드로 변환합니다.

컴파일 전(중첩 문법 사용)

```
@define-mixin icon $name {
  padding-left: 16px;
  &::after { /* 중첩문 */
    background: url(/icons/$(name).png);
    content: "";
  }
}
.search {
  @mixin icon search;
}
```

컴파일 후

```
.search {
  padding-left: 16px;
}
.search: after {
  background: url(/icons/search.png);
  content: "";
}
```

postcss-mixins 플러그인(재사용 문법 지원)과 postcss-nested 플러그인(중첩 문법 지원)을 같이 사용하는 경우에는 플러그인을 불러오는 순서가 중요합니다. 반드시 postcss-mixins 플러그인을 먼저 불러온 다음 postcss-nested 플러그인을 불러와야 합니다.

postcss-preset-env 플러그인

postcss-preset-env 플러그인은 CSS가 지원하지 않는 최신 문법을 웹 브라우저가 이해할 수 있는 CSS 문법으로 변환합니다. postcss-preset-env 플러그인을 사용하려면 플러그인을 불러오는 부분에서 stage 설정을 해야 합니다. stage의 값에는 숫자 0~4를 넣을 수 있습니다. 0은 가장 많은 기능을 사용할 수 있지만 불안정하고, 4는 사용할 수 있는 기능이 적지만 안정적입니다. 기본 값은 2이고 보통은 1로 설정합니다.

postcss-preset-env 플러그인의 stage 설정(postcss.config.js)

```js
const config = {
  plugins: [
    require('postcss-import'),
    require('postcss-mixins'),
    require('postcss-nested'),
    require('postcss-preset-env')({ stage: 1 }),
    require('cssnano'),
  ],
};
module.exports = config;
```

다음 코드는 일반적인 CSS에서는 실행이 불가능합니다. 웹 브라우저가 인식하지 못할뿐더러 CSS에서도 중첩 문법을 허용하지 않기 때문입니다.

컴파일 전(중첩 문법 사용)

```css
:root {
  --mainColor: #12345678;
}
body {
  color: var(--mainColor);
  font-family: system-ui;
}
a {
  color: rgb(0 0 100% / 90%);
  &:hover { /* 중첩문 */
    color: rebeccapurple;
  }
  & span { /* 중첩문 */
    font-weight: bold;
  }
```

```
  }
  :is(input, button):is(:hover, :focus) {
    color: oklch(40% 0.268735435 34.568626);
  }
```

하지만 postcss-preset-env 플러그인을 사용하면 웹 브라우저가 이해할 수 있게 다음과 같이 변경됩니다.

컴파일 후

```
  :root {
    --mainColor: rgba(18, 52, 86, 0.471);
  }
  body {
    color: rgba(18, 52, 86, 0.471);
    color: var(--mainColor);
    font-family: system-ui,-apple-system, Segoe UI,
                 Roboto, Ubuntu, Cantarell, Noto Sans, sans-serif;
  }
  a {
    color: rgba(0, 0, 255, 0.9);
  }
  a:hover {
    color: #639;
  }
  a span {
    font-weight: 700;
  }
  button:focus,
  button:hover,
  input:focus,
  input:hover {
    color: #8f0000;
    color: color(display-p3 0.52929 0 0);
  }
```

중첩 문법을 사용하기 위해 postcss-nested 플러그인을 사용해도 되지만, postcss-preset-env 플러그인 하나면 중첩 문법을 비롯한 최신 문법을 대부분 사용할 수 있습니다. 따라서 postcss-preset-env는 필수로 설치해야 하는 플러그인입니다.

auto-prefixer 플러그인

auto-prefixer 플러그인은 postcss-preset-env에 포함된 플러그인입니다. 즉 postcss-preset-env 플러그인을 사용하도록 설정했다면 auto-prefixer 플러그인을 따로 설치하지 않아도 됩니다.

auto-prefixer는 CSS 속성을 웹 브라우저의 종류에 맞게 접두사를 붙여 변환하는 역할을 합니다. 최신 CSS3 속성은 웹 브라우저마다 실험적으로 지원하는 경우가 많아서 접두사를 반드시 붙여야 합니다. 그런데 auto-prefixer 플러그인을 이용하면 접두사가 필요한 CSS3 속성을 굳이 외우지 않아도 접두사가 필요한 속성에 자동으로 접두사가 붙습니다.

다음은 접두사가 필요한 최신 CSS3 속성이 사용된 코드입니다.

컴파일 전

```css
::placeholder {
  color: gray;
}
.image {
  background-image: url(image@1x.png);
}
@media (min-resolution:2dppx) {
  .image {
    background-image: url(image@2x.png);
  }
}
```

이 코드는 auto-prefixer 플러그인에 의해 다음과 같이 컴파일됩니다. -moz-, -webkit- 등이 웹 브라우저 접두사입니다.

컴파일 후(접두사 추가)

```css
::-moz-placeholder {
  color: gray;
}
::placeholder {
  color: gray;
}
.image {
  background-image: url(image@1x.png);
}
```

```
@media (-webkit-min-device-pixel-ratio:2), (min-resolution:2dppx) {
  .image {
    background-image: url(image@2x.png);
  }
}
```

cssnano 플러그인

cssnano 플러그인은 CSS 코드의 불필요한 공백, 중복된 코드, 주석처럼 실제 동작에 필요 없는 부분을 알아서 최적화함으로써 CSS 코드의 길이를 최대한 줄여줍니다. 예를 들어 다음과 같이 불필요한 공백을 넣어 작성하더라도 cssnano 플러그인으로 컴파일하면 공백을 최소화해 CSS 코드가 한 줄로 표시됩니다.

컴파일 전

```
::placeholder {
  color: gray;
}


.image {
  background-image: url(image@1x.png);
}

                                                      불필요한 공백
@media (min-resolution:2dppx) {
.image {
  background-image: url(image@2x.png);
}

}
```

컴파일 후
```
::-moz-placeholder{color:gray}::placeholder{color:gray}.image{ (중략) }
```

NOTE PostCSS 공식 깃허브

지금까지 살펴봤듯이 자바스크립트 플러그인을 이용하면 일반적인 CSS로도 최신 문법을 사용할 수 있습니다. 이 책을 집필하는 시점(2023년 8월)을 기준으로 자바스크립트 플러그인은 300개가 넘습니다. PostCSS 플러그인에 대해 자세히 알고 싶다면 다음 공식 깃허브를 참고하세요.
https://github.com/postcss/postcss

4.3.2 학습 방법

실무에서 많이 쓰이는 CSS 후처리기는 PostCSS 같은 CSS 변환 도구를 통해 사용하므로 CSS 후처리기를 사용하려면 PostCSS 사용법을 익혀야 합니다. 그런데 막상 공부를 시작하려면 HTML이나 CSS 전처리기 언어와 달리 막연할 것입니다. CSS 후처리기는 다음 사항을 참고해 학습하기 바랍니다.

● **단독으로 개발 환경 구성하지 않기**

CSS 후처리기는 전처리기에 비해 개발 환경을 구성하는 과정이 까다롭습니다. 하지만 대부분의 프레임워크에서 기본으로 후처리기 개발 환경을 설정하기 때문에 문제가 되지 않습니다. 실무에서 후처리기를 도입하는 경우는 대부분 프레임워크와 함께 사용할 때입니다. 필자의 경험상 프레임워크 기반이 아닌 곳에서 후처리기를 적용해 작업하는 경우는 거의 없습니다. 따라서 프레임워크 기반이 아닌 환경에서 후처리기를 사용하려고 개발 환경을 구성할 일도 없고, 그렇게 하려고 노력하지 않아도 됩니다.

● **공식 문서 활용하기**

개발 환경은 프레임워크에서 자동으로 구성된다지만 PostCSS의 기본적인 적용은 개발자가 직접 해야 합니다. 플러그인 사용법을 정확하게 알고 적용하려면 다음 공식 문서를 활용하세요.

  • **PostCSS 공식 문서:** https://postcss.org/docs
  • **PostCSS 공식 깃허브:** https://github.com/postcss/postcss

● **커뮤니티 활용하기**

CSS 후처리기를 사용하려면 자바스크립트 플러그인을 설치하고 등록해야 합니다. 현재 약 300개 이상의 자바스크립트 플러그인이 있고, 시간이 지날수록 더 많아질 것으로 예상됩니다. 이 많은 플러그인을 일일이 기억하고 사용하기란 현실적으로 어렵습니다. 이에 웹 개발자 커뮤니티나 온라인 검색을 통해 다른 사람이 소개하는 유용한 플러그인을 찾아보면 큰 도움이 될 것입니다.

4.4 CSS 방법론

CSS의 불편한 점을 개선하기 위해 CSS 전처리기나 후처리기 같은 방법을 사용하는 것은, 말하자면 CSS라는 언어를 문법적으로 뜯어 고쳐 개선하려는 것입니다. 하지만 일각에서는 CSS를 문법적으로 고치지 않고 좀 더 효율적으로 작성해 불편을 해결하려 했는데, 그 결과 **CSS 방법론**(CSS methodology)이 등장했습니다.

CSS 방법론은 CSS 코드를 구조화하고 효율적으로 관리하기 위한 일련의 관행 및 규칙을 말합니다. 사람들은 이러한 방법론을 CSS에 적용해 코드의 복잡성과 유지·보수의 어려움 등 기본적으로 CSS가 가지고 있던 문제점을 극복하려고 했습니다.

대표적인 CSS 방법론에는 OOCSS, SMACSS, BEM이 있습니다. 각 방법론이 어떻게 CSS의 문제점을 개선했는지 간단히 알아봅시다.

4.4.1 OOCSS

OOCSS(Object Oriented CSS)는 웹 개발자로 일하던 니콜 설리번(Nicole Sullivan)이 2008년에 제안한 CSS 방법론입니다. 설리번은 프로그래밍 언어에서 이미 대중적으로 사용되던 객체 지향 디자인(object oriented design) 원칙을 CSS에 적용해 CSS를 객체 지향 디자인이 적용된 프로그래밍 언어처럼 관리하기 쉽게 만드는 데 초점을 두었습니다.

OOCSS의 두 가지 원칙은 '구조와 외형의 분리', '컨테이너와 콘텐츠의 분리'입니다.

구조와 외형의 분리

구조와 외형의 분리(separate structure and skin)가 무엇인지 이해하기 위해 다음과 같이 배경색이 녹색인 버튼을 예로 살펴봅시다.

그림 4-5 **배경색이 녹색인 버튼**

Delete

HTML로 이 버튼을 만들려면 〈button〉 또는 〈input〉 태그를 사용하면 됩니다. 하지만 CSS는 HTML처럼 단순하지 않습니다. 버튼의 너비, 높이, 여백, 테두리, 배경 색상, 폰트 색상 등 정의해야 할 것이 많습니다. OOCSS 방법론은 이러한 속성을 '구조'와 '외형'이라는 기준으로 분리해 정의합니다.

- **구조:** 버튼의 너비, 높이, 여백 등 버튼 요소의 기본적인 구조를 담당하는 속성을 말합니다.

- **외형:** 폰트 크기, 폰트 색상, 배경 색상, 테두리와 같은 외형적인 모습을 결정하는 속성을 말합니다.

OOCSS 방법론이 적용된 코드와 적용되지 않은 코드가 어떻게 다른지 비교해봅시다. 다음은 OOCSS 방법론을 적용하지 않고 작성한 CSS 코드와 이를 사용한 HTML 문서입니다.

OOCSS 방법론을 적용하지 않은 CSS 코드

```
btn {
    width: 86px;
    height: 39px;
    padding: 9px 17px 10px 17px;
    background-color: green;
    border: none;
    border-radius: 5px;
    font-family: 'Malgun Gothic';
    font-size: 16px;
    line-height: 1;
    color: white;
}
```

CSS 스타일을 적용한 HTML 문서

```
<button class="btn">Delete</button>
```

OOCSS 방법론이 적용되지 않은 CSS 코드의 경우, 하나의 선택자에 해당하는 선언부에 모든 CSS 속성이 적혀 있어 꽤 복잡하고 답답해 보입니다.

다음은 같은 CSS 코드에 OOCSS 방법론을 적용해 작성한 것입니다.

OOCSS 방법론을 적용한 CSS 코드 1

```
.btn {
  width: 86px;
  height: 39px;
  padding: 9px 17px 10px 17px;
}
.delete {
  background-color: green;
  border: none;
  border-radius: 5px;
  font-family: 'Malgun Gothic';
  font-size: 16px;
  line-height: 1;
  color: white;
}
```

CSS 스타일을 적용한 HTML 문서

```
<button class="btn delete">Delete</button>
```

버튼 요소의 구조에 해당하는 width, height, padding 속성을 btn 클래스로 묶고, 그 밖의 외형 관련 속성을 delete 클래스로 묶었습니다.

기호에 따라 외형에 해당하는 속성을 다음과 같이 더 세분화해도 괜찮습니다.

OOCSS 방법론을 적용한 CSS 코드 2

```
.btn {
  width: 86px;
  height: 39px;
  padding: 9px 17px 10px 17px;
}
.delete {
  background-color: green;
  color: white;
}
.border-normal {
  border: none;
  border-radius: 5px;
}
```

```
.font-normal {
  font-family: 'Malgun Gothic';
  font-size: 16px;
  line-height: 1;
}
```

—— **CSS 스타일을 적용한 HTML 문서**
```
<button class="btn delete border-normal font-normal">Delete</button>
```

버튼 요소를 구조와 외형으로 나누고 외형을 다시 색상, 테두리, 폰트로 세분화해 작성했습니다.

이렇게 같은 CSS 속성을 적용하더라도 OOCSS 방법론으로 작성하면 관리하기가 편리합니다. 예를 들어 앞의 코드에서 배경색만 파란색으로 변경된 새로운 스타일의 버튼 요소를 만들어야 한다면 어떻게 해야 할까요? 색상을 담당했던 delete 클래스 대신 add 클래스를 새롭게 정의해 사용하면 간단하게 클래스만 변경해(delete 또는 add) 두 가지 외형에 대한 버튼 요소를 만들 수 있습니다.

—— **기존 코드에 add 클래스 추가**
```
(중략)
.delete {
  background-color: green;
  color: white;
}
.add {
  background-color: blue;
  color: white;
}
(중략)
```

—— **버튼의 배경색에 파란색 적용**
```
<button class="btn add border-normal font-normal">Delete</button>
```

컨테이너와 콘텐츠의 분리

OOCSS 방법론의 두 번째 원칙은 **컨테이너와 콘텐츠의 분리**(separate container and content)입니다. 컨테이너는 레이아웃을, 콘텐츠는 스타일을 의미하며, 이 둘을 분리해 작성하라는 것입니다. 카드 UI를 구현하는 경우를 예로 살펴봅시다.

카드 UI를 구현한 HTML 코드

```html
<div class="card">
  <div class="card-header">
    <h3 class="card-title">Card Title</h3>
  </div>
  <div class="card-body">
    <p>Card Contents<p>
  </div>
</div>
```

카드 UI에 적용할 CSS 코드를 컨테이너와 콘텐츠로 분리해 작성하면 다음과 같습니다.

컨테이너와 콘텐츠를 분리한 CSS 코드

```css
/* 컨테이너를 정의하는 클래스 */
.card {
  /* 카드의 공통 스타일 */
  border: 1px solid black;
  border-radius: 5px;
  padding: 16px;
}
/* 콘텐츠를 정의하는 클래스 */
.card-header {
  /* 카드의 헤더 스타일 */
  padding: 8px;
  background-color: gray;
}
.card-title {
  /* 카드의 제목 스타일 */
  font-size: 20px;
}
.card-body {
  /* 카드의 본문 스타일 */
  padding: 8px;
}
```

이렇게 컨테이너와 콘텐츠를 분리해 CSS를 작성하면 상황에 따라 유연하게 클래스를 조합하고 코드의 재사용성을 높일 수 있습니다.

4.4.2 **SMACSS**

SMACSS(Scalable and Modular Architecture for CSS)는 조너선 스누크(Jonathan Snook)가 2011년에 제안한 CSS 방법론입니다. 그 이름에서 알 수 있듯이 CSS 코드 작성을 위해(for CSS), 확장 가능한(Scalable), 모듈러(Modular) 방식의 아키텍처(Architecture)를 지원하는 방법론입니다. SMACSS에서 CSS 코드를 작성할 때는 다섯 가지 규칙, 즉 기본, 레이아웃, 모듈, 상태, 테마를 지켜야 합니다.

기본

기본(base) 규칙은 HTML 요소에 대한 기본 스타일을 정의하는 것을 의미합니다. 모든 HTML 태그는 웹 브라우저가 가지고 있는 기본 스타일 시트의 영향을 받아 태그 자체에 기본적인 스타일 값이 포함돼 있습니다. 예컨대 〈hn〉, 〈p〉 태그는 단락의 간격을 지정하기 위해 위아래에 margin 값이 포함돼 있고, 〈hn〉 태그는 뒤에 붙는 숫자(h1~h6)에 따라 글자의 크기나 굵기가 달라지도록 스타일 값이 설정돼 있습니다. 이와 같이 태그에 포함된 기본 스타일이 SMACSS 방법론에서 말하는 기본 규칙입니다.

기본 규칙의 대표적인 예로 reset.css 파일을 들 수 있습니다. 이 파일은 HTML 태그의 기본 스타일을 초기화하기 위해 사용하는 것으로, 초기화하고 싶은 태그의 스타일 설정 값을 이 파일에 적습니다. 다음은 reset.css 코드의 일부입니다.

reset.css

```css
body {
  line-height: 1;
}
ol, ul {
  list-style: none;
}
blockquote, q {
  quotes: none;
}
```

기본 규칙을 지키면서 스타일을 작성할 때 선택자로 태그 선택자나 의사 클래스 선택자(가상 요소 선택자, 가상 클래스 선택자)만 사용해야 합니다. 클래스 선택자, ID 선택자, 그 외의 선택자 조합 등은 사용하면 안 됩니다. 또한 !important와 같이 우선순위에 영향을 줄 수 있는 직접적인 키워드도 사용하면 안 됩니다.

레이아웃

보통의 웹 페이지는 디자인 관점에서 보면 주요 레이아웃과 하위 레이아웃으로 이뤄져 있습니다.

- **주요 레이아웃:** 〈header〉, 〈nav〉, 〈article〉, 〈section〉, 〈aside〉, 〈footer〉 등의 요소를 말합니다.

- **하위 레이아웃:** 〈header〉 안에 있는 로고, 〈aside〉 영역에 있는 위젯 같은 요소를 말합니다.

레이아웃(layout) 규칙은 이 중에서 주요 레이아웃의 스타일을 지정하는 것을 말합니다.

그림 4-6 **주요 레이아웃의 구성 요소**

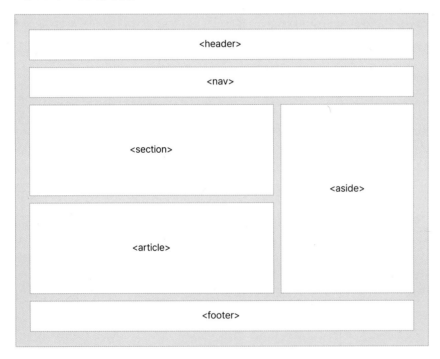

예를 들어 〈header〉 영역의 너비를 고정폭(px)과 가변폭(%)으로 정할 때 SMACSS 방법론을 적용해 코드를 작성하면 다음과 같습니다. 기본으로 고정폭(300px)이 적용되게 하고, 필요에 따라 .l-wide, .l-responsive 클래스를 상위 수준 요소에 적용해 가변폭을 가지게 할 수 있습니다.

```
#header {
  width: 300px;
}
.l-wide #header {
  width: 800px;
}
.l-responsive #header {
  width: 100%;
}
```

레이아웃 규칙을 위한 스타일을 작성할 때 클래스명은 항상 'l-'로 시작해야 합니다. 또한 기본 규칙과 마찬가지로 !important와 같은 키워드를 사용하면 안 됩니다.

모듈

모듈(module) 규칙은 웹 페이지에 반복적으로 사용하거나 사용할 가능성이 있는 구성 요소의 스타일을 정의하는 것을 말합니다. 위젯, 배너, 폼 양식 등이 대표적입니다.

모듈은 웹 페이지의 많은 부분에 관여하므로 되도록 재사용할 수 있게 작성해야 합니다. 예를 들어 블로그에서 하나의 글을 담당하는 모듈이 카드 형식을 취한다고 가정해봅시다.

```
<div class="card">
  <h2>…</h2>
  <p>…</p>
</div>
```

카드 모듈에 스타일을 적용하는 일반적인 방법은 다음과 같습니다.

```
.card {…}
.card h2 {…}
.card p {…}
```

그러나 이렇게 스타일을 작성하면 문제가 있습니다. 카드 모듈의 〈h2〉 태그가 〈h2〉가 아닌 다른 태그로 변경되거나, 〈p〉 태그가 〈p〉가 아닌 다른 태그로 변경된다면 스타일이 적용되지 않습니다. 이러한 문제는 모듈 규칙을 적용하면 해결할 수 있습니다.

```
.card {…}
.card-title {…}
.card-desc {…}
```

```
<div class="card">
  <h2 class="card-title">…</h2>
  <p class="card-desc">…</p>
</div>
```

이렇게 변경하면 〈h2〉 태그나 〈p〉 태그가 다른 태그로 변경돼도 스타일에 영향을 미치지 않습니다.

모듈 규칙을 따르는 스타일을 작성할 때는 예기치 않은 중첩 문제를 해결하기 위해 하위 선택자나 형제 선택자 같은 선택자 조합 방법을 가능한 한 사용하지 말아야 합니다. 어쩔 수 없이 사용해야 한다면 자식 선택자만 사용하세요.

상태

상태(state) 규칙은 레이아웃이나 모듈의 상태 변화를 표현하기 위해 스타일을 정의하는 것을 말합니다. 상태를 나타낼 때는 접두사 'is-'를 사용하며, 필요시 !important 키워드를 사용할 수도 있습니다.

예를 들어 앞에서 살펴본 카드 모듈의 스타일 처리를 할 때, 카드 모듈의 제목이 기본은 검은색이지만 강조하고자 글자를 굵게 하거나 색상을 변경하려면 어떻게 해야 할까요? 모듈 규칙에 의거해 작성한 스타일은 최대한 건드리지 말고 별도의 상태 값을 위한 상태 규칙을 적용해 스타일을 새롭게 정의하면 됩니다.

```
.card {…}
.card-title {…}
.card-desc {…}
.is-important {…}
```

상태 규칙이 적용된 스타일을 정의했으면 다음과 같이 기존의 모듈 규칙에 따라 작성한 스타일과 함께 사용하면 됩니다. 반대로 강조가 필요 없을 때는 is-important 클래스만 빼면 일반적인 모듈 스타일을 적용할 수 있습니다.

카드 모듈이 사용된 HTML 문서

```html
<div class="card">
  <h2 class="card-title is-important">…</h2>
  <p class="card-desc">…</p>
</div>
```

테마

테마(theme) 규칙은 레이아웃이나 모듈이 어떤 식으로 보이는지 결정하기 위한 스타일을 정의하는 것입니다. 즉 웹 페이지 내부에서 폰트 색상, 배경 색상, 내부 여백, 외부 여백과 같이 테마에 따라 변경되는 스타일을 하나의 파일에 모아 관리하는 것입니다. 예를 들어 웹 페이지 내 모든 텍스트의 기본 색상이 black일 때 이를 default 테마에 기록해보겠습니다.

theme/default.css

```css
.default-text-color {
  color: black;
}
```

웹 페이지에 다크 모드를 위한 스타일을 정의한다고 가정해봅시다. 이 경우에는 텍스트의 기본 색상이 검은색이면 안 됩니다. 텍스트가 보이지 않기 때문입니다. 따라서 텍스트의 기본 색상을 흰색으로 정의해야 하는데, 이럴 때 테마 규칙을 적용해 스타일을 따로 정의할 수 있습니다.

theme/darkmode.css

```css
.default-text-color {
  color: white;
}
```

이와 같은 식으로 테마에 따라 스타일을 다르게 정의해두면 테마에 맞는 웹 페이지 스타일을 일관되게 유지할 수 있습니다.

그림 4-7 **테마 규칙이 적용된 CSS 파일**

4.4.3 BEM

BEM(벰)은 러시아의 얀덱스(Yandex)라는 회사가 2009년에 제안한 CSS 방법론입니다. 이는 앞서 소개한 방법론과 달리 스타일을 정의하기 위한 class 속성의 명명 규칙에 초점을 두고 있습니다. class 속성은 CSS를 적용하기 위한 식별자로, HTML의 모든 태그는 class 속성을 사용할 수 있습니다.

BEM 방법론에 따르면 class 속성의 이름을 정할 때 지정하려고 하는 구성 요소를 각각 Block, Element, Modifier로 구분하면 유지·보수 및 관리가 쉬워집니다. 다음과 같이 이미지, 제목, 본문, 버튼 등으로 이뤄진 카드 UI를 예로 살펴봅시다.

그림 4-8 **카드 UI**

이 UI를 HTML로 작성하면 다음과 같습니다.

```
<div>
  <img src="macbook.png" alt="macbook">
  <h1>How To Make GUI In Java (중략) </h1>
  <p>Contrary to popular (중략) </p>
  <button>Read</button>
  <button>Delete</button>
</div>
```

이 코드에 BEM 방법론을 적용해 HTML 태그에 class 속성의 값을 부여해보겠습니다.

Block

BEM 방법론의 **Block**은 하나의 그룹에서 가장 상위에 있는 요소를 의미합니다. 따라서 Block 자체가 독립적이어야 합니다. 카드 UI에서는 가장 최상위 부분인 〈div〉 태그가 Block 에 해당합니다.

그림 4-9 **카드 UI의 Block**

.card

이는 다음과 같이 코드에 반영할 수 있습니다.

```
<div class="card">
  <img src="macbook.png" alt="macbook">
  <h1>How To Make GUI In Java (중략) </h1>
  <p>Contrary to popular (중략) </p>
  <button>Read</button>
  <button>Delete</button>
</div>
```

Element

BEM 방법론의 **Element**는 HTML 요소에서 실질적인 콘텐츠 역할을 하는 요소를 의미합니다. 이미지, 제목, 내용, 버튼 등과 같이 UI 자체를 나타내는 콘텐츠 역할을 하는 요소는 모두 Element에 해당합니다. Element는 Block으로 지정한 class 속성의 값과 '__'(언더바 2개)

로 연결합니다. 카드 UI에서 Element를 구분하면 다음과 같습니다.

그림 4-10 카드 UI의 Element

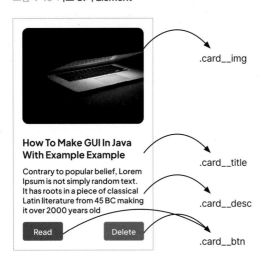

이는 다음과 같이 코드에 반영할 수 있습니다.

```
<div class="card">
  <img src="macbook.png" alt="macbook" class="card__img">
  <h1 class="card__title">How To Make GUI In Java (중략) </h1>
  <p class="card__desc">Contrary to popular (중략) </p>
  <button class="card__btn">Read</button>
  <button class="card__btn">Delete</button>
</div>
```

Modifier

BEM 방법론의 **Modifier**는 '수식어'라는 사전적 의미를 통해 알 수 있듯이 HTML 요소를 특정 수식어로 분류할 때 사용합니다. 카드 UI에서는 다음과 같이 Modifier를 분류할 수 있습니다. 즉 '--'(하이픈 2개)을 사용해 선택자를 연결합니다.

그림 4-11 **카드 UI의 Modifier**

.card__btn--delete

.card__btn--read

이는 다음과 같이 코드에 반영할 수 있습니다.

```
<div class="card">
  <img src="macbook.png" alt="macbook" class="card__img">
  <h1 class="card__title">How To Make GUI In Java (중략) </h1>
  <p class="card__desc">Contrary to popular (중략) </p>
  <button class="card__btn--read">Read</button>
  <button class="card__btn--delete">Delete</button>
</div>
```

BEM은 하나의 방법론일 뿐 꼭 지켜야 할 규칙은 아닙니다. 하지만 알아두면 좀 더 효율적으로 CSS 선택자를 지정할 수 있습니다.

NOTE BEM 공식 사이트

BEM 방법론에 대해 자세히 알고 싶다면 다음 공식 사이트를 참고하세요.
https://en.bem.info

수코딩의 조언 💬

실무에서는 OOCSS, SMACSS, BEM 중 BEM을 많이 사용합니다. 예전에는 국내는 물론이고 해외에서도 OOCSS와 SMACSS 방법론을 많이 사용했지만 지금은 BEM 방법론을 사용하는 추세입니다.

4.4.4 학습 방법

CSS 방법론은 웹 페이지를 만들 때 CSS 코드를 구성하고 유지·관리하는 데 도움이 되는 일련의 관행 및 규칙입니다. 이러한 방법론은 다양하지만 앞에서 소개한 세 가지 정도만 알고 있어도 충분합니다.

또한 기존 CSS 언어의 불편을 개선하는 전처리기와 후처리기가 있는데, 방법론을 배우기 전에 CSS 전처리기와 후처리기부터 학습하는 것이 좋습니다. CSS 방법론은 관행 및 규칙이라 강제적으로 제한할 수 있는 부분이 없습니다. 설령 지키지 않는다고 해도 문제가 되지는 않습니다. 이러한 방법론을 벗어나 일부 기업에서는 독자적인 방법론을 만들어 적용하기도 합니다. 그러니 무조건 다 알아두려 하지 말고 여유가 생겼을 때 학습해도 충분합니다.

필자가 추천하는 CSS 방법론 학습 방법은 다음과 같습니다.

● **가장 추천하는 방법론은 BEM**

필자가 가장 추천하는 CSS 방법론은 BEM입니다. BEM은 직관적이고 간단하며, 현업에서 바로 적용하기에 적합합니다. 따라서 한 가지만 배우고 싶다면 BEM을 권합니다.

● **방법론 공부에 많은 시간 투자하지 않기**

CSS 방법론은 OOCSS, SMACSS, BEM 외에도 여러 가지가 있는데, 이를 모두 배워 적용하는 것은 비효율적입니다. 자체적으로 방법론을 정의해 사용하는 회사도 있으므로 방법론에 많은 시간을 할애해 공부하는 것을 권장하지 않습니다.

4.5 타입스크립트

자바스크립트는 그 자체로 훌륭한 프로그래밍 언어입니다. 하지만 HTML 전처리기, CSS 전처리기 등이 등장해 기존 언어를 대체한 것처럼 자바스크립트의 경우도 전처리기가 등장해 자바스크립트를 대체하고 있습니다.

자바스크립트 전처리기를 지원하는 언어는 라이브스크립트(LiveScript), 커피스크립트(CoffeeScript), 바벨(Babel), 타입스크립트(TypeScript) 등이며, 이 중에서 가장 많이 사용되는 것은 타입스크립트입니다.

> **수코딩의 조언** 💬
>
> 자바스크립트 전처리기를 지원하는 언어는 HTML 전처리기, CSS 전처리기를 지원하는 언어와 달리 공부해야 할 내용이 많습니다. 가볍게 훑어보거나 배울 수 있는 수준이 아닙니다. 다행히 그러한 언어를 전부 알아야 하는 것은 아니고, 프런트엔드 개발에서 많이 사용하는 타입스크립트만 배워도 충분합니다.

4.5.1 타입스크립트의 개요

타입스크립트는 마이크로소프트에서 2년간의 개발 끝에 2012년에 공개한 자바스크립트 확장 언어입니다. 자바스크립트보다 더 엄격하게 정의한 자료형을 사용하기 때문에 자바스크립트로 코딩할 때보다 훨씬 더 정교하게 코드를 작성할 수 있습니다.

타입스크립트는 자바스크립트를 포함하는 상위 집합에 해당하는 언어입니다. 그래서 자바스크립트로 작성한 코드를 타입스크립트로 **리팩터링**(refactoring, 결과의 변경 없이 코드의 구조를 재조정하는 것)할 수 있습니다.

표 4-1 **타입스크립트의 자료형**

자료형	설명
Number	숫자형 데이터를 지정할 때 사용합니다.
String	문자열 데이터를 지정할 때 사용합니다.
Boolean	논리형 데이터를 지정할 때 사용합니다.
Array	배열을 지정할 때 사용합니다.
Tuple	배열 데이터의 길이가 고정되고 각 요소의 타입이 지정되어 있을 때 사용합니다.
Enum	특정 값의 집합을 정의할 때 사용합니다.
Any	타입을 구분하지 않고 모든 타입을 허용하도록 지정할 때 사용합니다.
Void	변수에 undefined 또는 null만 할당할 수 있고, 함수의 반환 값이 없을 때도 사용합니다.
Never	절대 발생할 수 없는 타입을 지정할 때 사용합니다.

그림 4-12 **타입스크립트와 자바스크립트의 관계**

자바스크립트와 비교해 타입스크립트에는 무엇이 추가됐을까요? 여기서는 추가 사항 중 가장 중요한 '선택적 정적 타입 검사'와 '인터페이스'에 대해 알아보겠습니다.

4.5.2 선택적 정적 타입 검사

타입스크립트는 자바스크립트와 달리 선택적으로 정적 타입 검사를 지원합니다. 자바스크립트는 기본적으로 데이터가 동적으로 할당돼 런타임 시 해당 변수에 값이 할당될 때까지 변수의 자료형을 알지 못합니다. 다음 코드를 예로 살펴봅시다.

```
const numbers = 'hello';
```

이 코드는 변수의 식별자가 numbers라서 숫자형 데이터가 할당될 것처럼 보입니다. 하지만 실제로 할당된 데이터는 문자열이며, 별다른 오류가 발생하지 않습니다. 이처럼 자바스크립트는 기본적으로 자료형을 검사하지 않기 때문에 변수에 어떤 자료형이든 할당될 수 있습니다.

즉 자바스크립트는 변수에 데이터를 할당할 때 자료형을 신경 쓰지 않아도 되므로 코딩의 난도가 낮습니다. 하지만 대규모 프로젝트의 경우 변수에 할당되는 데이터를 관리하기가 어렵다는 것이 단점입니다.

반면에 타입스크립트는 선택적으로 정적 타입 검사를 지원합니다. 그래서 다음과 같은 코드를 작성할 수 있습니다.

```
const numbers: number = 10;
```

변수에 콜론(:)과 자료형(number)을 작성해 해당 변수에 어떤 타입의 데이터가 할당될지를 명시적으로 나타냅니다. 이렇게 하면 변수 numbers에는 지정된 자료형인 숫자(number)가 할당돼야 합니다. 만약 다음과 같이 문자(hello)가 할당되면 'Error. Type 'string' is not assignable to type 'number'.'라는 오류가 발생합니다.

```
const numbers: number = 'hello';
```

타입스크립트의 정적 타입 검사는 선택적으로 할 수 있습니다. 만약 타입 검사를 원하지 않으면 any 키워드를 사용하면 됩니다. 다음과 같이 any 키워드로 타입을 지정하면 모든 데이터가 할당될 수 있습니다.

```
const numbers: any = "hello";
```

4.5.3 인터페이스

타입스크립트에서는 인터페이스를 사용해 객체와 같은 참조 자료형의 정적 타입 검사를 쉽게 할 수 있습니다. 이러한 경우 다음과 같이 인터페이스를 작성합니다.

타입스크립트의 인터페이스 작성

```
interface People {
  name: string;
  age: number;
  gender: string;
}
```

작성된 인터페이스를 사용해 객체의 정적 타입 검사를 하면 객체는 인터페이스에 정의된 속성명과 자료형을 그대로 유지한 채 선언해야 합니다.

인터페이스를 활용한 객체 선언

```
interface People {
  name: string;
  age: number;
  gender: string;
}
const student: People = {
  name: "철수",
  age: 20,
  gender: "M",
};
```

따라서 인터페이스를 적극적으로 사용하면 객체와 같은 참조 자료형의 자료형을 일관성 있게 관리할 수 있습니다.

> **NOTE** 타입스크립트 공식 문서
>
> 타입스크립트는 선택적 정적 타입 검사와 인터페이스 말고도 다양한 고급 기능을 지원합니다. 타입스크립트에서 지원하는 최신 기능을 모두 확인하고 싶다면 다음 공식 문서를 참고하세요.
> https://www.typescriptlang.org/docs

4.5.4 학습 방법

자바스크립트의 확장 언어인 타입스크립트는 자바스크립트보다 늦게 출시됐지만 언어적인 강점(자바스크립트와의 호환성, 타입 안정성 등)을 무기로 프런트엔드 개발에서 매우 중요한 역할을 하고 있습니다. 필자는 타입스크립트를 필수로 공부해야 한다고 생각합니다. 나중에 타입스크립트를 사용해야 할 상황에 대비해 다음 사항을 참고해 학습하기 바랍니다.

● **자바스크립트 먼저 공부하기**

타입스크립트 입문서나 온라인 강의에는 대부분 자바스크립트에 관한 내용이 포함돼 있습니다. 그래서 자바스크립트를 공부하지 않고 타입스크립트만 배워도 문제가 없다는 생각이 들 수도 있습니다. 하지만 되도록 자바스크립트를 먼저 공부하고 나서 타입스크립트를 공부할 것을 권합니다. 여러 가지 이유가 있지만, 타입스크립트가 자바스크립트의 슈퍼셋(superset, 한 언어나 기술이 다른 언어나 기술의 기능을 모두 포함하고 있는 것)이라는 이유가 가장 큽니다. 자바스크립트의 기본적인 개념과 문법이 타입스크립트에 그대로 포함돼 있으니 자바스크립트를 제대로 공부하면 타입스크립트를 쉽게 배울 수 있습니다.

● **무조건 타입스크립트가 좋다는 생각 버리기**

타입스크립트로 코딩하면 확실히 자바스크립트보다 안정적인 코드를 작성할 수 있습니다. 그래서 타입스크립트를 사용하는 것이 좋다고 생각할 수 있으나, 단순히 이러한 점만 보고 타입스크립트를 사용하기에는 현실적인 문제가 있습니다.

첫째, 타입스크립트는 학습 진입 장벽이 높습니다. 다시 말해 배우기 어렵습니다. 타입스크립트를 능숙하게 다루는 개발자를 찾기가 자바스크립트를 능숙하게 다루는 개발자를 찾기보다 어렵습니다. 이러한 점은 장기적으로 프로젝트를 유지해야 하는 경우 한번쯤 고민해봐야 할 문제입니다.

둘째, 개발 생산성이 떨어집니다. 타입스크립트는 자바스크립트보다 안정성이 높은 코드를 작성할 수 있지만, 그 과정에서 안정성을 위한 추가적인 코드 작업이 필요합니다. 예를 들어 타입스크립트로 타입 주석을 작성하고 타입 오류를 수정하는 작업에는 일반적인 자바스크립트 작업보다 훨씬 많은 양의 코드가 필요합니다. 하지만 자바스크립트는 동적 타입으로 코딩하기 때문에 타입과 관련된 추가 작업을 할 필요가 없습니다. 그래서 소규모 프로젝트에서는 오히려 자바스크립트의 생산성이 훨씬 높습니다.

결론적으로 장단점을 잘 판단해 자신의 상황에 가장 적합한 언어를 사용하는 것이 합리적입니다.

● 되도록 독학 피하기

타입스크립트는 공식 문서나 온라인 자료를 참고해가며 공부하기 어렵습니다. 원래 어려운 언어인 데다 배워야 할 내용이 많기 때문입니다. 학원이나 온라인 강의 등을 통해 배우는 것이 좋은데, 그러기 어렵다면 입문서를 하나 정하고 그룹 스터디를 꾸려 여러 사람과 함께 공부할 것을 권장합니다.

이 장에서는 HTML, CSS, 자바스크립트를 대체할 수 있는 심화 기술과 방법론을 살펴봤습니다. 어떤 언어를 사용해 코드를 작성하더라도 웹 브라우저는 HTML, CSS, 자바스크립트로 작성된 코드를 해석해 화면에 출력합니다. 그래서 어떤 심화 기술이든 HTML, CSS, 자바스크립트로 변환하는 로직을 가지고 있습니다.

이러한 점으로 미뤄보아 결국 HTML, CSS, 자바스크립트로 변환되니 심화 기술이 필요 없다고 생각할 수도 있습니다. 일부는 맞는 말이기도 하지만 프런트엔드 개발은 하루가 다르게 발전하고 있습니다. 개발해야 할 양도, 처리해야 할 코드도 많아져 심화 기술이 필요 없다고 단정할 수는 없습니다.

선택은 각자의 몫이지만, 필자의 경험상 HTML 전처리기는 제외하더라도 CSS 전처리기 또는 후처리기, CSS 방법론, 타입스크립트는 언제 배울지 시기의 문제일 뿐 프런트엔드 개발자라면 반드시 배워야 한다고 생각합니다. 그러니 시간이 있을 때 틈틈이 공부하기 바랍니다.

프런트엔드 개발 도구

프런트엔드 개발의 기술 발전은 언어적인 측면에서만 이뤄진 것이 아닙니다. 언어뿐만 아니라 다양한 개발 도구도 함께 발전했습니다. 개발 도구를 잘 사용하면 개발자의 업무 효율이 몇 배 향상됩니다. 이 장에서는 프런트엔드 개발 시 유용하게 사용할 수 있는 개발 도구에는 어떤 것이 있는지, 왜 사용하는지 알아봅니다.

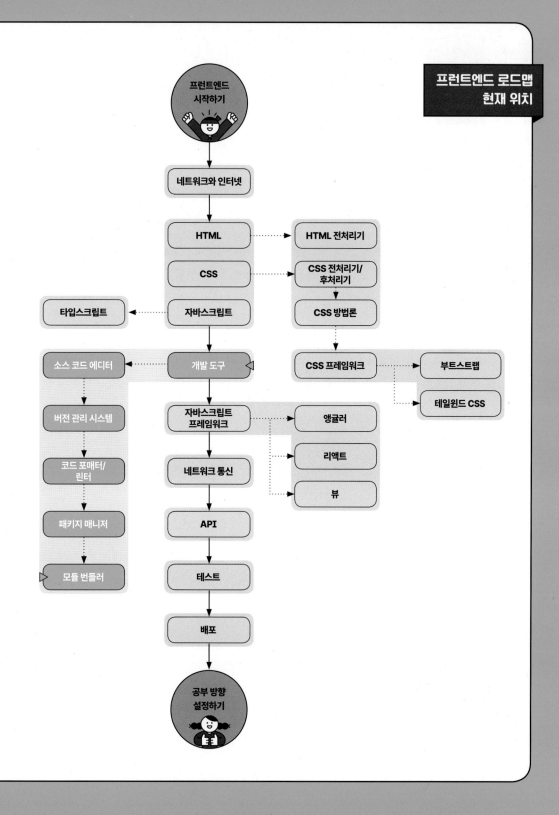

프런트엔드
시작하기

네트워크와 인터넷

HTML

CSS

자바스크립트

타입스크립트

HTML 전처리기

CSS 전처리기/
후처리기

CSS 방법론

소스 코드 에디터

개발 도구

CSS 프레임워크

부트스트랩

테일윈드 CSS

버전 관리 시스템

자바스크립트
프레임워크

앵귤러

코드 포매터/
린터

네트워크 통신

리액트

패키지 매니저

API

뷰

모듈 번들러

테스트

배포

공부 방향
설정하기

5.1

소스 코드 에디터

웹 브라우저에서 콘텐츠를 보여주려면 웹 브라우저가 구문을 해석할 수 있도록 올바른 소스 코드를 작성해야 합니다. 소스 코드는 텍스트 에디터(text editor)를 사용해 작성합니다. 윈도우, 맥OS, 리눅스에서 기본으로 제공하는 메모장, 텍스트 편집기, 빔(vim) 등은 대표적인 텍스트 에디터입니다. 하지만 이러한 프로그램은 단순히 텍스트를 편집하는 용도이므로 소스 코드를 작성하기에는 불편합니다.

이러한 불편을 해결하기 위해 등장한 것이 바로 **소스 코드 에디터**(source code editor)입니다. 텍스트를 편집한다는 점에서는 텍스트 에디터와 비슷하지만, 텍스트 에디터에서 지원하지 않는 자동 들여쓰기, 대괄호 일치, 코드 정렬, 인텔리센스(intellisense) 등의 기능을 제공해 코드를 좀 더 쉽게 생산적으로 작성할 수 있습니다. 대표적인 소스 코드 에디터로는 브라켓과 VSCode가 있습니다.

5.1.1 브라켓

2014년에 발표된 **브라켓**(Brackets)은 어도비 에지(Adobe Edge, 어도비가 개발한 웹 도구 모음)에서 사용할 수 있는 웹 개발용 소스 코드 에디터입니다. 이는 윈도우, 맥OS, 리눅스 등의 운영체제에서 사용할 수 있습니다.

브라켓은 처음부터 디자이너와 개발자가 웹 브라우저 내에서 웹 디자인을 쉽게 할 수 있도록 만들어졌기 때문에 굉장히 현대적입니다. 프로그램 자체는 가볍지만 성능이 강력하며, 다양한 시각 처리 도구와 전처리기를 지원합니다.

다른 에디터와 비교했을 때 브라켓의 장점은 다음과 같습니다.

- **사용자 친화적인 UI 제공**

  브라켓은 사용자에게 매우 친화적이고 간결한 UI를 제공합니다. 왼쪽 패널에서 현재 폴더의 파일, 최근 연 파일 등을 확인할 수 있고, 오른쪽 패널에서 [실시간 미리 보기], [플러그인 설치] 아이콘 등을 활용할 수 있습니다.

  그림 5-1 브라켓의 기본 화면

  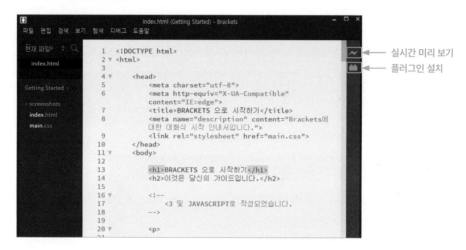

- **다양한 플러그인 제공**

  브라켓은 다양한 플러그인과 테마를 손쉽게 검색하고 설치해 사용할 수 있습니다. 이미 설치한 플러그인을 더 이상 사용하지 않을 때는 [설치됨] 메뉴에서 비활성화하거나 삭제하면 됩니다.

  그림 5-2 브라켓의 플러그인 설치 화면

  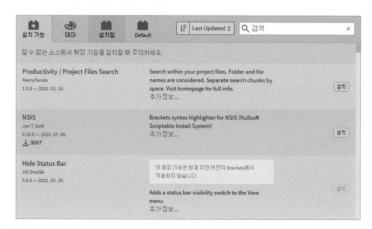

앞으로 소스 코드 에디터를 설명하면서 플러그인, 확장 프로그램, 라이브러리, 패키지 등의 용어를 사용할 텐데,
이는 모두 에디터의 기능을 확장하는 방법입니다. 각 에디터에서 사용하는 용어의 차이일 뿐 특정 모듈을 설치
해 에디터의 기능을 확장한다는 것은 동일합니다.

● 실시간 미리 보기 제공

HTML 문서를 작성하고 결과를 확인하려면 보통은 웹 브라우저를 수동으로 새로 고침
해야 합니다. 하지만 브라켓은 실시간 미리 보기 기능이 탑재돼 있어, 코드를 작성한 후
저장하기만 하면 웹 브라우저에 실시간으로 반영해 출력합니다. 이 기능은 HTML 문서
작성의 생산성을 크게 높여줍니다.

그림 5-3 **브라켓의 실시간 미리 보기**

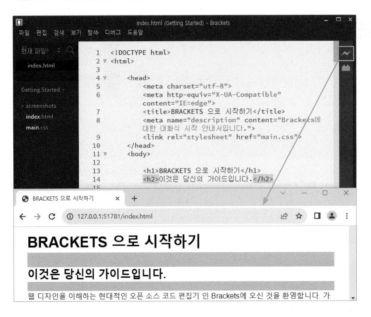

NOTE 브라켓 공식 사이트

브라켓에 대한 자세한 설명과 다운로드 정보는 다음 공식 사이트를 참고하세요.
https://brackets.io

5.1.2 **VSCode**

VSCode(Visual Studio Code)는 마이크로소프트에서 개발한 무료 소스 코드 편집기로 윈도우, 맥OS, 리눅스 등의 운영체제에서 사용할 수 있습니다. VSCode는 브라켓보다 나중에 출시됐지만 다음과 같은 장점 덕분에 현재 가장 인기 있는 에디터로 자리매김했습니다.

● **강력한 인텔리센스 지원**

인텔리센스는 코딩을 편리하게 하는 기능 집합에 지정된 이름으로, 개발 언어마다 다른 속성, 메서드, 객체 등을 드롭다운 리스트 형식으로 보여주고 이를 선택하게 하는 기능을 말합니다. VSCode는 다양한 개발 언어에 특화된 인텔리센스를 지원해 매우 편리하게 코딩할 수 있습니다.

그림 5-4 **자바스크립트 메서드에 대한 인텔리센스**

● **디버깅 기능 내장**

VSCode에는 자체적으로 디버깅할 수 있는 기능이 탑재돼 있습니다. 디버깅은 코드의 실행을 추적하고 오류를 찾아 해결하도록 지원하는 소프트웨어 기능입니다. 이러한 디버깅 기능을 사용하려면 중단점(breakpoint)을 설정하는 것부터 시작해야 합니다. VSCode는 중단점을 기준으로 코드의 실행을 중지시킨 후 변수의 값을 확인하고 수정하거나 단계별로 코드를 실행할 수 있는 기능을 제공합니다. 개발자는 이러한 기능을 활용해 코드의 오류를 찾고 해결할 수 있습니다.

그림 5-5 **VSCode의 디버깅 모드**

● **깃 명령 탑재**

VSCode는 자체적으로 깃 명령을 탑재하고
있어 별도의 터미널 없이도 깃과 관련된 명령
을 처리할 수 있습니다.

그림 5-6 **VSCode의 깃 명령 관리 탭**

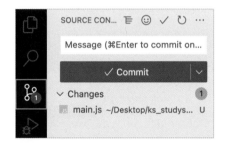

● **확장 및 사용자 정의 가능**

VSCode는 에디터 자체에 기본으로 탑재돼 있
지 않은 기능을 확장 프로그램으로 설치한 후
사용할 수 있습니다. VSCode는 그 어떤 에디
터보다 많은 확장 프로그램을 지원합니다.

그림 5-7 **VSCode의 확장 프로그램 관리 탭**

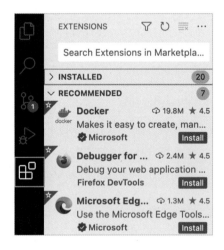

NOTE VSCode 공식 사이트

VSCode에 대한 자세한 설명과 다운로드 정보는 다음 공식 사이트를 참고하세요.
https://code.visualstudio.com

5.1.3 소스 코드 에디터 선택 방법

자신에게 맞는 소스 코드 에디터를 찾는 것은 매우 중요합니다. 혹자는 메모장 같은 텍스트 에디터로도 개발하는 데 전혀 문제가 없다고 합니다. 하지만 할 수 있는 것과 효율적인 것은 별개입니다. 메모장으로도 개발할 수 있겠지만 효율적인 방법은 아닙니다.

소스 코드 에디터는 브라켓, VSCode 말고도 10여 가지가 더 있습니다. 에디터의 종류가 이렇게 많은 것은 특정 에디터가 독점하는 구조가 아니기 때문입니다. 단순히 취향의 차이일 뿐 절대적인 에디터는 없습니다. 직접 사용해보고 자신에게 맞는 에디터를 찾는 것이 좋습니다. 다음은 소스 코드 에디터를 선택할 때 고려해야 할 사항입니다.

● **직관적이고 편리한 UI**

소스 코드 에디터의 UI가 직관적이고 편리한지 확인해야 합니다. 소스 코드 에디터마다 UI가 조금씩 다르고 불편하게 느껴지는 경우도 종종 있으니 UI를 직접 둘러보기 바랍니다.

● **플랫폼 호환성**

소스 코드 에디터가 지원하는 플랫폼을 확인해야 합니다. 대부분의 소스 코드 에디터는 크로스 플랫폼을 지원하기 때문에 윈도우, 맥OS, 리눅스 등의 환경에서 잘 작동하지만, 특정 환경에 최적화된 에디터도 있습니다. 예를 들어 Xcode는 맥OS와 iOS용 애플리케이션 개발에 특화된 에디터라 맥OS에서만 사용할 수 있습니다.

● **커뮤니티 활성도와 지원 수준**

소스 코드 에디터를 사용하는 사람들의 커뮤니티 활성도와 지원 수준을 고려해야 합니다. 소스 코드 에디터도 개발 결과물이기 때문에 오류가 발생할 수 있습니다. 적어도 문제를 공유하거나, 문제 해결을 위한 적절한 지원이 이뤄지는 에디터를 선택하는 것이 좋습니다.

● **가격**

소스 코드 에디터의 가격도 고려해야 할 부분 중 하나입니다. 대부분의 소스 코드 에디터는 무료이지만 부분 유료이거나 완전 유료인 것도 있습니다. 예를 들어 서브라임텍스트(Sublime Text)는 부분 유료입니다.

- **기능 및 확장성**

  자신에게 필요한 기능을 지원하는지 확인해야 합니다. 지원하지 않는다면 확장 플러그인을 추가로 설치해 사용할 수 있는지도 확인해야 합니다. 아무래도 더 많은 기능과 폭넓은 확장성을 지원하는 소스 코드 에디터를 선택하는 것이 좋습니다.

필자는 소스 코드 에디터 중에서 VSCode를 사용하고 있으며, 지금까지 다양한 프런트엔드 작업을 수행하는 데 부족함이 없었습니다. 앞에서 언급한 점을 참고해 자신만의 소스 코드 에디터를 찾기 바랍니다.

> **수코딩의 조언** 💬
>
> 과거에 많이 사용했던 소스 코드 에디터 중에는 깃허브에서 제작한 아톰(Atom)도 있습니다. 그러나 아톰은 2022년 12월 25일에 공식적인 지원이 중단됐으므로 되도록 사용하지 않는 것이 좋습니다.

5.2 버전 관리 시스템

5.2.1 버전 관리 시스템의 개요

버전 관리 시스템(VCS, Version Control System)은 코드나 파일을 시간에 따라 기록·추적·관리하는 시스템입니다. 이는 개발자가 다양한 버전의 코드를 저장하고 다른 개발자들과 쉽게 협업할 수 있는 내부 저장소(repository)를 제공합니다.

버전 관리 시스템의 주요 기능은 다음과 같습니다.

- **기록:** 코드의 변경 사항을 하나의 버전으로 관리해 기록하는 기능입니다. 누가, 언제, 어떤 내용으로 코드를 변경했는지 등의 정보가 기록으로 남습니다.

- **추적:** 기록된 각 버전을 확인하는 기능입니다. 추적 기능을 사용하면 자신이 작성 중인 코드가 어떻게 변화했는지 확인할 수 있습니다.

- **분기:** 하나의 코드를 가지고 여러 사람이 동시에 작업할 수 있도록 코드의 특정 시점으로 분기하는 기능입니다. 코드의 특정 시점을 기억하는 세이브 포인트(save point)를 협업하는 사람들에게 하나씩 나눠주고, 그 시점을 기준으로 작업하게 합니다.

- **병합:** 분기된 코드를 하나로 합치는 기능입니다. 병합 기능에는 한 파일을 동시에 수정하더라도 문제가 발생하지 않게 하는 메커니즘이 포함돼 있습니다.

- **백업 및 복구:** 현재 작성 중인 코드를 임시로 저장하고, 코드를 기록했던 과거의 특정 시점으로 돌아가는 기능입니다. 코드에 치명적인 결함이 발견돼 급히 수정해야 할 때 백업 및 복구 기능을 사용해 과거 버전으로 돌아가 서비스를 안정화할 수 있습니다.

이처럼 버전 관리 시스템은 코드를 작성할 때 발생할 수 있는 다양한 상황에 유용한 기능을 제공합니다.

5.2.2 버전 관리 시스템의 종류

버전 관리 시스템에는 세 가지 방식이 있는데 이는 로컬, 중앙 집중식, 분산입니다.

로컬 버전 관리 시스템

코드 및 파일의 버전을 관리하는 가장 간단한 방법은 작업 중인 폴더의 파일을 다른 폴더로 복사하는 것입니다. 하지만 복사한 폴더가 삭제되거나 문제가 발생했을 때 파일이 유실될 위험이 있습니다.

그림 5-8 **가장 간단한 버전 관리 방식**

> 📑 대표님 보고 사항_최종.docx
> 📑 대표님 보고 사항_최종_최최종.docx
> 📑 대표님 보고 사항_최종_최최종_최최최종.docx
> 📑 대표님 보고 사항_최종_최최종_최최최종_최최최최종.docx
> 📑 대표님 보고 사항_최종_최최종_최최최종_최최최최종_제발최종.docx

이 방식에서 좀 더 발전한 형태로 **로컬 버전 관리 시스템**(LVCS, Local VCS)이 있습니다. 이는 단순히 파일을 복사하는 것이 아니라 로컬 컴퓨터(내 컴퓨터)에 데이터베이스를 설치하고 이 데이터베이스에 변경 사항을 기록하는 방식입니다.

그림 5-9 **로컬 버전 관리 시스템**

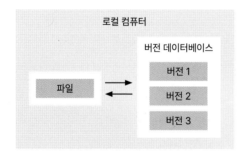

로컬 버전 관리 시스템을 사용하는 대표적인 소프트웨어는 RCS(Revision Control System)입니다. RCS는 파일의 변경 사항에 마지막 버전을 기준으로 달라진 점만 저장합니다. 만약 특정 버전으로 되돌리고 싶다면 처음부터 되돌리고 싶은 버전까지 차곡차곡 불러와 합치면 됩니다. 그러나 이 방법은 버전 관리를 로컬에서 하다 보니 누구나 버전 기록에 접근할 수 있어 보안에 취약하고 협업하기도 어렵습니다. 그래서 지금은 RCS를 비롯한 로컬 버전 관리 시스템을 사용하지 않습니다.

중앙 집중식 버전 관리 시스템

로컬 버전 관리 시스템의 단점은 데이터베이스가 각 사용자의 컴퓨터에 설치돼 있다는 것입니다. 이렇게 되면 여러 사람과 협업할 때 개별 컴퓨터에 데이터베이스를 설치하고 관리해야 하는 불편함이 있습니다.

로컬 버전 관리 시스템을 한 단계 발전시켜 데이터베이스를 사용자의 컴퓨터가 아니라 별도의 서버에 설치하고, 각 파일의 변경 사항을 서버에 기록하는 시스템이 있습니다. 바로 **중앙 집중식 버전 관리 시스템**(CVCS, Center VCS)입니다.

그림 5-10 **중앙 집중식 버전 관리 시스템**

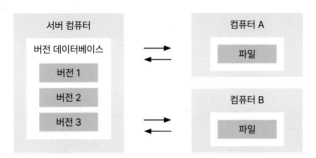

중앙 집중식 버전 관리 시스템은 2000년대 초부터 2010년대 초까지 활발히 사용됐습니다. 이 방식을 사용한 대표적인 소프트웨어로 CVC(Concurrent Versions System)와 이를 보완한 SVN(Subversion)이 있습니다. CVC와 SVN은 소프트웨어적인 차이만 있을 뿐 버전 관리의 기본 원리는 같습니다. 파일에서 변경된 내용이 오로지 중앙 서버에만 기록되며, 모든 버전 기록이 중앙 서버에 있기 때문에 서버에 접근할 수 있는 사용자는 똑같은 소스 코드 또는 작업 결과물을 공유받을 수 있습니다.

중앙 집중식 버전 관리 시스템은 데이터베이스가 설치된 서버에 문제가 생기면 해당 서버에서 버전 관리를 이용하던 사용자 모두가 영향을 받는다는 것이 단점입니다. 그래서 CVC와 SVN은 현재 거의 사용되지 않습니다.

분산 버전 관리 시스템

분산 버전 관리 시스템(DVCS, Distributed VCS)은 중앙 집중식 버전 관리 시스템의 문제를 해결하기 위해 고안된 방식입니다. 분산 버전 관리 시스템은 파일이나 코드의 변경 사항을 자신의 컴퓨터와 서버에 동시에 저장합니다. 단, 파일이나 코드의 변경 사항만 저장하는 것이 아니라 파일 자체를 저장합니다. 여기서 중요한 점은, 파일을 모두 저장하지만 버전별로 관리하기 때문에 특정 버전으로 되돌리면 해당 버전의 파일을 특정 시점으로 모두 되돌릴 수 있다는 것입니다.

분산 버전 관리 시스템을 사용하면 서버가 다운되거나 삭제돼도 컴퓨터의 저장소를 이용해 다시 서버의 기록을 복원할 수 있습니다. 또한 사용자끼리 로컬 저장소의 변경점을 공유하면 똑같이 기록하고 작업을 이어나갈 수도 있습니다.

그림 5-11 분산 버전 관리 시스템

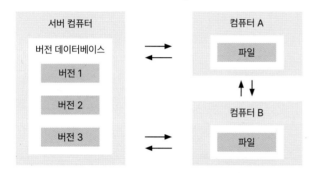

프런트엔드 개발에서 분산 버전 관리 시스템은 필수입니다. 다른 시스템을 사용하는 회사가 드물게 있지만, 시기의 문제일 뿐 결국 분산 버전 관리 시스템으로 바뀔 것입니다.

5.2.3 분산 버전 관리 시스템: 깃

분산 버전 관리 시스템의 대표적인 소프트웨어로, 2005년에 리누스 토르발스(Linus Torvalds)가 개발해 지금까지 사용되는 **깃**(Git)이 있습니다. 대부분의 회사가 깃을 사용한다고 해도 과언이 아닐 정도로, 깃을 사용해 소스 코드를 관리하는 회사가 많습니다. 따라서 깃은 프런트엔드 개발자가 필수로 알아야 하는 버전 관리 시스템입니다.

자체적으로 깃은 다양한 기능을 수행하는 명령어를 제공합니다. 깃의 명령어 작성 형식은 다음과 같습니다.

```
> git [명령어]
```

깃에서 사용하는 여섯 가지 주요 명령어를 살펴봅시다.

저장소 만들기

버전 관리 시스템을 사용하려면 내부적으로 소스 코드의 변경을 기록할 수 있는 저장소를 만들어야 합니다. 깃 저장소를 만드는 명령은 다음과 같으며, 이러한 작업을 '깃을 초기화 한다'고 일컫습니다.

깃 초기화

```
> git init
```

명령을 실행하면 명령이 입력된 폴더를 최상위 폴더로 해서 그 아래에 있는 폴더 및 파일의 변경 사항을 **[.git]** 폴더에 기록합니다. 이때 [.git] 폴더는 숨긴 파일로 생성됩니다. 보통 폴더 이름에 닷(.)이 붙으면 사용자에게 보이지 않습니다. 따라서 [.git] 폴더를 확인하려면 [숨긴 항목]에 체크해야 합니다.

그림 5-12 **저장소 만들고 [.git] 폴더 확인하기**

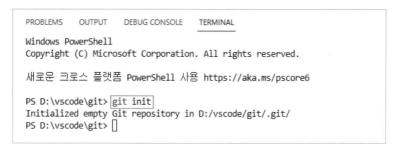

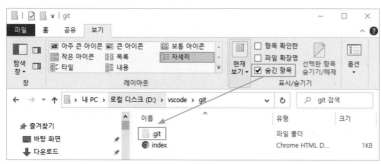

로컬 계정 정보 등록하기

저장소를 만들었다면 소스 코드를 변경하는 사람이 누군지 알 수 있도록 사용자 계정 정보를 등록해야 합니다. 명령은 다음과 같습니다.

사용자 계정 등록

```
> git config --local user.name "사용자_이름"
> git config --local user.email "메일_주소"
```

예를 들어 사용자 이름이 sucoding, 메일 주소가 sucoding@naver.com이라면 다음과 같이 작성합니다.

```
> git config --local user.name "sucoding"
> git config --local user.email "sucoding@naver.com"
```

이 명령에서는 --local 옵션 대신 --global 옵션을 사용할 수 있습니다. --local 옵션은 해당 깃 저장소 내부에서만 사용하는 계정으로 등록한다는 뜻이고, --global 옵션은 컴퓨터 내 모든 깃 저장소에서 사용하는 계정으로 등록한다는 뜻입니다.

버전 기록하기

소스 코드의 변경 사항을 기록하고 싶다면 다음 두 가지 명령을 이용합니다.

파일 버전 기록

```
> git add [파일_이름1] [파일_이름2] … [파일_이름n]
> git commit -m [기록_메시지]
```

git add [파일_이름] 명령으로 소스 코드의 변경 사항을 기록하고 싶은 파일을 추가합니다. 기록하고 싶은 파일이 하나일 수도 있고 여러 개일 수도 있을 텐데, 여러 개라면 파일 이름을 공백으로 구분해 나열하면 됩니다. 파일을 모두 추가했다면 해당 기록에 남기고 싶은 메시지를 git commit -m [기록_메시지] 명령으로 남깁니다. 이렇게 하면 하나의 버전이 깃 저장소에 저장됩니다.

예를 들어 12행으로 작성된 index.html 파일이 있다고 합시다. 이 파일의 현재 상태를 'first_version'이라는 메시지로 남기고 싶으면 다음과 같이 작성합니다.

```
> git add index.html
> git commit -m 'first version'
[master (root-commit) 60a3a19] first version
 1 file changed, 12 insertions(+) ── 1개 파일이 변경되고 코드 12행이 추가됐다는 의미
 create mode 100644 index.html
```

버전 기록 확인하기

현재 사용하는 깃 저장소의 버전 기록을 간단히 확인하고 싶다면 다음 명령을 사용합니다.

── 버전 기록 확인
```
> git log
```

그러면 다음과 같이 깃 저장소에 저장한 버전 기록을 로그로 확인할 수 있습니다. 결과에서 commit 다음에 오는 문자열을 commit id라고 합니다. 쉽게 말해 commit id는 하나의 버전 기록에 남겨진 고유 번호입니다.

```
> git log
commit b9c44331a78cc58595e83ec574f696a221977fb3 (HEAD -> master)
Author: sucoding <sucoding@naver.com>
Date:   Tue Jul 19 17:10:03 2023 +0900        second version에 대한 고유 번호
     second version
commit 60a3a19a552cdddbd2f2ea15ad28f89454155fc3
Author: sucoding <sucoding@naver.com>
Date:   Tue Jul 19 16:53:04 2023 +0900        first version에 대한 고유 번호
     first version
```

특정 버전의 상세 내용 확인하기

특정 버전의 상세 내용을 확인할 때는 다음 명령을 사용합니다.

── 특정 버전 상세 내용 확인
```
> git log -p [commit id]
```

예를 들어 앞에서 확인한 first version의 상세 내용을 확인하고 싶다면 first version의 commit id를 넣습니다.

```
> git log -p 60a3a19a552cdddbd2f2ea15ad28f89454155fc3        first version의 commit id
commit 60a3a19a552cdddbd2f2ea15ad28f89454155fc3
Author: sucoding <sucoding@naver.com>
Date:    Tue Jul 19 16:53:04 2023 +0900
     first version
diff --git a/index.html b/index.html
new file mode 100644
index 0000000..3baf021
--- /dev/null                         first version의 상세 내용
+++ b/index.html
@@ -0,0 +1,12 @@
+<!DOCTYPE html>
+<html lang="ko">
+<head>
+    <meta charset="UTF-8">
+    <meta http-equiv="X-UA-Compatible" content="IE=edge">
+    <meta name="viewport" content="width=device-width, initial-scale=1.0">
+    <title>GIT Sample</title>
+</head>
+<body>
+    <h1>초기 상태</h1>
+</body>
+</html>
```

복구하기

특정 버전이 기록된 과거 시점으로 코드를 복구하고자 할 때는 다음 명령을 사용합니다.

특정 버전으로 복구

```
> git reset --hard [commit id]
```

index.html 파일의 최신 상태가 second version인데 first version으로 복구하고 싶다면 다음과 같이 작성합니다.

```
> git reset --hard 60a3a19a552cdddbd2f2ea15ad28f89454155fc3        first version의
HEAD is now at 60a3a19 first version                                 commit id
```

이처럼 깃을 사용하면 파일 수정에 따른 코드를 버전별로 관리할 수 있습니다.

깃을 본격적으로 배우려면 책 한 권을 봐야 할 정도로 학습량이 많습니다. 여기서는 분산 관리 시스템의 동작 원리를 이해할 수 있도록 아주 기본적인 명령만 소개했습니다. 깃에 대해 자세히 알고 싶다면 다음 공식 문서를 참고하세요.
https://git-scm.com/doc

5.2.4 웹 기반 버전 관리 저장소

분산 버전 관리 시스템은 사용자의 컴퓨터인 로컬에 파일의 변경 사항을 기록할 수 있을 뿐만 아니라 서버에도 기록할 수 있습니다. 로컬에 기록하는 방법은 앞에서 살펴봤고, 그렇다면 서버에는 어떻게 기록할까요? 서버를 사야 할까요? 아닙니다. 사용자가 별도로 서버를 구축할 필요 없이 무료로 제공되는 웹 기반 버전 관리 저장소 서비스를 이용하면 됩니다. 깃 저장소를 지원하는 대표적인 웹 기반 서비스에는 깃허브, 깃랩, 비트버킷 등이 있습니다.

깃허브

깃허브(Github)는 깃이 출시되고 3년 후인 2008년에 톰 프레스턴워너(Tom Preston-Werner), 크리스 원스트래스(Chris Wanstrath), 피제이 하이엣(PJ Hyett)이 함께 만든 웹 기반 버전 관리 시스템입니다. 이는 깃 저장소를 웹에서 지원하는 대표적인 서비스입니다.

그림 5-13 **깃허브 공식 사이트**

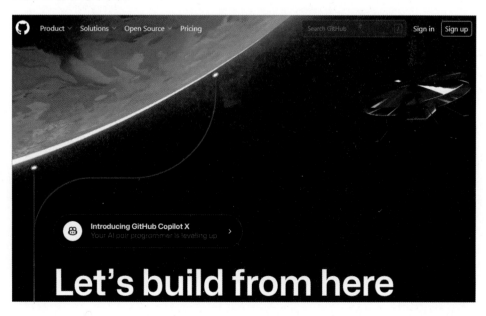

깃허브의 장점은 다음과 같습니다.

● **저장소 관리 페이지 제공**

깃허브는 깃으로 저장한 소스 코드를 쉽게 관리할 수 있도록 저장소 관리 페이지를 제공합니다. 이 페이지를 이용하면 개발 팀에 속한 여러 사람이 깃 저장소를 관리할 수 있습니다.

그림 5-14 **깃허브의 저장소 관리 페이지**

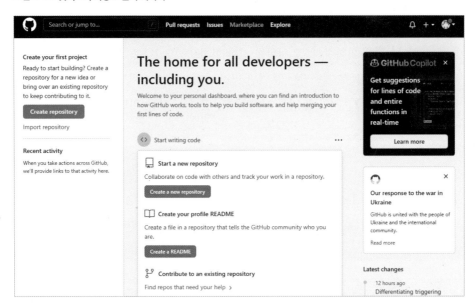

● **호스팅 서비스 제공**

깃허브에 포함된 **깃허브 페이지**(Github Pages)는 저장소의 소스 코드를 기반으로 서버 컴퓨터의 전체 또는 일정 공간을 이용할 수 있도록 임대하는 **호스팅 서비스**(hosting service)를 제공합니다. 깃허브 페이지를 사용하면 깃허브 저장소에 HTML, CSS, 자바스크립트 및 기타 정적 파일을 업로드하고, 업로드한 파일을 바탕으로 웹 사이트를 생성할 수 있습니다. 생성된 웹 사이트는 자체 도메인 또는 깃허브 페이지에서 무료로 제공하는 도메인을 통해 접근할 수 있습니다.

> **NOTE** 깃허브 페이지 공식 문서
>
> 깃허브 페이지에 대해 자세히 알고 싶다면 다음 공식 문서를 참고하세요.
> https://docs.github.com/ko/pages

- **협업 및 커뮤니티 제공**

  깃허브는 기본적으로 무료 공개를 원칙으로 운영됩니다. 다른 사람이 올린 저장소 코드에 쉽게 접근할 수 있고, 원한다면 분기 요청을 해서 코드에 기여할 수도 있습니다. 오늘날 오픈 소스 프로젝트라고 불리는 것은 대부분 이렇게 깃허브 기반으로 저장소가 공개돼 있어 전 세계의 많은 개발자가 협업하기 용이합니다.

  다음은 VSCode의 공개 저장소입니다. 수많은 개발자가 이슈(5k+ 이상)를 제보하고 코드에 기여하고 있습니다.

  그림 5-15 **깃허브의 VSCode 저장소**

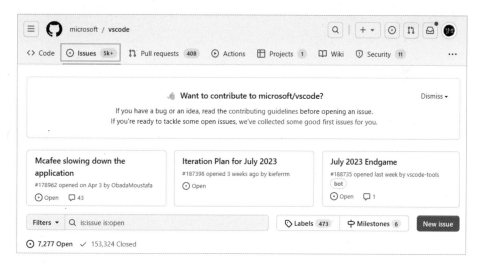

깃랩

깃랩(GitLab)은 깃허브와 마찬가지로 웹 기반 버전 관리 저장소를 제공하는 플랫폼입니다. 우크라이나 출신 개발자 드미트리 자포로제츠(Dmitriy Zaporozhets)와 발레리 시조프(Valeriy Sizov)가 2013년에 개발했습니다. 깃랩은 깃허브와 유사하지만 기업에 특화된 솔루션을 제공한다는 점에 차이가 있습니다.

깃랩에도 온라인 저장소 관리 페이지가 있으며, 깃랩 페이지(GitLab Page)라는 자체 호스팅 서비스를 제공합니다. 그 외 주요 특징은 다음과 같습니다.

그림 5-16 **깃랩 공식 사이트**

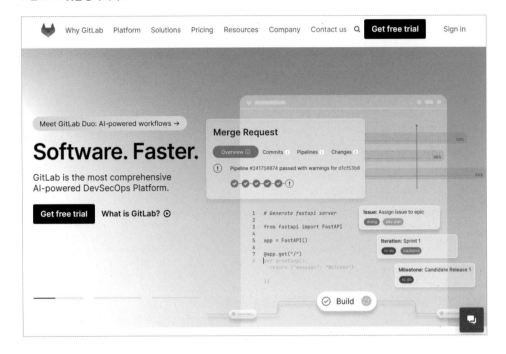

● 강력한 CI/CD 기능 제공

CI(Continuous Integration)는 '지속적인 통합'이라는 뜻으로, 소스 코드를 여러 개발자가 수정해도 하나로 통합할 수 있음을 의미합니다. 그리고 **CD**(Continuous Deployment)는 '지속적인 배포'라는 뜻으로, CI로 통합된 코드를 사용자가 사용할 수 있는 배포 환경까지 자동으로 배포하는 것을 의미합니다.

깃랩은 CI/CD를 위해 'CI/CD 파이프라인'이라는 기능을 제공합니다. CI/CD 파이프라인을 사용하면 코드 빌드 → 테스트 → 배포로 이어지는 프로세스를 자동화할 수 있습니다. 기업 입장에서는 새로운 기능이 추가되거나 기존 기능이 수정되더라도 코드를 수정해 저장소에 기록하기만 하면 소스 코드 통합 및 배포를 한 번에 할 수 있어 편리합니다.

● 세부적 권한 설정 가능

깃랩은 하나의 저장소에 대한 권한을 사용자별로 다르게 설정할 수 있습니다. 어떤 기업에서 작업자의 역할과 책임에 따라 저장소의 접근 권한을 각기 다르게 부여하고자 할 때 깃랩의 권한 설정 기능을 이용하면 유용합니다.

비트버킷

비트버킷(Bitbucket)은 아틀라시안(Atlassian)이라는 회사가 만든 웹 기반 버전 관리 저장소 플랫폼입니다. 깃허브와 깃랩처럼 깃을 관리하기 위한 온라인 저장소 관리 페이지뿐만 아니라 **비트버킷 클라우드 페이지**(Bitbucket Cloud Pages)라는 자체 호스팅 서비스를 제공합니다. 또한 커뮤니티와 협업 등의 서비스도 제공합니다.

그림 5-17 **비트버킷 공식 사이트**

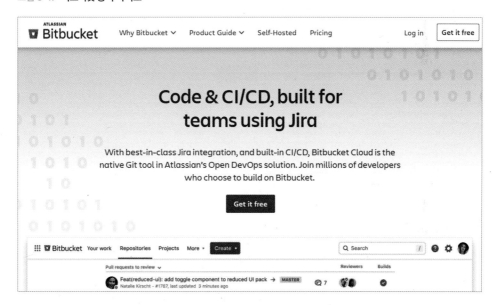

깃허브는 기본적으로 '저장소 공개'라는 성격을 띠고 있어 서비스 초반에는 비공개 저장소를 만들고 사용하는 데 제한이 많았습니다. 그리고 깃랩은 기업용에 초점을 맞추고 있어 개발자 개인이 사용하기에 적합하지 않은 부분이 많았습니다.

하지만 비트버킷은 서비스 출시 초반부터 비공개 저장소를 만드는 데 제약을 두지 않았습니다. 또한 개발자 개인이 편리하게 사용할 수 있도록 하는 데 초점을 맞췄습니다. 이러한 장점을 내세운 비트버킷은 비공개 저장소를 만들고 싶어 하던 많은 개발자에게 인지도를 얻는 데 성공해 사용자가 꾸준히 증가했습니다.

물론 깃허브도 다양한 정책 및 서비스를 추가해 비공개 저장소 관련 서비스를 제공했습니다. 하지만 개인 단위로는 여전히 비트버킷을 많이 사용합니다.

비트버킷의 장점은 다음과 같습니다.

● **아틀라시안 서비스와의 호환성**

비트버킷을 사용하는 가장 큰 이유는 비트버킷을 개발한 아틀라시안의 다른 소프트웨어와 연동이 가능하다는 것입니다. 아틀라시안은 다소 낯설게 여겨질 수도 있는 회사이지만, 실무에서 많이 사용하는 협업 툴인 지라(Jira), 트렐로(Trello), 뱀부(Bamboo) 등을 개발한 곳입니다. 특히 지라는 실무에서 자주 사용하는 버그 추적, 이슈 추적, 프로젝트 관리 기능을 제공해 비트버킷과 함께 사용하면 업무를 효과적으로 관리할 수 있습니다.

그림 5-18 **지라와의 업무 연계 지원**

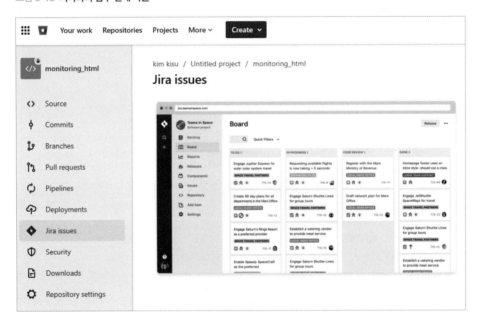

● **그룹별 권한 설정**

비트버킷은 개발자를 그룹별로 관리할 수 있습니다. 이는 팀 단위로 적절한 권한을 부여할 때 유용합니다.

그림 5-19 그룹별 권한 설정

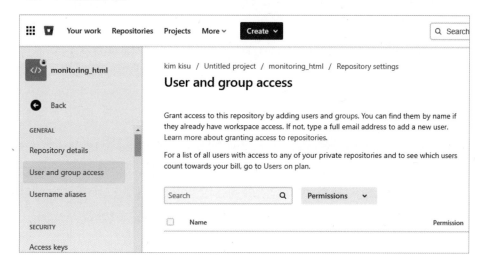

그림 5-19 그룹별 권한 설정

- **상대적으로 저렴한 가격**

깃허브나 깃랩과 비교했을 때 비트버킷은 소규모 팀 단위라면 더 저렴하게 이용할 수 있습니다.

> **수코딩의 조언** 💬
>
> 깃허브, 깃랩, 비트버킷은 웹 기반 버전 관리 저장소를 제공하는 플랫폼입니다. 셋 다 깃을 위한 플랫폼이지만, 깃허브는 개인, 깃랩은 기업, 비트버킷은 소규모 팀을 타깃으로 삼고 있어 세부 서비스가 각기 다릅니다. 그렇다고 해서 개인은 깃랩을 사용하면 안 되고 기업은 깃허브를 사용하면 안 된다는 의미는 아니고, 상황에 맞게 선택하면 됩니다.

5.2.5 학습 시점

버전 관리 시스템은 프런트엔드 개발 시 코드를 효율적으로 관리할 수 있게 해주는 유용한 도구입니다. 방대한 양의 코드와 리소스를 다루는 개발 프로젝트에서 코드의 변경 사항을 추적하고 원하는 시점으로 되돌리는 기능은 필수입니다.

그러면 버전 관리 시스템은 언제 배우는 것이 좋을까요? 필자가 권장하는 학습 시기는 자바스크립트 공부를 마친 후입니다. 자바스크립트를 배우고 나면 만들 수 있는 웹 애플리케이션의 수준이 확 올라갑니다. 단순히 HTML(마크업 언어), CSS(스타일 시트 언어)만 사용할 때와는 비교가 되지 않습니다. 그래서 코드의 변경 사항을 추적하고 관리하는 시스템이 매우 절실해집니다.

꼭 자바스크립트를 배우고 나서가 아니더라도 다음과 같은 상황이라면 버전 관리 시스템을 공부하기 바랍니다.

● **협업이 필요할 때**

개인이 코드를 작성할 때는 상대적으로 버전 관리 시스템의 필요성을 덜 느낄 것입니다. 코드를 작성하고 수정하는 일련의 과정이 모두 머릿속에 있기 때문에 특별히 버전 관리를 할 필요가 없습니다. 하지만 협업해야 하는 상황이라면 얘기가 달라집니다. 버전 관리 시스템은 여러 개발자가 한 코드를 사용하면서 변경 사항을 관리하고 추적하는 도구이므로 그룹 프로젝트를 앞두고 있다면 꼭 배우길 권장합니다.

● **코드의 이력 관리가 필요할 때**

개발을 진행 중인 코드에 대한 이력 관리가 필요한 경우가 있습니다. 예를 들어 간단한 토이 프로젝트(개인 혹은 소규모 그룹이 단기 프로젝트로 웹 애플리케이션을 개발하는 것)가 아니라 지속적으로 코드를 작성 및 유지·보수해야 하는, 어느 정도 규모가 있는 프로젝트라면 이력 관리가 필요합니다.

● **새로운 기능이나 실험적 기능을 안정적으로 개발해야 할 때**

새로운 기능이나 실험적 기능을 개발할 때 안정적으로 작업하고 싶다면 버전 관리 시스템을 사용해보세요. 버전 관리 시스템을 사용하면 브랜치별로 기능을 개발할 수도 있고, 혹시 개발하다가 문제가 발생하면 이전 코드로 쉽게 롤백(rollback)을 할 수도 있습니다.

이 밖에도 분산 버전 관리 시스템이 필요한 상황이 닥칠 수 있습니다. 앞에서 다룬 분산 버전 관리 시스템의 내용을 이해하고 있다면 충분히 그 시점을 스스로 알아채고 학습할 수 있을 것입니다.

5.3 코드 포매터

코드 포매터(code formatter)는 작성한 코드를 보기 좋게 바꿔주는 개발 도구입니다. 단순히 코드를 보기 좋게 변경만 하기 때문에 프로그래밍 기능에는 아무런 영향을 미치지 않습니다.

5.3.1 코드 포매터의 등장 배경

개발자는 저마다의 코드 스타일을 가지고 있습니다. 코드 스타일은 정말 사소한 습관에서 비롯되는 것인데, 보통은 개인이 어떤 환경에서 공부했는지에 따라 달라집니다. 예를 들어 다음과 같은 간단한 자바스크립트 코드도 사람마다 다른 스타일로 작성합니다.

```javascript
// [스타일 1]
if(true) { };
// [스타일 2]
if(true) {
}
// [스타일 3]
if(true)
{
}
```

[스타일 1]처럼 if 문을 한 줄로 작성하고 끝에 세미콜론(;)을 붙이는 사람도 있고, [스타일 2]처럼 if 문의 시작 중괄호는 같은 줄에, 종료 중괄호는 다음 줄에 작성하는 사람도 있습니다. 아니면 [스타일 3]처럼 if 문의 중괄호를 다음 줄부터 시작하는 사람도 있습니다.

이러한 차이는 사용하는 에디터의 영향을 받은 것일 수도 있고, 코드 작성법을 처음 알려준 사람의 영향을 받아 그 방식을 따라 한 결과일 수도 있습니다. 어쨌든 간단한 문법이라도 다양한 스타일로 작성됩니다.

물론 프로젝트의 규모와 상관없이 혼자 코드를 작성한다면 코드 포매터가 필요 없을 것입니다. 하지만 실무에서는 대개 여러 명의 개발자가 협업합니다. 그러면 한 프로젝트의 코드 스타일이 제각각일 확률이 높고, 서로의 코드 스타일을 파악하는 것이 부담이 될 수 있습니다.

이에 일부 회사에서는 코드 스타일을 통일하기 위해 '코드 스타일 가이드'를 만들어 이를 따르도록 합니다. 하지만 이 방법은 해당 회사만의 코드 스타일을 학습하게 한다는 점에서 또 다른 스트레스가 되기도 합니다.

결국 이 문제를 해결하는 가장 간단한 방법은 사람이 아니라 도구로 코드 스타일을 일관되게 변경하는 것이며, 이를 위해 코드 포매터가 탄생했습니다. 코드 포매터를 사용하면 정해진 규칙에 맞게 스타일이 자동으로 통일됩니다. 개발자들이 서로의 스타일을 파악할 필요 없이 코드를 쉽게 이해할 수 있어 실무에서는 코드 포매터를 필수로 사용합니다.

5.3.2 프리티어

프런트엔드 개발에서 사용하는 코드 포매터는 종류가 다양합니다. 그중에서도 국내외를 막론하고 가장 인기 있는 코드 포매터는 **프리티어**(Prettier)입니다. 프리티어는 프런트엔드 기본 언어인 HTML, CSS, 자바스크립트는 물론이고 타입스크립트, JSON 등 다양한 언어를 대상으로 코드를 포매팅합니다. 한 번 규칙을 설정해놓으면 여러 프로젝트에 광범하게 사용할 수 있습니다.

프리티어 공식 사이트(**https://prettier.io**)에 접속하면 프리티어에 대한 자세한 설명을 확인할 수 있고 온라인 실습도 가능합니다.

그림 5-20 **프리티어 공식 사이트**

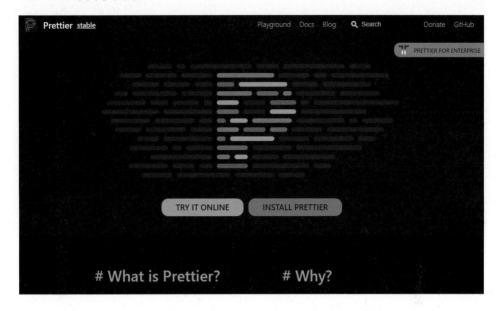

다음은 프리티어 사이트에서 [TRY IT ONLINE] 버튼을 클릭해 온라인 코드 포매터를 띄운 모습입니다. 여기서 일부러 지저분하게 자바스크립트 코드를 작성하면 자동으로 코드 포매터가 적용돼 코드가 보기 좋게 정렬됩니다.

그림 5-21 **프리티어 적용 전(왼쪽)과 적용 후(오른쪽)**

```
1  const person = { name: 'sucoding',
2  age: 30 };
3  console.log(person['name']);
4  console.log(person["name"]);
5  const pow = (x) => {  return x * x;
6  };
7  const pows = pow(5);
8  console.log(pows);
```

```
1  const person = { name: "sucoding", age: 30 };
2  console.log(person["name"]);
3  console.log(person["name"]);
4  const pow = (x) => {
5    return x * x;
6  };
7  const pows = pow(5);
8  console.log(pows);
```

프리티어는 프런트엔드 개발에 많이 사용하는 에디터인 VSCode와의 호환성이 매우 좋습니다. 그래서 VSCode의 확장 프로그램으로 설치해 사용할 수도 있습니다. 프리티어라는 이름의 유사한 확장 프로그램이 많으니 확장 프로그램을 설치할 때는 반드시 제작자가 'Prettier'인지 확인하고 설치하세요.

그림 5-22 **VSCode에 프리티어 확장 프로그램을 설치한 모습**

NOTE 프리티어-VSCode 공식 깃허브

VSCode에서 프리티어를 사용하는 자세한 방법은 다음 공식 깃허브를 참고하세요.

https://github.com/prettier/prettier-vscode

5.4

린터

린터(linter)는 사용자가 작성한 코드를 정적으로 분석해 문법적으로 오류가 발생할 만한 곳을 사전에 검사하고 올바른 코드를 작성할 수 있도록 도와주는 도구입니다. 여기서 '정적으로 분석한다'는 것은 코드를 실행하지 않고 분석한다는 의미입니다. 린터를 이용하면 코드를 돌려보지 않고도 의심되거나 잘못된 부분을 확인하고 수정할 수 있습니다. 이에 많은 국내 회사가 린터를 사용하고 있습니다.

> **NOTE** 린트와 린팅
>
> 린터는 린트(lint)라고도 불립니다. 또한 린터를 이용해 코드를 검사하는 과정을 린팅(linting)이라고 합니다.

5.4.1 린터의 등장 배경

프로젝트의 규모가 커질수록 개발자가 작성해야 할 코드의 양이 자연히 많아집니다. 이렇게 코드의 양이 많아지면 코드를 작성하면서 문제가 발생할 확률도 그만큼 높아집니다. 문제는 코드의 양이 느는 만큼 어느 부분에서 오류가 발생할지 개발자 자신도 예측하기 어렵다는 데 있습니다. 이는 혼자 개발할 때보다 협업할 때 더 심각합니다. 여러 명이 개발하면 상호 간에 영향을 주는 코드가 많아지고, 내가 작성하지 않은 부분에서 발생한 오류를 바로잡기 위해 다른 사람이 작성한 코드를 임의로 수정할 일이 생기는데, 이러한 상황은 협업에 큰 지장을 줍니다.

예를 들어 다음과 같은 자바스크립트 코드가 있다고 합시다.

```
const name = '철수';
// 몇 백 줄의 코드 생략
const name = '영희';
```

자바스크립트 문법상 const 키워드로 선언한 변수는 중복될 수 없습니다. 하지만 협업해 코드를 작성하다 보면 내가 지정한 변수를 다른 개발자가 지정하지 않으리라는 보장이 없습니다.

협업하는 과정에서 이러한 문제가 있는 경우, 작성한 프로그램을 실행하기 전에는 문제를 발견하기가 어렵습니다. 하지만 정해진 규칙을 통해 코드의 문법을 검사한다면 코드를 실행하기 전이라도 문제를 발견할 수 있습니다. 린터는 바로 이를 위한 도구로, 앞의 코드를 린터로 검사해보면 'Parsing error: Identifier 'name' has already been declared'라는 경고 메시지가 뜨는 것을 확인할 수 있습니다.

간단한 코드는 꼭 린터를 사용하지 않아도 쉽게 오류를 찾을 수 있습니다. 하지만 린터를 사용하면 오류의 원인이 명확하지 않은 문법도 사전에 검사하고 예방할 수 있습니다.

5.4.2 HTML+CSS 린터

린터라고 하면 자바스크립트 코드를 검사하는 도구로 생각하는 사람이 많습니다. 하지만 린터는 특정 언어에만 사용하는 도구가 아니라, 우리가 배우고 사용하는 모든 개발 언어에 사용할 수 있습니다.

린터 하나로 모든 언어를 검사할 수 있으면 좋겠지만, 현업에서 사용하는 린터는 특정 언어에 특화된 경우가 많습니다. 여기서는 대중적으로 많이 사용하는 **HTML+CSS 린터**와 **자바스크립트+타입스크립트 린터**를 소개하겠습니다.

먼저 HTML과 CSS 코드를 검사하는 린터를 살펴봅시다.

W3C의 마크업 검증 서비스

W3C에서 제공하는 **마크업 검증 서비스**(Markup Validation Service)는 정식 린터로 보지 않습니다. 하지만 정적 분석을 통해 HTML 문법 오류를 찾는 데에는 유용합니다. 실제로 W3C는 C 언어에 사용하는 린터와 유사한 도구를 HTML에도 사용하려고 이 서비스를 제작했습니다.

마크업 검증 서비스는 공식 사이트(**https://validator.w3.org**)에서 제공합니다. 이 공식 사이트에서 URI 입력 방법(Validate by URI), 파일 업로드 방법(Validate by File Upload), 코드 직

접 입력 방법(Validate by Direct Input) 중 하나를 선택해 사용하면 됩니다.

그림 5-23 **W3C의 마크업 검증 서비스**

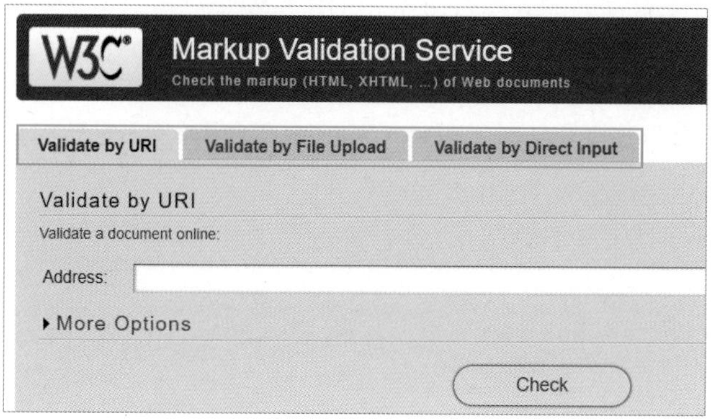

W3C의 CSS 검증 서비스

W3C에서 제공하는 **CSS 검증 서비스**(CSS Validation Service)도 정식 린터는 아닙니다. 하지만 정적 분석을 통해 CSS의 문법 오류를 찾는 데 매우 유용하며, 특히 사용자가 이해하기 쉽게 오류 메시지를 직관적으로 보여준다는 것이 장점입니다. W3C는 마크업 검증 서비스와 마찬가지로 C 언어용 린터와 유사한 도구를 CSS에서도 사용하기 위해 이 서비스를 제작했습니다.

CSS 검증 서비스는 공식 사이트(**https://jigsaw.w3.org/css-validator/validator.html.en**)에서 제공합니다. 이 공식 사이트에서 URI 입력 방법(By URI), 파일 업로드 방법(By file upload), 코드 직접 입력 방법(By direct input) 중 하나를 선택해 사용하면 됩니다.

그림 5-24 **W3C의 CSS 검증 서비스**

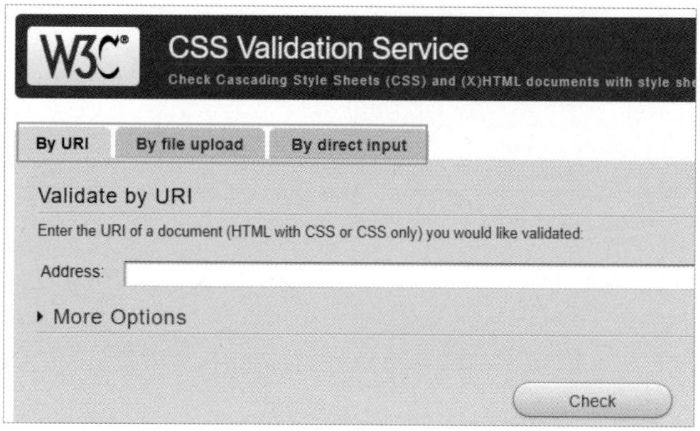

CSS 린트

CSS 린트(CSS Lint)는 CSS 언어에 사용되는 대표적인 린터입니다. 공식적으로 "당신의 기분을 상하게 할 수 있습니다. 그러나 더 좋은 코드를 만들 수 있도록 도와줍니다."라는 문구를 사용할 만큼 CSS 문법 검사가 강력합니다.

사용 방법도 매우 간단합니다. CSS 린트 공식 사이트(**http://csslint.net**)에서 검사하고 싶은 코드를 붙여넣은 다음 [LINT!] 버튼을 누르기만 하면 됩니다.

그림 5-25 **CSS 린트 공식 사이트**

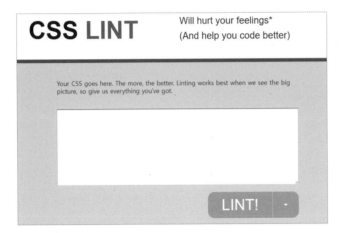

이때 [LINT!] 버튼 옆에 있는 화살표(▼)를 누르면 CSS 문법 검사 규칙을 상세하게 설정할 수 있습니다.

그림 5-26 **CSS 문법 검사 규칙 상세 설정**

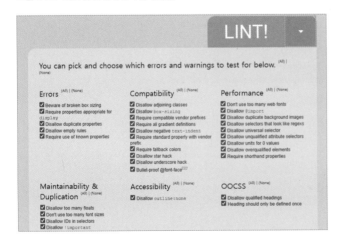

스타일린트

스타일린트(Stylelint)는 CSS 린트와 함께 CSS 언어에 사용되는 대표적인 린터입니다. CSS 린트와 달리 SCSS 같은 전처리기, PostCSS 같은 후처리기까지 지원한다는 점이 매력적입니다. 스타일린트는 온라인에서 사용하기보다 패키지를 로컬 환경에 설치한 후 소스 코드 에디터와 연동해 사용하는 경우가 많습니다. VSCode와 같은 주류 에디터에서 패키지나 확장 기능을 통해 스타일린트를 설치해 사용할 수 있습니다.

그림 5-27 **VSCode에 스타일린트를 설치한 모습**

스타일린트를 온라인에서 사용해보고 싶다면 공식 사이트(**https://stylelint.io/demo**)에서 코드 린팅을 간단히 해볼 수 있습니다.

그림 5-28 **스타일린트 온라인 도구**

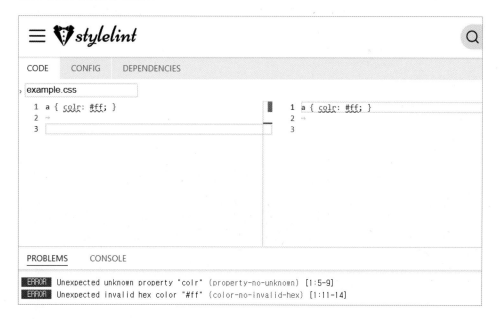

5.4.3 자바스크립트+타입스크립트 린터

JS린트

JS린트(JSLint)는 자바스크립트 개발에 참여한 더글러스 크록퍼드(Douglas Crockford)가 2002년에 내놓은 자바스크립트용 정적 코드 분석 도구입니다. JS린트가 개발된 후 지금까지 자바스크립트에 사용할 수 있는 린터가 많이 나왔습니다.

다른 린터와 비교했을 때 JS린트는 이미 정해진 규칙이 있어 그 규칙을 임의로 커스터마이징(목적에 맞게 각종 설정과 기능을 변경하는 것)하기 어렵다는 것이 단점입니다. 공식 문서도 다른 린터에 비해 사용법이 깔끔하게 정리돼 있는 편이 아니라 현업에서 사용하기에는 어려움이 많습니다.

JS린트는 공식 사이트(**https://www.jslint.com**)에서 별도의 설치 과정 없이 바로 사용할 수 있습니다.

그림 5-29 **JS린트 공식 사이트**

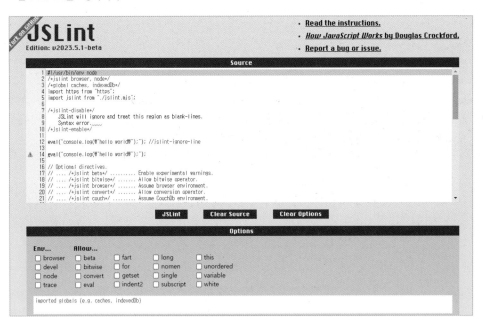

JS힌트

JS힌트(JSHint)는 2011년에 안톤 코발료프(Anton Kovalyov)가 JS린트 프로젝트를 기반으로 새롭게 만든 린터입니다. 앞서 언급했듯이 JS린트는 코드 검사를 위한 규칙을 추가하거나 변경하는 등의 커스터마이징이 불가능합니다. 이러한 문제는 JS린트에의 진입 장벽을 높였으며, 결국 코드 검사의 모든 규칙을 설정해 커스터마이징할 수 있는 JS힌트가 등장했습니다.

JS힌트로 커스터마이징할 때는 .jshintrc 파일을 사용합니다. 이 파일만 공유된다면 같은 파일을 사용하는 사람들끼리 똑같은 코드 스타일 규칙을 일관되게 적용할 수 있습니다. 모든 규칙을 자유롭게 설정할 수 있다는 장점 덕분에 JS힌트는 JS린트보다 나중에 만들어졌음에도 사용자가 훨씬 더 많습니다.

JS힌트도 공식 사이트(**https://jshint.com**)에서 별도의 설치 과정 없이 바로 사용할 수 있습니다.

그림 5-30 **JS힌트 공식 사이트**

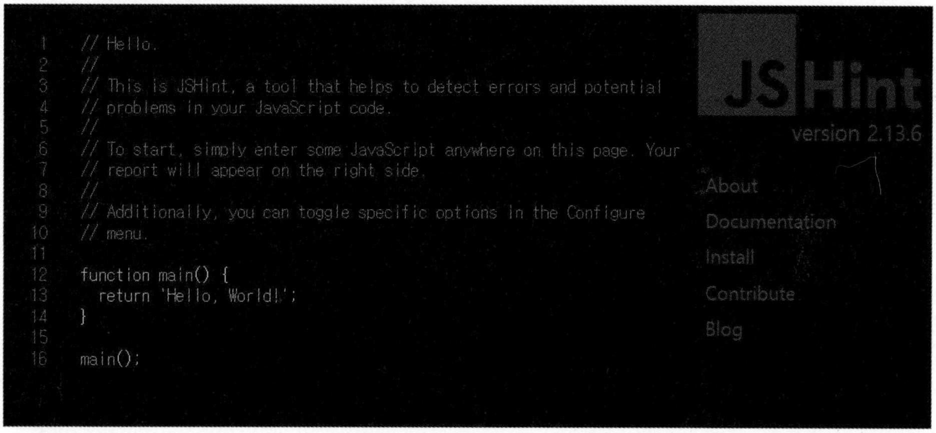

```
1   // Hello.
2   //
3   // This is JSHint, a tool that helps to detect errors and potential
4   // problems in your JavaScript code.
5   //
6   // To start, simply enter some JavaScript anywhere on this page. Your
7   // report will appear on the right side.
8   //
9   // Additionally, you can toggle specific options in the Configure
10  // menu.
11
12  function main() {
13    return 'Hello, World!';
14  }
15
16  main();
```

JSHint
version 2.13.6

About
Documentation
Install
Contribute
Blog

ES린트

ES린트(ESLint)는 니콜라스 자카스(Nicholas Zakas)가 2013년에 개발한 자바스크립트용 린터입니다. 자바스크립트용 린터 중에서 가장 늦게 출시됐지만 자바스크립트뿐만 아니라 타입스크립트 코드까지 린팅할 수 있어 현재 가장 많이 사용되고 있습니다.

ES린트가 다른 린터보다 좋은 점으로는 편의성과 모듈성을 꼽을 수 있습니다.

- **편의성**

  린터 초기 설정 시 활용할 수 있는 예제 코드가 풍부합니다. 또한 에러 메시지를 다양한 형태 중에서 선택해 출력할 수 있습니다. 린터의 궁극적인 목표는 코드를 사전에 검사해 코드 품질을 올리는 것입니다. 그러자면 린터 사용법이 명확해야 하고, 발견한 오류를 쉽게 이해할 수 있도록 에러 메시지를 잘 표시해야 합니다. 풍부한 예제 코드를 제공하는 것과 에러 메시지를 다양하게 출력할 수 있다는 것은 ES린트의 가장 큰 장점입니다.

- **모듈성**

  ES린트는 린터를 구성할 때 작은 모듈 단위의 플러그인을 설치합니다. 필요한 플러그인을 어떻게 설치해 모듈로 구성하느냐에 따라 ES린트의 구성이 달라지며, 그만큼 사용자 입장에서 자유롭고 확장성 있게 린터를 구성해 사용할 수 있습니다. 또한 이러한 구성 요소 및 다양한 설정을 .eslintrc 파일에 작성해 설정 정보로 저장할 수 있고, 이 파일을 공유받으면 똑같은 린터를 사용할 수 있습니다. 그래서 팀이나 회사 차원에서 코드 규칙을 정해 사용하기가 매우 용이합니다.

ES린트 역시 공식 사이트(**https://eslint.org/play**)에서 별도의 설치 과정 없이 바로 사용할 수 있습니다.

그림 5-31 **ES린트 공식 사이트**

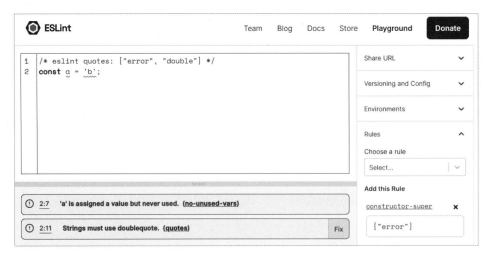

TS린트(TSLint)는 타입스크립트용 린터이지만 2019년부터 업데이트가 이뤄지지 않고 있습니다. 현재는 ES린트에서 TS 린트를 활용할 수 있도록 지원 범위를 늘리는 것으로 대체됐습니다.

5.4.4 학습 방법

프런트엔드 개발 시 린터는 주로 코드의 품질과 일관성을 검사하기 위해 사용합니다. 언어의 종류에 따라 사용할 수 있는 린터가 다르지만 그 본질과 목적은 똑같습니다.

린터를 배우지 않아도 프런트엔드 개발을 하는 데에는 전혀 문제가 없습니다. 그래서 급하게 배울 필요는 없지만, 그렇다 해도 최대한 빨리 배워 적용해볼 것을 권장합니다. 필자는 HTML, CSS, 자바스크립트를 모두 배우고 나서 린터를 본격적으로 사용했습니다. 다음 사항을 참고해 린터를 학습하기 바랍니다.

- **공식 문서 참고하기**

  린터를 가장 효과적으로 배울 수 있는 수단은 공식 문서입니다. 다음 공식 문서에는 각 린터의 특징과 기능이 잘 명시돼 있습니다. 공식 문서만 참고해도 기초적인 사용법을 쉽게 배울 수 있습니다.

  - **CSS 린트 공식 문서:** https://github.com/CSSLint/csslint/wiki

  - **스타일린트 공식 문서:** https://stylelint.io

  - **JS린트 공식 문서:** https://github.com/jslint-org/jslint#directive-jslint

  - **JS힌트 공식 문서:** https://jshint.com/docs

  - **ES린트 공식 문서:** https://eslint.org/docs/latest

- **인터넷 자료 활용하기**

  대부분의 경우 해당 린터만 다루는 입문서나 동영상 강의가 거의 없습니다. 특정 언어를 학습할 때 린터를 잠깐 스치듯 배우고 넘어가는 정도입니다. 따라서 인터넷 검색으로 조회된 게시글 등을 읽어보는 것도 도움이 됩니다.

- **린터 커뮤니티 참여하기**

  린터 관련 커뮤니티에 참여해 다른 개발자들과 경험을 공유하고 질의응답을 하는 방법도 있습니다. 이를 통해 더 깊이 있는 지식을 쌓고 린터에 대한 이해를 높일 수 있습니다.

- **실제 프로젝트에 적용하기**

  린터의 모든 기능을 한 번에 적용할 필요는 없습니다. 최소한의 기능을 실제 프로젝트에 적용해보면서 린터의 이점과 효과를 직접 경험하는 것이 좋습니다.

린터를 처음 공부할 때는 사용하는 것 자체가 불편하거나 답답하게 느껴질 수 있습니다. 그러나 코드 스타일도 하나의 습관이라 오래 놔둘수록 고치기 어렵습니다. 가능하다면 하루 빨리 제대로 배워 고치기 바랍니다.

5.5

패키지 매니저

패키지 매니저(package manager)는 패키지를 관리하는 작업을 자동화하고 안전하게 처리하기 위해 사용하는 도구입니다. 여기서 **패키지**란 하나의 기능을 구현하기 위해 작성한 라이브러리 또는 코드 집합을 말합니다.

5.5.1 npm

프런트엔드 개발의 과거 트렌드는 모든 것을 개발자가 직접 작성하고 구축하는 것이었습니다. 사소한 기능부터 어려운 기능까지 외부 소스 코드를 사용하지 않고 개발자 스스로 해결하는 것이 곧 개발자의 경쟁력이었습니다. 하지만 오늘날의 트렌드는 완전히 다릅니다. '최소한의 코딩'이 대세로 자리 잡았습니다. 모든 기능을 개발자 스스로 작성할 필요가 없기 때문입니다.

이러한 변화에 가장 큰 영향을 준 것은 2010년에 등장한 **npm**(node package manager)입니다. npm은 Node.js 기반으로 작성된 패키지를 관리하기 위한 온라인 저장소와 커맨드 라인 도구(CLI, Command Line Interface)를 제공하는 개발 도구입니다. 쉽게 말해 라이브러리를 모아놓은 온라인 저장소 같은 역할을 합니다.

npm은 오픈 소스 프로젝트로 공개된 도구입니다. 따라서 누구나 자유롭게 npm을 통해 패키지를 올리거나 내려받을 수 있습니다. 현재도 많은 패키지가 꾸준히 등록되고 있는데, npm 공식 사이트(**https://npmjs.com**)에서 이러한 패키지를 확인할 수 있습니다.

개발 트렌드가 '최소한의 코딩'으로 바뀌는 데 npm이 어떤 영향을 줬는지 구체적으로 살펴봅시다. 가령 이미지를 다루는 기능을 개발해야 하는 상황이라면 이미지를 압축하거나 잘라내거나 필터를 입히는 기능 등을 구현하기 위해 코드를 작성해야 합니다. 그런데 이러한 기능은 처음부터 코드를 작성해 구현할 수도 있지만, 이미 검증된 수많은 패키지를 이용할 수도 있습니다.

그림 5-32 npm 공식 사이트

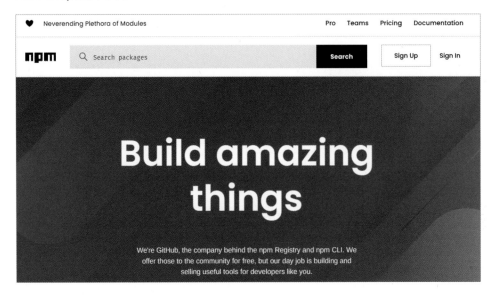

다음은 npm 사이트에서 'image'를 검색한 결과입니다. 이 책을 집필하는 시점(2023년 8월)을 기준으로 약 32,711개의 패키지가 검색되며, 원하는 기능이 이 수많은 패키지 중에 구현돼 있을 확률이 매우 높습니다.

그림 5-33 npm 사이트에서 'image'를 검색한 결과

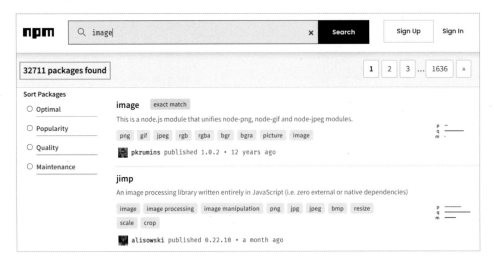

이와 같이 npm을 이용하면 검색을 통해 필요한 패키지를 골라 프로젝트에 사용할 수 있습니다. npm이 등장한 후로 프런트엔드 개발은 이미 만들어진 패키지를 최대한 활용해 꼭 필요한 기능만 코딩하는 최소한의 코딩 방식으로 바뀌었습니다.

NOTE npm 공식 문서

npm의 자세한 사용법은 다음 공식 문서를 참고하세요.

https://docs.npmjs.com

5.6 모듈 번들러

모듈 번들러(module bundler)는 자바스크립트 파일 여러 개를 웹 브라우저에서 실행할 수 있게 하나의 파일로 묶는 데 사용하는 도구입니다. HTML, CSS와는 상관이 없고 오로지 자바스크립트나 타입스크립트를 위한 개발 도구입니다.

5.6.1 모듈 번들러의 등장 배경

프런트엔드 개발에서 모듈 번들러의 등장 배경은 크게 3단계로 나눠 설명할 수 있습니다.

1단계: 코드 분할화

프런트엔드 개발을 하면서 어떤 웹 서비스를 만든다고 가정해봅시다. 이 서비스를 구성하는 자바스크립트 파일은 하나뿐이고 20줄의 코드로 작성돼 있습니다. 여기까지는 전혀 문제가 없습니다. 그런데 코드가 늘어나 100만 줄이 된다면 어떨까요? 개발자 입장에서는 코드가 실제로 잘 실행된다 하더라도 문제가 없다고 느끼기 어려울 것입니다.

이를 해결하는 가장 간단한 방법은 자바스크립트 파일을 기능 또는 단위별로 분할하는 것입니다. 한 예로 다음 코드를 봅시다.

```
<body>
  <script src="load.js"></script>
  <script src="counter.js"></script>
  <script src="math.js"></script>
  <script src="string.js"></script>
  <script src="split.js"></script>
</body>
```

이렇게 기존 자바스크립트 파일을 5개(load.js, counter.js, math.js, string.js, split.js)로 분할하면 코드를 작성하는 개발자의 스트레스가 줄어들고 유지·보수가 편리해집니다.

2단계: 웹 성능 향상

1단계에서 살펴봤듯이 하나의 자바스크립트 파일을 기능 또는 단위별로 분할해 작성하는 것은 바람직한 개발 방법입니다. 하지만 안타깝게도 이러한 방식이 웹 성능의 향상을 보장하지는 않습니다.

이를테면 사용자가 웹 사이트를 방문할 때마다 웹 브라우저는 해당 사이트를 구성하는 모든 구성 요소를 내려받습니다. 이때 '파일 용량'뿐만 아니라 파일을 내려받는 '요청 횟수'도 성능에 영향을 미치는 중요한 요인입니다.

예를 들어 10KB짜리 파일 하나를 2KB짜리 5개로 나누면 웹 브라우저는 해당 사이트에 접속할 때마다 5개 파일의 다운로드를 요청하고 총 10KB의 데이터를 사용합니다. 하지만 원래의 10KB짜리 파일 하나만 내려받는다면 웹 브라우저는 1개 파일만 요청하고 10KB의 데이터를 사용합니다. 어차피 데이터 사용량이 같다면 파일 하나만 내려받는 편이 웹 서비스의 성능을 향상하는 데 도움이 됩니다. 따라서 파일을 여러 개로 나눠 작성했더라도 최종적으로 웹 서비스로 배포할 때는 하나로 합치는 것이 더 좋습니다.

3단계: 종속성 문제

웹 성능을 향상하기 위해 과거에는 여러 개로 분할된 자바스크립트 파일을 일일이 복사·붙여넣기를 해 하나의 파일로 만들어 배포했습니다. 하지만 이 방식은 예상치 못한 또 다른 오류를 발생시켰습니다.

예를 들어 카운터 화면을 구현하기 위해 다음과 같은 코드를 작성했다고 합시다. 첫 번째 〈script〉 태그는 제이쿼리(jQuery)로 작성했습니다. 제이쿼리는 외부 서버에 있는 파일을 참조하는 형태로 사용하기 위해 "https…"로 시작하는 주소를 src 속성 값으로 지정합니다.

index.html

```
<body>
    <h1>Counter</h1>
    <p id="output">0</p>
    <button id="plus">+</button>
    <script src="https://code.jquery.com/jquery-3.6.1.min.js"></script>
```

```
    <script src="index.js"></script>
  </body>
```

두 번째 \<script\> 태그에서 불러오는 index.js 파일은 다음과 같습니다. 제이쿼리 라이브
러리 기능을 사용해 HTML 태그 중 id 속성 값이 plus인 요소를 클릭하면 id 속성 값이
output인 요소의 숫자 값이 1씩 증가됩니다.

index.js

```
let num = 0;
$("#plus").on("click", function () {
  num++;
  $("#output").html(num);
});
```

다음은 index.html을 실행한 결과로, [+] 버튼을 클릭하면 숫자 값이 1씩 증가합니다.

그림 5-34 **실행 결과**

이 상태에서 index.html 코드를 다음과 같이 수정했다고 합시다. \<script\> 태그의 순서만 변
경했습니다.

index.html

```
<body>
  <h1>Counter</h1>
  <p id="output">0</p>
  <button id="plus">+</button>
  <script src="index.js"></script>
```

```
<script src="https://code.jquery.com/jquery-3.6.1.min.js"></script>
</body>
```

웹 브라우저를 새로 고침하고, [+] 버튼을 클릭했을 때 숫자가 증가하는지 확인해보면 오류가 발생합니다.

그림 5-35 **index.html 파일 수정 후**

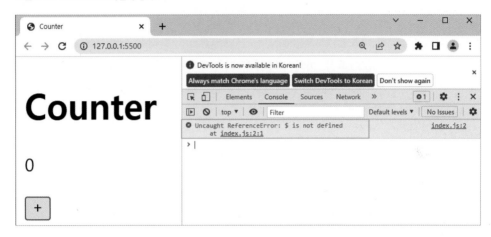

단순히 〈script〉 태그의 위치만 바꿨을 뿐인데 왜 코드가 실행되지 않을까요? 이 경우는 자바스크립트의 종속성을 잘 보여줍니다. **종속성**은 하나의 자바스크립트 파일과 다른 자바스크립트 파일 사이의 상호 의존적인 관계를 의미합니다. 앞의 코드에서는 제이쿼리 라이브러리 파일과 index.js 파일이 서로 종속성을 가진 상태입니다. 쉽게 말해 jquery-3.6.1.min.js 파일을 먼저 불러온 다음에 index.js를 추가해야 정상적으로 실행됩니다. 이는 여러 개의 코드 파일을 하나의 코드 파일로 합친다 하더라도 의존성 문제를 해결하지 않으면 웹 서비스가 정상적으로 작동하지 않는다는 것을 나타냅니다.

의존성 문제를 해결하는 가장 간단한 방법은 코드 파일 간의 의존성을 누군가가 기록해뒀다가 나중에 한 번에 의존성을 고려해 올바르게 자바스크립트 파일을 연결하는 것입니다. 모듈 번들러는 바로 이러한 작업을 하는 도구입니다.

> **수코딩의 조언** 💬
>
> 이해를 돕기 위해 앞의 예제에서는 제이쿼리 라이브러리를 사용했습니다. 그러나 현재 제이쿼리는 잘 사용되지 않으니 별도로 공부할 필요가 없습니다.

5.6.2 웹팩

프런트엔드 개발에 사용되는 대표적인 모듈 번들러는 브라우저리파이(Browserify), 이에스 빌드(Esbuild), 파슬(Parcel), 롤업(Rollup), 웹팩(Webpack) 등이며, 이 중에서 가장 인기 있는 것은 **웹팩**입니다. 원래 모듈 번들러는 자바스크립트 파일을 위한 개발 도구로 만들어졌습니 다. 그러나 웹팩은 자바스크립트 파일뿐만 아니라 HTML 파일, CSS 파일, 각종 이미지 파 일 등 하나의 웹 서비스를 구성하는 모든 파일을 관리합니다.

다음 그림은 웹팩의 역할을 잘 보여줍니다. 프런트엔드 개발에서 사용하는 다양한 자원 (CSS 파일, 자바스크립트 파일, 이미지 파일 등)의 연관 관계를 웹팩이 자동으로 인식해 압 축 및 정리하고 정적인 파일 하나로 만든다는 것을 한눈에 확인할 수 있습니다.

그림 5-36 **웹팩의 역할**

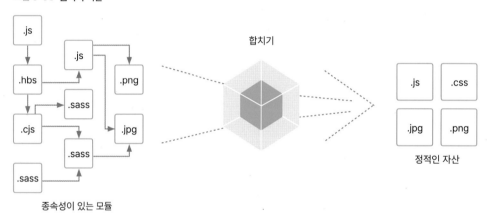

웹팩은 다음과 같은 다섯 가지 핵심 구성 요소에 의해 동작이 이뤄집니다.

● **엔트리**

엔트리(entry)는 프로젝트에서 사용하는 웹 자원을 변환하기 위한 최초의 진입점입니다. 웹팩은 엔트리 지점을 통해 웹에서 사용하는 자원을 파악합니다. **그림 5-36**에서 가운데 의 웹팩 아이콘을 기준으로 왼쪽 부분이 엔트리입니다.

● **아웃풋**

아웃풋(output)은 웹팩이 모듈 번들링을 끝내고 최종적으로 산출되는 파일을 내보내는 경 로를 의미합니다. **그림 5-36**에서 가운데의 웹팩 아이콘을 기준으로 오른쪽 부분이 아웃

풋입니다.

- **로더**

  모듈 번들러는 원래 자바스크립트 파일을 하나로 묶기 위해 탄생했습니다. 그러나 자바
  스크립트 파일뿐만 아니라 HTML, CSS, 이미지, 폰트 등에도 모듈 번들러 작업을 할 수
  있도록 확장했는데, 이를 가능하게 한 것이 바로 **로더**(loader)입니다. 예를 들어 웹팩이
  CSS 파일을 해석하려면 CSS-Loader를 설치해 사용해야 합니다.

- **플러그인**

  플러그인(plugin)은 로더가 완료할 수 없는 추가적인 작업을 처리합니다. 파일을 해석할
  수 있게 로더가 도와줬다면, 플러그인은 로더를 통해 나온 최종 결과물을 최적화하거나
  형태를 바꾸는 일, 즉 로더가 관여하지 못하는 부분의 처리를 담당합니다.

- **모드**

  모드(mode)는 웹팩이 모듈 번들링을 수행할 때 실제 배포 용도로 모듈 번들링을 수행하
  는 것인지, 개발 용도로 모듈 번들링을 수행하는 것인지를 구분합니다. development,
  production, none 중에서 모드를 선택해 설정할 수 있습니다.

  - **development:** 개발 용도로 모듈 번들링을 수행할 때 설정합니다. 더 빠르게 빌드 및 디
    버깅할 수 있도록 코드의 가독성을 최적화합니다.

  - **production:** 배포 용도로 모듈 번들링을 수행할 때 설정합니다. 결과물을 최대한 압축
    하고 최적화하기 때문에 빌드 시간이 길고 코드의 가독성도 떨어집니다. 아무것도 설
    정하지 않으면 production이 기본으로 설정됩니다.

  - **none:** 모듈 번들링을 수행하지 않습니다.

이러한 다섯 가지 구성 요소를 잘 이해하고 적용하면 웹팩을 효과적으로 사용할 수 있습니
다. 웹팩의 각 설정은 서로 밀접하게 관련되므로 구성 요소를 고려해 설정하는 것이 중요합
니다.

> **NOTE** 웹팩 공식 문서
>
> 웹팩에 대해 자세히 알고 싶다면 다음 공식 문서를 참고하세요.
> **https://webpack.kr/concepts**

이 장에서는 프런트엔드 개발 시 유용하게 사용할 수 있는 도구를 살펴봤습니다. 이러한 도구는 개발에 직접적으로 영향을 미치는 것은 아니지만, 단순한 도구로서의 역할을 넘어 개발의 생산성과 코드 품질 향상에 큰 도움이 됩니다. 따라서 프런트엔드 개발자라면 다양한 개발 도구를 사용하는 데 익숙해지는 것이 좋습니다.

이 장에서 소개한 개발 도구를 간략히 정리하고 넘어가겠습니다.

- **소스 코드 에디터:** 코드 작성과 편집을 도와줍니다. 효율적으로 코드를 작성하려면 반드시 배워야 합니다.

- **버전 관리 시스템:** 코드의 변경 사항을 추적하고, 코드 관리 및 협업을 원활하게 할 수 있도록 도와줍니다. 코드 버전 관리가 어렵다고 느껴질 때 배우면 좋습니다. 필자는 자바스크립트를 배우고 나서 학습하길 권장합니다.

- **코드 포매터:** 일관된 코드 스타일을 유지하고 가독성을 높이는 데 도움을 줍니다. 코드의 기능에 직접적으로 영향을 미치는 것은 아니지만 여러 개발자와 협업하려면 배우는 것이 좋습니다.

- **린터:** 코드의 오류와 잠재적인 문제를 검사해 코드의 품질을 향상합니다. 자바스크립트와 같은 웹 개발 프로그래밍 언어를 본격적으로 사용하기 시작하면 코드에 오류가 많아지는데, 이때 큰 도움이 됩니다.

- **모듈 번들러:** 프로젝트를 진행할 때 HTML, CSS, 자바스크립트, 이미지 등의 자원을 효율적으로 묶은 후 브라우저에서 사용할 수 있는 형태로 변환해줍니다. 프런트엔드 프레임워크의 기본 설정에 포함돼 있는 경우가 많아 프레임워크를 배울 때 기본적인 설정 및 사용법을 함께 배우는 것이 좋습니다.

디자인 패턴과
프레임워크

모든 웹 사이트는 기본적으로 HTML, CSS, 자바스크립트(또는 타입스크립트)를 사용해 만듭니다. 그런데 매번 같은 언어로 비슷한 기능을 만들다 보면 공통적으로 반복되는 코드가 생깁니다. 프레임워크는 이러한 부분을 최소화하고 웹 사이트 개발 시 필요한 인터페이스, 모듈, 객체 같은 기능을 복합적으로 한 번에 제공합니다. 프레임워크의 등장으로 개발자는 뷰에만 신경 쓰며 개발할 수 있게 됐습니다. 이 장에서는 프런트엔드 개발에 사용하는 자바스크립트 프레임워크와 CSS 프레임워크에 대해 알아봅니다.

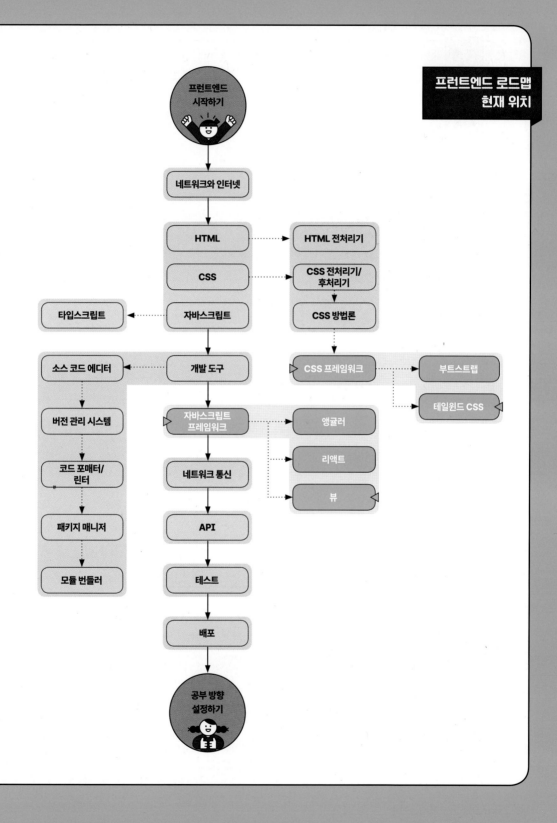

프런트엔드
시작하기

네트워크와 인터넷

HTML · · · · · · · HTML 전처리기

CSS · · · · · · · CSS 전처리기/
후처리기

타입스크립트 ← · · · 자바스크립트   CSS 방법론

소스 코드 에디터 ← · · · 개발 도구   CSS 프레임워크 · · · · · · · 부트스트랩

버전 관리 시스템   테일윈드 CSS

코드 포매터/
린터   자바스크립트
프레임워크 · · · · · · · 앵귤러

패키지 매니저   네트워크 통신   리액트

모듈 번들러   API   뷰

테스트

배포

공부 방향
설정하기

6.1

웹 애플리케이션
디자인 패턴

프런트엔드 개발에 사용하는 프레임워크를 알아보기 전에 디자인 패턴(design pattern)의 개념과 종류를 짚고 넘어가겠습니다. 디자인 패턴을 알고 있으면 자바스크립트 프레임워크를 이해하는 데 많은 도움이 됩니다.

6.1.1 디자인 패턴

디자인 패턴은 웹 애플리케이션을 개발할 때 일반적으로 사용되는 접근 방식 또는 모범 사례를 뜻합니다. 개발 시 디자인 패턴을 적용하면 시간이 지나도 유지·보수가 편리하고 확장성이 좋은 웹 사이트를 만들 수 있습니다. 대표적인 웹 애플리케이션 디자인 패턴에는 MPA, SPA, SSR이 있습니다.

6.1.2 MPA

MPA(Multi Page Application)는 웹 페이지에서 서버로 데이터를 요청하고 응답을 받을 때 매번 새로운 HTML 페이지를 받는 방식을 말합니다. 웹이 탄생했을 때부터 지금까지 사용되고 있는 디자인 패턴입니다.

그림 6-1 MPA 디자인 패턴

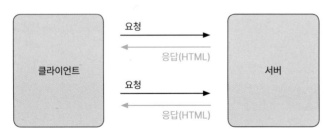

MPA 디자인 패턴으로 개발한 웹 사이트의 장단점은 분명합니다. 장점은 다음과 같습니다.

- 모든 페이지가 분리돼 있어 검색 엔진 최적화(SEO, Search Engine Optimization)에 용이합니다. 홈페이지의 구조와 개별 페이지가 검색 엔진이 이해하기 쉽게 개발돼 있어 검색 결과 상위에 노출되기 쉽습니다.

- 구글 애널리틱스(Google Analytics)와 같은 웹 애플리케이션 분석 솔루션과 통합하기 쉽습니다. 요청마다 응답 페이지가 분리돼 있어 사용자로부터 얻을 수 있는 페이지 이용 정보가 많고, 따라서 분석 솔루션을 사용하기에 좋습니다.

- 웹 사이트의 확장성이 탁월합니다. 필요한 페이지가 생기면 그때마다 새로 만들면 됩니다.

반면에 다음과 같은 단점이 있습니다.

- 응답으로 항상 새 HTML 페이지를 받기 때문에 페이지를 갱신하기 위해 항상 새로 고침을 해야 합니다. 이는 페이지 속도 저하와 웹 사이트 전체의 성능 문제로 이어질 수 있습니다.

- 모든 웹 페이지가 분리된 만큼 개발자가 개발해야 할 양이 많아져 개발 기간이 상대적으로 깁니다.

- 많아지는 페이지의 양만큼 웹 사이트의 보안 및 유지·보수가 어렵습니다.

MPA는 AJAX(새로 고침을 하지 않고 데이터를 받아오는 기술)가 등장하기 전까지 모든 웹 사이트에서 사용됐습니다. 그리고 현재도 이베이(eBay), 아마존(Amazon) 등의 글로벌 서비스에서 사용하고 있습니다.

6.1.3 SPA

전통적으로 MPA 디자인 패턴을 따르던 개발 방식에 변화가 생긴 것은 AJAX가 등장하면서부터입니다. AJAX의 등장으로 클라이언트에서 데이터를 요청할 때 새 HTML 페이지를 받지 않고 데이터를 갱신할 수 있게 됐습니다.

SPA(Single Page Application)는 웹 페이지에서 처음 응답받을 때 딱 한 번만 HTML, CSS, 자바스크립트 같은 자원을 내려받고 다음 요청부터는 응답받은 데이터로 필요한 부분만 변경하는 방식입니다. 응답 데이터는 XML, CSV, HTML 등의 형식으로 받을 수 있는데,

JSON(JavaScript Object Notation, 제이슨) 데이터를 가장 많이 사용합니다.

그림 6-2 **SPA 디자인 패턴**

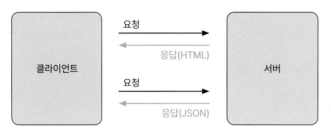

NOTE JSON

JSON은 자바스크립트 객체 형식, 즉 키(key)와 값(value)의 조합으로 데이터를 표현하는 데이터 포맷입니다. JSON에 저장할 수 있는 값은 문자열, 숫자, 논리형, 배열, 객체, null 데이터 등입니다. **8.4.3절 비동기식 API 데이터 교환 형식**에서 JSON에 대해 자세히 설명하겠습니다.

SPA는 클라이언트의 요청으로 응답받은 데이터를 웹 페이지에서 직접 변경합니다. 소스 코드를 읽어 웹 브라우저에 보이게 그래픽 형태로 출력하는 과정, 즉 렌더링을 클라이언트에서 하는 것입니다. 그래서 SPA를 **CSR**(Client Side Rendering, 클라이언트 사이드 렌더링)이라고도 합니다.

SPA 디자인 패턴으로 개발한 웹 사이트의 장점은 다음과 같습니다.

- 웹 페이지 전체를 다시 로딩하지 않고 변경되는 부분만 업데이트하기 때문에 페이지 갱신에 따른 부담이 적습니다.

- 모든 요청에 대해 새로 고침이 발생하는 MPA 디자인 패턴과 달리 웹 페이지가 변경돼도 새로 고침이 발생하지 않아 사용자 경험(UX)이 좋아집니다.

반면에 다음과 같은 단점이 있습니다.

- 모든 페이지가 분리돼 있지 않아 검색 엔진 최적화에 매우 불리합니다. **6.1.4절 SSR**에서 이에 대해 자세히 설명하겠습니다.

- 하나의 웹 페이지 내에서 데이터가 변경되기 때문에 보안 측면에서 취약할 수 있습니다.

- 웹 브라우저의 히스토리를 따로 관리하지 않으므로 URL(Uniform Resource Locator, 웹 주소) 개념이 없습니다. 웹 브라우저에 표시되는 형식상의 URL은 있지만 실제로 URL에 따른 페이지가 별도로 존재하지 않습니다.

SPA는 이러한 단점에도 불구하고 오늘날 가장 중요한 디자인 패턴으로 자리 잡았습니다. **6.2절 자바스크립트 프레임워크**에서 소개할 앵귤러, 리액트, 뷰는 모두 SPA 디자인 패턴을 기반으로 합니다.

DOM

SPA 디자인 패턴을 이해하려면 추가로 **DOM**(Document Object Model, 문서 객체 모델)에 대해 알아야 합니다. DOM은 웹 브라우저에 표시되는 HTML, CSS 요소를 자바스크립트가 이해할 수 있도록 객체화해 제공하는 모델입니다. 웹 브라우저가 화면에 표시되는 구성 요소에 대해 DOM을 만들어 제공하면 자바스크립트는 DOM을 이용해 웹 브라우저에 표시되는 구성 요소를 제어합니다.

예를 들어 다음 코드를 웹 브라우저에 출력하는 경우를 살펴봅시다.

```
<!DOCTYPE html>
<html lang="ko">
  <head>
    <title>DOM tree structure</title>
  </head>
  <body>
    <h1>DOM tree structure</h1>
  </body>
</html>
```

웹 브라우저는 이 코드를 다음과 같은 DOM 구조로 생성합니다.

그림 6-3 **DOM 구조**

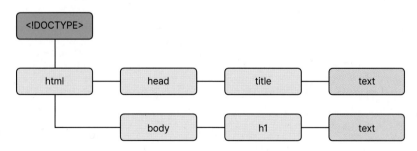

DOM 생성이 끝나면 웹 브라우저는 자바스크립트가 DOM에 접근할 수 있도록 브라우저 API, DOM API와 같은 접근 방법을 제공합니다. 자바스크립트는 이러한 접근 방법으로 DOM을 조작해 변경이 필요한 부분을 업데이트합니다.

앞에서 SPA 디자인 패턴은 처음 한 번만 HTML 페이지를 응답받고 이후로는 응답받은 데이터로 필요한 부분만 변경한다고 했습니다. 따라서 SPA 디자인 패턴으로 화면 요소를 변경한다는 것은 곧 DOM에 접근해야 한다는 것과 같습니다.

문제는 자바스크립트가 DOM에 직접 접근하면 내부적으로 연속적인 처리가 발생해 속도나 성능 면에서 매우 불리하다는 것입니다. 예를 들어 다음 그림에서 5번을 변경해야 한다면 1번부터 5번까지 연결된 모든 DOM을 일괄적으로 변경해야 합니다. 이는 DOM 트리가 복잡할수록 더 큰 문제입니다.

그림 6-4 **DOM 변경 예시**

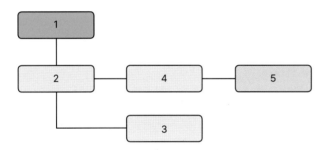

SPA 디자인 패턴을 기반으로 한 자바스크립트 프레임워크(앵귤러, 리액트, 뷰)는 이 문제를 해결하기 위해 DOM을 제어하는 알고리즘을 제공합니다. 앵귤러는 증가 DOM 방식의 알고리즘을, 리액트와 뷰는 가상 DOM 방식의 알고리즘을 제공합니다. 자세한 내용은 **6.2절 자바스크립트 프레임워크**에서 설명하겠습니다.

6.1.4 **SSR**

SPA 디자인 패턴은 변경되는 부분만 업데이트한다는 점에서 좋은 평가를 받고 있습니다. 하지만 검색 엔진 최적화에 불리하다는 단점은 고질적인 문제입니다. 왜 그럴까요?

네이버나 구글 같은 사이트는 검색 엔진 로봇(search engine robot)을 이용해 웹 사이트를 수집합니다. 봇(bot), 스파이더(spider), 크롤러(crawler) 등으로도 불리는 검색 엔진 로봇은 인터넷을 통해 콘텐츠를 다운로드하고 인덱싱(웹 페이지 콘텐츠의 구조를 이해하고 그 정보를 데이터베이스에 저장)하는 역할을 합니다. 검색 엔진 로봇의 목적은 검색 엔진을 이용하는 사용자에게 올바른 정보를 제공하는 데 있습니다.

그렇다면 SPA 디자인 패턴이 검색 엔진 최적화에 불리한 이유는 무엇일까요? 웹 사이트에 표시되는 데이터가 클라이언트에서 업데이트되기 때문입니다. 검색 엔진 로봇은 서버에서 실행되는데, SPA 디자인 패턴에 따르면 변경된 정보가 클라이언트에서 업데이트되므로 검색 엔진 로봇이 서버에 접속하더라도 가져갈 수 있는 정보가 없습니다.

SSR(Server Side Rendering, 서버 사이드 렌더링) 디자인 패턴은 이러한 문제를 해결한 것으로, 이름에서 알 수 있듯이 웹 페이지를 서버에서 렌더링합니다. 사용자에게 데이터를 전달해 클라이언트에서 업데이트하는 SPA 디자인 패턴과 달리 모든 데이터를 서버에서 생성한 후 클라이언트에 전달합니다.

SSR의 장점은 다음과 같습니다.

- 초기 로딩 속도가 빠릅니다. SPA 디자인 패턴은 서버에서 데이터를 받아와 클라이언트에서 렌더링한 후 표시합니다. 반면 SSR 디자인 패턴은 서버에서 이미 렌더링한 데이터를 응답받기 때문에 페이지 로딩 속도가 SPA보다 빠릅니다. 인터넷이 느린 환경에서 사용하기에는 SPA보다 SSR 디자인 패턴으로 만든 웹 사이트가 좋습니다.

- 검색 엔진 최적화에 유리합니다. SSR은 서버에서 이미 데이터가 렌더링되기 때문에 검색 엔진 로봇이 정보를 수집해 가기에 좋습니다. 이는 곧 검색 엔진에 웹 사이트 정보가 계속 수집된다는 뜻이므로 결국 검색 엔진 최적화에 큰 영향을 미칩니다.

6.1.5 디자인 패턴 정리

지금까지 MPA, SPA, SSR의 동작 방식과 특징을 살펴봤는데, 이를 간략히 정리하고 넘어가겠습니다.

- **MPA:** 여러 페이지로 구성된 전통적인 웹 애플리케이션 디자인 패턴입니다. 각 페이지는 서버로부터 완전한 HTML 문서를 받아오고 사용자의 동작에 따라 새로운 페이지를 로딩합니다. 초기 로딩 속도가 느릴 수 있지만 검색 엔진 최적화에는 유리합니다.

- **SPA:** 웹 페이지에서 처음 응답받을 때 딱 한 번만 HTML, CSS, 자바스크립트 등의 자원을 내려받고 다음 요청부터는 응답받은 데이터로 필요한 부분만 변경합니다. 새로운 페이지를 요청해도 새로 고침이 발생하지 않아 로딩 속도에 따른 사용자 경험이 좋지만 검색 엔진 최적화에는 불리합니다.

- **SSR:** 웹 페이지를 서버에서 렌더링해 받아옵니다. 초기 로딩 속도가 빠르고 검색 엔진 최적화에도 유리합니다. 하지만 새로운 페이지 요청 시 SPA에 비해 로딩 속도가 느리다고 느낄 수 있습니다.

세 가지 패턴은 각각 장단점이 뚜렷하기 때문에 어느 것이 더 좋다고 말하기 어렵습니다. 다만 현재 대부분의 자바스크립트 프레임워크는 SPA 또는 SSR을 기반으로 동작하고 MPA를 더는 사용하지 않는 추세입니다.

6.2

자바스크립트 프레임워크

오늘날 프런트엔드 개발에 주로 사용하는 디자인 패턴은 SPA입니다. SPA는 화면 업데이트 요청을 AJAX로 하고, 응답은 자바스크립트의 데이터 포맷 중 하나인 JSON으로 받아 클라이언트에서 직접 처리합니다. 쉽게 말하면 자바스크립트를 이용해 웹 페이지를 새로 고침하지 않고 서버에서 변경된 데이터만 받아 처리합니다. 이는 웹 사이트에서 자바스크립트로 처리해야 할 범위가 상대적으로 많아졌다는 것을 의미합니다.

자바스크립트 프레임워크는 SPA 디자인 패턴을 지원하면서 프런트엔드 개발을 효과적으로 하기 위해 개발됐으며, 대표적으로 앵귤러, 리액트, 뷰를 꼽을 수 있습니다.

6.2.1 앵귤러

앵귤러(Angular)는 구글의 앵귤러 팀과 개인 및 기업이 주도하는 타입스크립트 기반의 오픈소스 프레임워크입니다.

그림 6-5 **앵귤러 공식 사이트**

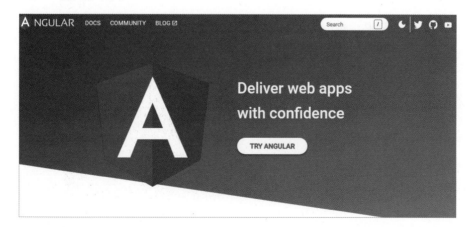

앵귤러의 역사

앵귤러는 구글에서 일하던 미슈코 헤브리(Miško Hevery)와 애덤 아브론스(Adam Abrons)가 2009년에 사이드 프로젝트로 개발한 코드를 2010년에 오픈 소스로 공개하면서 많은 개발자의 호응을 얻어 발전했습니다. 이후 앵귤러 1.x 버전을 발표하고 앵귤러JS(AngularJS)라고 불렀습니다.

구글의 앵귤러 팀은 사용자의 다양한 요구를 반영하고 다른 경쟁 프레임워크의 등장을 주시하며 앵귤러JS를 발전시켰습니다. 그러나 처음에 생각했던 것보다 기능이 복잡하고 다양해지면서 설계상의 문제에 부딪혔으며, 이를 개선하는 것보다 새 프레임워크를 만드는 것이 낫겠다는 결론을 내리고 앵귤러2를 만들어 2016년에 공개했습니다.

앵귤러2는 앵귤러JS의 단점을 해결하고 자바스크립트 대신 타입스크립트를 사용해 현대적인 프레임워크로 발전할 수 있는 기틀을 갖췄습니다. 이후 6개월 주기로 새 버전을 업데이트하며 2023년 8월을 기준으로 앵귤러16 버전까지 출시했습니다.

> **수코딩의 조언** 💬
>
> 앵귤러JS는 2021년 12월 31일부로 더 이상 지원되지 않습니다. 웬만하면 앵귤러JS를 사용하지 말기 바랍니다.

앵귤러를 사용하는 이유

앵귤러는 2016년 9월에 처음 공개됐을 때부터 v2(버전 2)였습니다. 지금은 v16(버전 16)까지 출시됐고 구글, 페이팔(PayPal), 포브스(Forbes)와 같은 글로벌 기업에서 적극적으로 사용하고 있습니다. 많은 기업은 다음과 같은 이유로 앵귤러를 사용합니다.

- **구글의 전폭적인 지원**

  앵귤러는 구글의 전폭적인 기술 지원을 받습니다. 구글은 별도의 팀을 꾸려 앵귤러를 발전시키고 있습니다. 앵귤러가 하루아침에 갑자기 사라지거나 개발이 중단될 가능성은 거의 없습니다.

- **타입스크립트 사용**

  앵귤러는 기본적으로 타입스크립트 위에서 작성합니다. 타입스크립트는 자바스크립트보다 안정성이 보완된 언어이므로 앵귤러를 사용하면 그만큼 안정적으로 개발할 수 있습니다.

- **한국어 지원**

  앵귤러 공식 문서(**https://angular.kr/docs**)에서는 한국어를 지원합니다. 따라서 앵귤러를 처음 배우는 사람도 공식 문서를 보는 데 어려움이 없습니다. 적어도 언어의 장벽에 막혀 고생할 일이 없습니다.

- **뛰어난 브라우저 호환성**

  앵귤러는 크로스 플랫폼을 지원합니다. 즉 안드로이드, 윈도우, 리눅스에서 자유롭게 사용할 수 있습니다. 한 가지 단점은 인터넷 익스플로러에 대한 지원을 오래전에 끊었다는 것인데, 어차피 지금은 마이크로소프트가 인터넷 익스플로러를 지원하지 않기 때문에 문제가 되지 않습니다.

앵귤러를 사용하지 않는 이유

앵귤러에 장점만 있다면 개발자들이 앵귤러만 사용할 것입니다. 하지만 앵귤러를 사용하지 않는 개발자도 많은데, 왜 그럴까요?

- **높은 학습 곡선**

  앵귤러는 기본적으로 타입스크립트를 사용합니다. 타입스크립트는 자바스크립트보다 더 엄격하고 까다로운 규칙이 적용돼 많은 사람이 어려워합니다. 설령 타입스크립트를 잘 이해하고 있더라도 앵귤러는 리액트나 뷰보다 많은 기능을 제공하고 따라야 할 규칙도 많습니다. 따라서 앵귤러의 기능에 익숙해지려면 오랜 시간이 걸립니다.

- **개발의 복잡성**

  앵귤러는 모든 코드를 컴포넌트(component) 단위로 관리합니다. 컴포넌트는 재사용이 가능한 독립된 모듈 또는 코드 집합을 의미합니다. 이렇게 컴포넌트 단위로 코드를 작성하는 것은 장점이기도 하고, 컴포넌트 관리가 복잡해질 수 있어 단점이기도 합니다. 예를 들어 간단한 페이지라도 10개가 넘는 컴포넌트가 사용된다면 개발의 복잡성이 커집니다.

- **상대적으로 느린 속도**

  앵귤러는 성능이 우수하지만 그만큼 프레임워크의 크기가 크고, 모듈 및 의존성 설정을 위한 로딩 과정이 필요해 다른 프레임워크보다 페이지의 초기 로딩 시간이 깁니다. 여기서 오해하지 말아야 할 점은 다른 프레임워크가 상대적으로 앵귤러보다 빠르다는 것이지 앵귤러가 느리다는 것이 아닙니다.

- **낮은 국내 인지도**

  앵귤러는 해외에서 많이 사용되고 국내에서는 다른 프레임워크에 밀려 많이 사용되지 않습니다. 따라서 앵귤러 개발자의 수요가 적습니다.

앵귤러의 특징

앵귤러, 리액트, 뷰 등 자바스크립트 프레임워크는 SPA 디자인 패턴을 기본으로 하기 때문에 특징이 대부분 비슷합니다. 그럼에도 불구하고 앵귤러만이 지닌 특징은 다음과 같습니다.

- **증가 DOM 사용**

  앵귤러는 SPA 디자인 패턴을 증가 DOM(incremental DOM) 방식으로 구현합니다. SPA는 처음 한 번만 HTML 페이지를 요청하고 그 이후부터는 JSON 데이터를 받아 변경되는 부분만 업데이트합니다. 그러려면 변경되는 부분을 감지해 그 부분만 업데이트하는 기술이 필요한데, 여기에 증가 DOM을 사용합니다.

  증가 DOM은 새로운 DOM 트리를 생성하는 동안 기존의 DOM 트리를 따라 이동하면서 변경 사항을 파악합니다. 변경 사항이 없으면 메모리를 할당하지 않고, 변경 사항이 있으면 그 부분을 업데이트하기 위한 최소한의 메모리만 할당합니다. 예를 들어 **그림 6-6**과 같은 DOM 트리가 있을 때, 여기에 새로운 7번 DOM이 생성되면 앵귤러는 달라진 7번 DOM만 변경하기 위한 메모리를 할당하고 나머지는 기존 메모리를 그대로 사용합니다. 앵귤러는 이 같은 방식을 통해 메모리 소비가 적은 상태로 변경된 부분만 업데이트합니다.

그림 6-6 증가 DOM

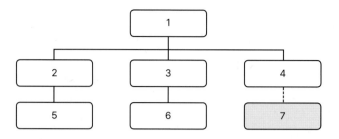

● HTML, CSS 문법 사용

앵귤러 코드를 작성할 때는 프레임워크가 정해놓은 규칙 외에 별도의 새로운 언어를 사용할 필요 없이 HTML, CSS를 그대로 사용할 수 있습니다. 반면 리액트는 JSX(JavaScript XML, 자바스크립트에 XML을 추가해 확장한 문법), 뷰는 템플릿 문법(template syntax, 중괄호 2개({{}})로 감싼 구문)을 사용합니다. JSX와 템플릿 문법은 HTML과 비슷해 보여도 엄연히 다른 문법이라 별도로 공부해야 합니다. 그러나 앵귤러는 HTML을 그대로 사용하기 때문에 따로 공부할 필요가 없습니다. 다음 그림은 앵귤러 v16 설치 시 자동으로 설정되는 프로젝트 구조입니다.

그림 6-7 앵귤러 프로젝트의 기본 구조

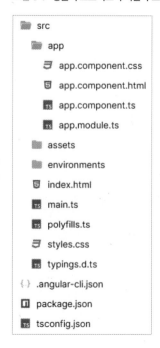

앵귤러 프로젝트가 생성되면 main.ts 파일에서 app 폴더에 있는 app.component.html 파일과 app.component.css 파일의 내용을 읽어와 화면에 보여줍니다. 다음은 각 파일의 세부 코드입니다. 코드를 보면 {{title}}처럼 앵귤러 자체의 문법이 사용되기는 하지만 기본적으로 HTML, CSS 문법을 그대로 사용한다는 것을 알 수 있습니다. 이러한 점은 앵귤러의 사용 난도를 낮춰줍니다.

app.component.html

```
<div>
  <h1>{{title}}</h1>
  <img width="300" alt="Angular Logo" src=" (중략) " />
</div>
```

app.component.css

```
div {
  text-align: center;
}
```

NOTE 앵귤러 공식 사이트

앵귤러에 대해 자세히 알고 싶다면 다음 공식 사이트를 참고하세요.
https://angular.kr

앵귤러 기반 프레임워크

앵귤러를 기반으로 하는 UI 프레임워크(UI framework)도 있습니다. UI 프레임워크를 사용하면 화면상에 보이는 디자인을 일관되게 유지하면서 효율적으로 개발할 수 있습니다. 국내에서는 앵귤러의 인지도가 낮으니 이러한 프레임워크가 있다는 정도만 알고 넘어가세요.

● **Angular Material**

Angular Material(앵귤러 머티리얼)은 앵귤러 프로젝트의 일부로 개발된 UI 프레임워크입니다. 구글 머티리얼 디자인(material design)을 기반으로 제작됐으며 버튼, 입력 필드, 카드, 팝업, 그리드 등 UI를 쉽게 구축할 수 있는 UI 컴포넌트를 제공합니다.

  ◦ **Angular Material 공식 사이트:** https://material.angular.io

● **ngx-bootstrap**

ngx-bootstrap(엔지엑스-부트스트랩)은 부트스트랩 디자인을 적용한 UI 프레임워크입니다. 부트스트랩은 웹 페이지의 각종 레이아웃, 버튼, 입력창 등의 디자인을 CSS와 자바스크립트로 미리 만들어놓은 것입니다. ngx-bootstrap은 이러한 부트스트랩의 CSS 스타일과 자바스크립트 컴포넌트를 앵귤러 컴포넌트로 만들어 앵귤러 프레임워크에서 사용하기 쉽게 제공합니다.

- **ngx-bootstrap 공식 사이트:** https://valor-software.com/ngx-bootstrap/#

6.2.2 리액트

자바스크립트 라이브러리의 하나인 **리액트**(React)는 UI를 만드는 데 사용합니다. SPA 디자인 패턴을 지원하며, 웹뿐만 아니라 모바일 애플리케이션을 만드는 데에도 사용할 수 있습니다. 메타플랫폼스(Meta Platforms, Inc., 구 페이스북)의 오픈 소스 프로젝트이며, 개인 개발자 및 기업 공동체와 함께 유지·보수하고 있습니다.

그림 6-8 **리액트 공식 사이트**

리액트의 역사

2011년 당시에 페이스북은 개발자 수가 늘고 페이스북 앱의 기능도 다양해졌습니다. 처음에는 단순하게 작성했던 코드가 점점 복잡해져 관리하기 어려운 지경에 이르렀습니다.

페이스북은 문제를 해결하기 위해 체계적인 문서화, 개발자 간 커뮤니케이션 강화 등의 노력을 기울였지만 역부족이었습니다. 코드를 효율적으로 관리할 수 있는 근본적인 대안이 필요했고, 그 대안으로 페이스북 개발자였던 조던 워크(Jordan Walke)가 FaxJs(팩스제이에스)라는 프로토타입 프레임워크를 만들었습니다. 원활한 클라이언트-서버 렌더링, 상태 기반의 선언적 업데이트, 구성 요소의 손쉬운 재사용, 애플리케이션의 전체적 성능 향상 등을 장점으로 내세운 FaxJs는 프로토타입임에도 불구하고 페이스북 개발자들 사이에서 인기를 끌었습니다.

워크는 FaxJs를 지속적으로 개선했고 이후 이름이 리액트로 바뀌었습니다. 리액트는 페이스북의 뉴스피드에 도입됐으며, 2012년 페이스북이 인수한 인스타그램 서비스에도 사용됐습니다. 이듬해인 2013년 5월, 워크는 자바스크립트 컨퍼런스(JSConf US)에서 리액트를 최초로 공개했습니다. 이후 리액트는 많은 개발자와 기업으로부터 사랑받는 라이브러리로 발전하게 됐습니다.

> **NOTE** FaxJs 공식 깃허브
>
> 리액트의 전신인 FaxJs에 대해 궁금하다면 다음 공식 깃허브를 참고하세요.
> **https://github.com/jordwalke/FaxJs**

리액트에 대한 논쟁

리액트는 공식 사이트에서 라이브러리라고 소개하고 있지만 프레임워크로 알고 있는 개발자도 많습니다. 리액트는 라이브러리일까요, 프레임워크일까요? 라이브러리와 프레임워크는 어떤 차이가 있을까요?

- **라이브러리**: 좀 더 쉽게 개발할 수 있도록 미리 작성된 객체나 함수를 모아놓은 것으로, 보통은 필요할 때 가져다 사용하는 방식으로 활용합니다. 제이쿼리는 대표적인 자바스크립트 라이브러리입니다.

- **프레임워크**: 코드에서 공통적으로 반복되는 부분을 최소화하고 개발 과정에 필요한 인터페이스, 모듈, 객체 등의 기능을 복합적으로 한 번에 제공하는 개발 도구입니다.

프런트엔드 개발을 하면서 필요에 따라 어떤 기능을 가져다 사용했다면 그것은 '라이브러리'입니다. 이와 달리 처음부터 정해진 규칙에 따라 개발했다면 그것은 '프레임워크'입니다. 앵귤러는 프레임워크이므로 설치와 동시에 이미 정해져 있는 규칙과 초기 폴더 및 파일이 세팅됩니다. 개발자는 프레임워크 자체의 규칙과 구조를 반드시 따라야 합니다.

하지만 리액트는 다릅니다. 프레임워크처럼 강제로 제한하는 규칙이 없습니다. 필요할 때 리액트의 기능을 가져다 사용하면 됩니다. 따라서 라이브러리라고 볼 수 있습니다. 그런데 컴포넌트 같은 개념을 사용할 때는 리액트 자체의 정해진 규칙대로 사용해야 합니다. 안 그러면 작동하지 않기 때문에 프레임워크의 성격도 띠고 있습니다. 결국 리액트는 라이브러리의 성격과 프레임워크의 성격을 둘 다 가진 셈입니다. 따라서 공식 사이트에서는 라이브러리라고 소개했지만 바라보는 관점에 따라 프레임워크일 수도 있습니다.

리액트를 사용하는 이유

리액트는 페이스북, 인스타그램, 트위터, 넷플릭스(Netflix), 우버(Uber), 핀터레스트(Pinterest)와 같은 글로벌 기업의 서비스에 사용됩니다. 이들이 리액트를 사용하는 이유는 무엇일까요?

● **메타플랫폼스의 전폭적인 기술 지원**

리액트는 메타플랫폼스의 전폭적인 기술 지원을 받습니다. 오픈 소스 프로젝트이긴 하지만 운용 및 관리 주체가 메타플랫폼스라 하루아침에 사라지거나 개발이 중단될 위험이 없습니다.

● **빠른 속도**

리액트는 기본적으로 라이브러리의 성격을 가지고 있습니다. 개발자가 필요할 때 능동적으로 리액트를 불러와 사용할 수 있습니다. 따라서 개발과 관련된 모든 설정을 포함하고 있는 프레임워크보다 상대적으로 초기 페이지 로딩 속도가 빠릅니다.

리액트를 사용하지 않는 이유

리액트가 다른 자바스크립트 프레임워크를 제치고 높은 점유율을 차지하고 있는 것은 사실이지만 리액트를 사용하지 않는 개발자도 많습니다. 왜 그럴까요?

● **빠른 업데이트로 인한 학습 부담**

리액트는 다른 프레임워크보다 업데이트 속도가 빠르고, 새 버전을 출시하는 간격이 짧은 편입니다. 버전이 업데이트되면 라이브러리에 대한 편의성과 사용성이 좋아지지만 그만큼 새로 배워야 할 것이 계속 생겨 사용자에게 부담이 됩니다.

● **배워야 하는 많은 도구**

리액트를 최대한 잘 활용하려면 웹팩, 바벨, JSX 등의 다양한 도구와 빌드 시스템을 사용해야 합니다. 프레임워크를 처음 배우는 사람은 배워야 하는 도구가 많아 부담스러울 수 있습니다.

● **제한적인 기능**

UI 라이브러리인 리액트는 데이터를 효율적으로 관리하고 데이터 변화에 따른 화면 업데이트를 처리하는 상태 관리나 네트워크 요청 처리, 기타 일반 작업을 위한 도구를 제공하지 않습니다. 이러한 작업을 하려면 해당 솔루션을 제공하는 다른 라이브러리를 사용해야 합니다. 예를 들어 상태 관리를 하려면 리덕스(Redux)나 몹엑스(MobX) 같은 라이브러리를 사용해야 합니다.

리액트의 특징

리액트는 SPA 디자인 패턴을 따르는 다른 자바스크립트 프레임워크와 비슷한 특징을 가지고 있으나 다음과 같이 차별화된 특징도 있습니다.

● **가상 DOM 사용**

웹 브라우저가 제공하는 실제 DOM을 조작해 화면을 업데이트하는 일은 속도나 성능 면에서 문제가 많습니다. 리액트는 이 문제를 보완하고자 **가상 DOM**(virtual DOM)을 활용합니다.

가상 DOM은 웹 브라우저가 생성한 DOM을 그대로 복사한 가상의 DOM입니다. 리액트로 실행되는 웹 사이트는 항상 가상 DOM을 메모리에 가지고 있습니다. 그러다가 화면 구성 요소를 업데이트하려고 할 때, 자신이 관리하던 가상 DOM을 기반으로 변경된 부분을 반영한 새로운 가상 DOM을 먼저 그립니다. 그리고 이전에 관리하던 가상 DOM과 새로 그린 가상 DOM을 비교해 다른 부분을 찾고, 실제 DOM에서 변경된 부분만 업데이트합니다. 이러한 원리로 SPA 디자인 패턴을 구현한 리액트는 웹 애플리케이션의 성능을 대폭 개선했습니다. 가상 DOM은 리액트가 널리 사용되는 데 기여한 핵심적인 개념입니다.

● JSX 문법 지원

리액트는 자바스크립트에서 HTML 문법을 사용할 수 있도록 JSX 문법을 지원합니다. 어떤 프레임워크나 라이브러리를 사용하더라도 중요한 것은 HTML 문법을 어떻게 코드로 작성하느냐입니다. 자바스크립트 기반의 확장 문법인 JSX는 HTML과 구조가 비슷해 리액트를 사용하는 개발자는 화면 구성 요소를 쉽게 나타낼 수 있습니다.

다음은 JSX 문법으로 작성한 코드입니다. App() 함수 내부에 사용된 return 값이 HTML과 유사하다는 것을 알 수 있습니다.

```
import React from 'react';

export default function App() {
  return (
    <div>
      <h1>Hello</h1>
      <h2>JSX!</h2>
    </div>
  );
}
```

JSX 문법은 자바스크립트를 기반으로 하기 때문에 자바스크립트와 연동해 사용할 수 있습니다. 다음 코드에서는 자바스크립트의 text 변수를 JSX 문법으로 <h2> 태그에 사용했습니다.

```
import React from 'react';

export default function App() {
  const text = 'JSX!';
  return (
    <div>
      <h1>Hello</h1>
      <h2>{text}</h2>
    </div>
  );
}
```

● 단방향 데이터 바인딩

리액트는 단방향 데이터 바인딩(data binding)을 지원합니다. 데이터 바인딩은 두 데이터를 일치시키는 기법으로, 웹 브라우저에 보이는 데이터와 자바스크립트 객체에 저장된 데이터를 일치시키는 것을 말합니다. 단방향 데이터 바인딩은 자바스크립트 객체에 저장된 데이터가 웹 브라우저의 구성 요소로만 전달된다는 것을 의미합니다. 사용자가 웹 브라우저에 표시된 입력 요소에 데이터를 입력하더라도 리액트에서는 이 데이터를 자바스크립트 객체에 반영하지 않습니다.

다음 코드를 봅시다. 자바스크립트의 text 변수를 JSX 문법으로 〈h1〉 태그와 〈input〉 태그에 사용했습니다.

```
import { useState } from "react";

export default function App() {
  const [text, setText] = useState('hello');
  return (
    <div className="App">
      <h1>{text}</h1>
      <input type="text" name='text' value={text} />
    </div>
  );
}
```

실행 결과는 다음과 같습니다.

그림 6-9 **실행 결과**

여기서 입력 요소(〈input〉 태그)에 적힌 hello를 웹 브라우저에서 변경하려고 하면 값이 바뀌지 않습니다. 리액트는 자바스크립트에서 JSX 문법으로만 데이터 값을 바꾸는 단방

향 데이터 바인딩을 지원하기 때문에 사용자가 임의로 바꿀 수 없습니다. 이처럼 리액트는 데이터 바인딩을 한 방향으로만 할 수 있게 제한함으로써 코드를 일관되게 관리하고 유지·보수할 수 있습니다.

NOTE 리액트 공식 사이트

리액트는 자바스크립트 프레임워크 중 점유율이 가장 높습니다. 국내 IT 기업은 대부분 리액트를 사용하기 때문에 리액트를 배워두면 국내 취업 시장에서 유리합니다. 리액트에 대한 자세한 정보는 다음 공식 사이트를 참고하세요.
https://ko.reactjs.org

리액트 기반 프레임워크

리액트 라이브러리를 이용한 프레임워크도 있습니다. 다음에 소개하는 프레임워크는 실무에서도 많이 사용합니다.

● **Next.js**

Next.js(넥스트제이에스)는 정적 사이트 생성(SSG, Static Site Generation)을 지원하는 리액트 기반의 프레임워크입니다. 정적 사이트는 HTML, CSS, 자바스크립트로만 만들어진 사이트로, 정적 사이트 생성 기능을 사용하면 리액트로 만든 웹 애플리케이션이 빌드돼 HTML로 렌더링됩니다. Next.js는 SSR에 최적화된 기능을 많이 제공하기 때문에 SSR 디자인 패턴으로 개발하는 환경에서 많이 사용됩니다.

- **Next.js 공식 사이트:** https://nextjs.org

● **Gatsby**

Gatsby(개츠비)는 정적 사이트 생성을 지원하는 리액트 기반의 프레임워크입니다. 웹 브라우저 화면에 보이는 내용을 빌드해 완성된 코드 상태로 만들어주기 때문에 속도가 빠릅니다.

- **Gatsby 공식 사이트:** https://www.gatsbyjs.com

6.2.3 뷰

뷰(Vue.js)는 웹 사이트의 UI를 만드는 데 사용하는 자바스크립트 기반 오픈 소스 프로그레시브 프레임워크(progressive framework)입니다. 프로그레시브(progressive)는 '점진적인'이라는 뜻으로, 프로그레시브 프레임워크란 변화하는 웹 생태계에 맞게 유연하고 점진적으로 적용해나갈 수 있는 프레임워크라는 의미입니다. 뷰는 다른 프레임워크나 라이브러리보다 늦게 출시됐지만 단순하다는 특징 덕분에 점유율이 빠르게 오르고 있습니다.

그림 6-10 **뷰 공식 사이트**

뷰의 역사

뷰는 2014년에 에번 유(Evan You)가 세상에 처음 공개했습니다. 에번 유가 뷰를 출시할 때는 이미 앵귤러, 리액트 등의 프레임워크가 시장을 장악하고 있었습니다. 앵귤러와 리액트는 웹 사이트 개발 과정에서 발생할 수 있는 문제를 해결하기 위해 많은 기능을 포함하고 있었습니다. 많은 기능이 포함됐다는 것은 다양한 문제에 대해 포괄적으로 대응할 수 있다는 것이므로 장점이긴 하지만, 한편으로는 프레임워크를 무겁게 하고 기능을 학습하는 데 시간이 오래 걸리는 단점도 있습니다.

에번 유는 이러한 상황을 누구보다 잘 알고 있었습니다. 구글에서 일할 당시 앵귤러를 사용하는 프로젝트에 많이 참여했던 그는 앵귤러의 다양하고 폭넓은 기능에 감탄했습니다. 이에 앵귤러의 장점은 가져오되 최소한의 코어로 빌드해 가벼운 프레임워크를 만들기로 마음먹고 뷰 프레임워크 프로젝트를 시작했습니다. 그는 앵귤러의 장점 중 하나인 양방향 데이터 바인딩, 템플릿 구문 등의 개념을 도입하고 리액트의 가상 DOM, 구성 요소 기반 접근과 같은 장점을 결합해 마침내 뷰를 내놓았습니다.

뷰를 사용하는 이유

뷰는 앵귤러와 리액트보다 늦게 출시됐음에도 점유율이 빠르게 상승 중입니다. 이렇게 뷰가 선전하는 데에는 다음과 같은 이유가 있습니다.

- **간단한 설치**

  뷰는 다음과 같이 CDN 라이브러리 하나만 불러오면 사용할 준비가 끝납니다. 프레임워크를 설치하는 데 오랜 시간이 걸리지 않아 간단하게 시작할 수 있습니다.

  ```
  <script src="https://unpkg.com/vue@3/dist/vue.global.js"></script>
  ```

  > **NOTE** CDN
  >
  > CDN(Content Delivery Network)은 콘텐츠를 효율적으로 전달하기 위해 여러 노드를 가진 네트워크에 데이터를 저장해 제공하는 시스템입니다. 예제 코드처럼 script 태그의 src 속성에 뷰를 가져올 위치를 입력하면 가까운 CDN 서버에서 프레임워크 설치 파일을 가져옵니다.

- **프레임워크 적용의 유연성**

  뷰는 CDN 라이브러리만 불러올 수 있으면 어떤 상황에서도 프레임워크를 사용할 수 있습니다. 이미 HTML, CSS, 자바스크립트로 완성한 프로젝트라 하더라도 CDN 라이브러리를 불러오면 일부 또는 전체 페이지에 뷰를 적용할 수 있습니다. 이와 같은 유연성은 다른 프레임워크나 라이브러리에서는 찾아볼 수 없는 특징입니다.

- **낮은 학습 곡선**

  뷰는 앵귤러, 리액트보다 나중에 출시돼 전체적인 개념과 기능이 앵귤러, 리액트와 유사합니다. 따라서 앵귤러나 리액트를 한 번이라도 접해본 사람이라면 뷰를 수월하게 배울 수 있습니다. 프레임워크를 한 번도 사용해본 적이 없어도 괜찮습니다. 뷰는 프레임워크의 핵심 기능을 최소한으로 탑재했기 때문에 다른 프레임워크에 비해 배워야 할 양이 훨씬 적습니다. 다른 프레임워크보다 잘 정리된 공식 문서(**https://vuejs.org/guide/introduction.html**)도 있어 학습에 많은 도움이 됩니다.

뷰를 사용하지 않는 이유

국내에서 뷰의 점유율이 커지고 있지만 뷰에는 다음과 같은 단점도 있습니다.

● **커뮤니티 활용의 한계**

뷰는 다른 프레임워크보다 늦게 출시됐기 때문에 상대적으로 커뮤니티가 좁은 편입니다. 게다가 뷰를 창시한 에번 유가 중국 국적자라 뷰의 대형 커뮤니티가 중국어로 돼 있는 경우가 많습니다.

● **뚜렷한 후원처 부재**

앵귤러는 구글의 전폭적인 지원을 받고, 리액트는 메타플랫폼스의 지원을 받습니다. 하지만 뷰는 에번 유 개인이 여러 기업의 후원을 받아 운영하고 있습니다. 에번 유는 현재 안정적인 후원처가 있어 걱정할 것이 없다고 밝혔지만, 특정 대기업의 전폭적인 지원이 없는 탓에 먼 미래를 내다보며 사용하기에는 불안합니다.

● **플러그인 부재**

다른 프레임워크보다 역사가 짧은 만큼 상대적으로 프레임워크와 호환되는 플러그인이 부족합니다. 따라서 일부 기능을 구현하려고 할 때 잘 만들어진 플러그인을 사용하지 못하고 직접 만들어야 하는 난감한 상황을 겪을 수 있습니다.

뷰의 특징

뷰는 다른 프레임워크의 장점을 최대한 반영했기 때문에 대부분의 기능이 다른 프레임워크와 유사합니다. 뷰도 SPA 디자인 패턴을 구현하기 위해 리액트처럼 가상 DOM을 사용합니다.

하지만 데이터 바인딩의 경우 리액트와 다르게 양방향 바인딩을 지원합니다. 즉 자바스크립트에서 웹 브라우저로 데이터를 바인딩하거나, 웹 브라우저에서 자바스크립트로 데이터를 바인딩할 수 있습니다.

예를 들어 다음 코드에서는 자바스크립트의 text 변수를 입력 요소(〈input〉 태그)에 바인딩했습니다. 실행 결과 화면에서 입력 요소의 값을 수정하면 그 값이 자바스크립트 변수에 바인딩돼 바뀌는 것을 확인할 수 있습니다.

```
<template>
  <div>
    <!-- 자바스크립트에서 웹 브라우저(템플릿 문법)로 바인딩 -->
    <h1>current text : {{ text }}</h1>
    <!-- 웹 브라우저(템플릿 문법)에서 자바스크립트로 바인딩 -->
    <input v-model="text" type="text" />
  </div>
</template>

<script>
export default {
  name: "App",
  data() {
    return {
      text: "hello",
    };
  },
};
</script>
```

그림 6-11 **실행 결과**

(a) 첫 실행 화면

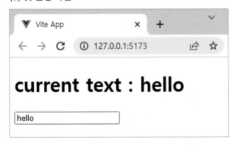

(b) 입력 요소 값 수정

NOTE 뷰 공식 사이트

뷰에 대해 자세히 알고 싶다면 다음 공식 사이트를 참고하세요.

https://vuejs.org

뷰 기반 프레임워크

뷰는 그 자체로 훌륭한 프레임워크이지만 이를 기반으로 하는 프레임워크도 많습니다.

- **Nuxt**

  Nuxt(넉스트)는 SSR을 지원하는 뷰 기반의 프레임워크입니다. 뷰가 SPA 디자인 패턴을 지원하기 때문에 SSR 디자인 패턴으로 개발하는 프로젝트에서는 Nuxt를 많이 사용합니다.

  - **Nuxt 공식 사이트:** https://nuxt.com

- **Quasar**

  Quasar(퀘이사)는 크로스 플랫폼 지원에 특화된 뷰 기반의 프레임워크입니다. 데스크톱, 태블릿, 모바일 등에서 사용 가능한 UI와 UX를 제공하기 때문에 별도로 코드를 작성하지 않고도 기본 기능만으로 애플리케이션을 개발할 수 있습니다. 특히 PWA(Progressive Web App, HTML+CSS+자바스크립트 같은 웹 기술로 만든 앱) 기능을 지원하므로 웹 애플리케이션을 모바일 앱과 유사한 기능을 갖춘 오프라인 앱으로 변환할 수도 있습니다.

  - **Quasar 공식 사이트:** https://quasar.dev

6.2.4 자바스크립트 프레임워크의 장점

지금까지 자바스크립트 프레임워크의 종류와 각각의 특징을 살펴봤습니다. 그렇다면 이러한 프레임워크의 공통적인 장점은 무엇일까요?

선언형 프로그래밍

선언형 프로그래밍은 코드를 작성할 때 과정보다 결과를 중요시하는 프로그래밍 방식을 말합니다. 선언형 프로그래밍과 반대되는 개념은 **명령형 프로그래밍**으로, 이는 결과보다 과정을 중요시합니다.

두 방식을 비교해봅시다. 다음 코드는 명령형 프로그래밍으로 작성한 것으로, 배열 안에 담긴 숫자를 제곱해 새로운 배열을 만드는 프로그램입니다.

───────────────────────────────────── **명령형 프로그래밍으로 작성**

```
const numArr = [1, 2, 3, 4, 5];
const arr = [];
const doubleNum = (num) => num * num;
```

```
for (let i = 0; i < numArr.length; i++) {
  arr[i] = doubleNum(numArr[i]);
}
```

이 코드는 결과보다 과정이 중요하기 때문에 배열 안에 담긴 숫자를 제곱해 새로운 배열을 만드는 과정을 하나하나 코드로 작성했습니다. 다음 코드는 이 프로그램을 선언형 프로그래밍으로 작성한 것입니다.

— 선언형 프로그래밍으로 작성

```
const numArr = [1, 2, 3, 4, 5];
const arr = numArr.map((v) => v * v);
```

이 코드에서 map( ) 메서드는 특정 기능을 수행하도록 작성된 자바스크립트 내장 메서드입니다. 이 경우에는 map( ) 메서드가 어떤 방식으로 수행되는지 알 수도 없고, 알 필요도 없습니다. map( ) 메서드가 어떤 결과를 내놓는지만 알면 됩니다.

앵귤러, 리액트, 뷰는 이러한 선언형 프로그래밍을 지원합니다. 따라서 과정보다 결과에만 집중해 효율적으로 웹 사이트를 개발할 수 있습니다.

컴포넌트 기반

앵귤러, 리액트, 뷰 모두 컴포넌트 기반의 코드를 작성할 수 있습니다. 앞서 언급했듯이 컴포넌트는 재사용이 가능한 독립된 모듈 또는 코드 집합으로, 이를 사용하면 코드의 유지·보수 및 재사용성이 뛰어나 웹 사이트를 효과적으로 개발할 수 있습니다.

다음은 뷰에서 컴포넌트를 사용해 작성한 코드입니다. 헤더(Header), 메인(Main), 푸터(Footer)를 각각 컴포넌트로 구분해 화면을 구성했습니다.

— 컴포넌트 기반으로 작성한 뷰 코드

```
<template>
  <div>
    <Header />
    <Main />
    <Footer />
  </div>
</template>
```

6.2.5 학습 방법

자바스크립트 프레임워크 중에서 가장 유명한 앵귤러, 리액트, 뷰를 살펴봤습니다. 프런트엔드 개발자가 되고자 한다면 이 세 가지 프레임워크 중에서 한두 가지는 다룰 수 있어야 하며, 필자는 다음과 같은 공부 방법을 추천합니다.

● **자바스크립트 선행 학습하기**

자바스크립트 프레임워크는 하늘에서 갑자기 뚝 떨어진 새로운 개념이 아닙니다. 자바스크립트를 사용해 프런트엔드 개발을 효율적으로 할 수 있게 해주는 도구입니다. 따라서 자바스크립트를 모르면 따라가기 어려운 부분이 많습니다. 프레임워크를 공부하기 전에 반드시 자바스크립트(또는 타입스크립트)의 선행 학습이 돼 있어야 합니다.

● **공식 문서 활용하기**

앵귤러, 리액트, 뷰는 모두 잘 작성된 공식 문서를 제공합니다. 공식 문서를 참고하면 학습하는 데 많은 도움이 될 것입니다.

- **앵귤러 공식 문서:** https://angular.kr/docs

- **리액트 공식 문서:** https://ko.legacy.reactjs.org/docs/getting-started.html

- **뷰 공식 문서:** https://vuejs.org/guide/introduction.html

● **실습하기**

공식 문서를 활용해 프레임워크 사용법을 익히는 것과 동시에 직접 실습해보는 것이 중요합니다. 앵귤러, 리액트, 뷰는 성격에 따라 비교적 쉽게 설치할 수 있는 것도 있고, 복잡한 과정을 거쳐 설치해야 하는 것도 있습니다. 다행히 코드 에디터 사이트를 이용하면 프레임워크를 설치하지 않고도 실습할 수 있습니다.

필자가 추천하는 사이트는 코드샌드박스(CodeSandbox)입니다. 코드샌드박스 사이트에 접속하면 앵귤러, 리액트, 뷰는 물론이고 다음 절에서 살펴볼 CSS 프레임워크인 부트스트랩, 테일윈드 CSS도 실습할 수 있습니다. 한 예로 코드샌드박스에서 앵귤러 프레임워크를 설정하는 방법을 살펴보겠습니다.

코드샌드박스 사이트(**https://codesandbox.io**)에 접속해 회원 가입을 한 후 로그인을 합니다. 그러면 다음과 같은 대시보드 화면이 나타나는데, 여기서 [New sandbox]를 클릭해 새로운 템플릿 프로젝트를 생성합니다.

그림 6-12 **코드샌드박스 대시보드**

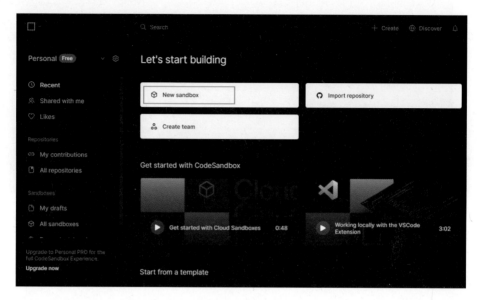

템플릿 선택 화면에서 [Angular]를 선택합니다.

그림 6-13 **기본 템플릿 선택**

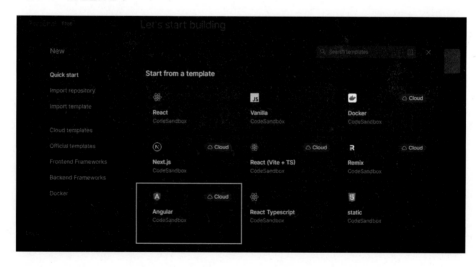

최신 버전의 앵귤러 프로젝트가 생성되고, 코드를 작성할 수 있는 화면이 뜹니다.

그림 6-14 **완성된 실습 화면**

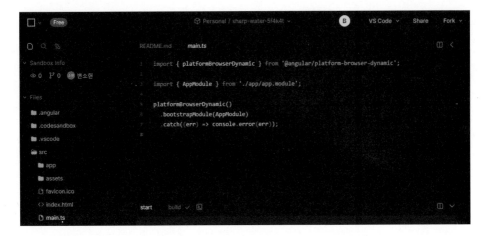

그 밖의 프레임워크도 같은 방법으로 실습 환경을 구성할 수 있습니다. 여기서 실습한 내용을 저장하거나 다른 사람과 공유할 수도 있습니다. 코드샌드박스는 다양한 편의 기능을 제공하며, 복잡한 설치 과정을 거치지 않고도 프레임워크를 실습할 수 있습니다.

CSS 프레임워크

6.3

웹 브라우저를 통해 사용자가 보는 UI는 비슷한 것이 많습니다. 이러한 UI를 디자인하기 위해 CSS를 매번 새로 작성한다면 아주 번거로울 것입니다. 개발자들은 비슷한 UI를 반복해 만들지 않고 빠르게 만들 수 있는 방법을 고민하다 결국 **CSS 프레임워크**(CSS framework)를 내놓았습니다.

CSS 프레임워크는 웹 디자인을 좀 더 쉽게 하도록 해주는 CSS 코드 집합입니다. 이를 이용하면 반복되는 UI를 빠르게 구축하고, 사용자가 웹 사이트에서 느끼는 경험, 즉 UX를 균일화할 수 있습니다. 프레임워크라는 용어에서도 알 수 있듯이 CSS 프레임워크는 자체적으로 정해놓은 규칙에 따라 작성해야 올바르게 사용할 수 있습니다. 부트스트랩, 테일윈드 CSS는 대표적인 CSS 프레임워크입니다.

6.3.1 부트스트랩

부트스트랩(Bootstrap)은 반응형 및 모바일 친화적인 웹 사이트를 개발하는 데 사용하는 오픈 소스 CSS 프레임워크입니다. 부트스트랩을 사용하면 하나의 코드로 데스크톱, 태블릿, 스마트폰 등 다양한 기기에서 작동하는 UI를 작성할 수 있습니다. 자바스크립트와 결합된 다양한 컴포넌트를 제공해 여러 UI를 가져다 쓸 수 있습니다.

부트스트랩의 역사

부트스트랩은 트위터에서 일하던 마크 오토(Mark Otto)와 제이컵 손턴(Jacob Thornton)이 2010년에 개발했습니다. 원래 이름은 부트스트랩이 아니라 '트위터 블루프린터(Twitter Blueprint)'이며, 내부 직원의 개발 업무를 지원하기 위해 만들었습니다.

그림 6-15 **부트스트랩 공식 사이트**

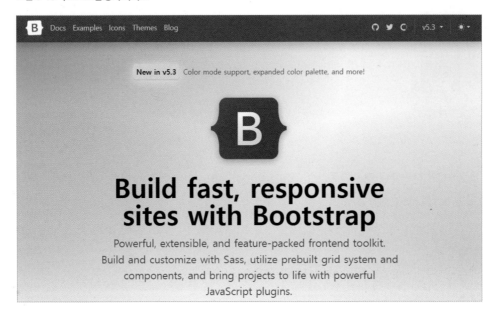

이후 트위터에서 자사의 프로젝트 및 기술 향상을 도모하기 위해 2010년 10월 22~29일을 해킹 기간(hacking week)으로 지정했는데, 이때 트위터 블루프린터에도 다양한 스킬을 가진 개발자들이 참여하면서 코드양이 폭발적으로 증가했습니다. 그러다 2011년 8월 19일, 이름을 '부트스트랩'으로 바꿔 오픈 소스 프로젝트로 공개하고 지금까지 꾸준히 관리 및 업데이트하고 있습니다. 이 책을 집필하는 시점(2023년 8월)을 기준으로 v5(버전 5)까지 출시됐습니다.

부트스트랩을 사용하는 이유

부트스트랩은 수많은 CSS 프레임워크 중에서 가장 높은 점유율을 차지하고 있습니다. 단순히 오래됐다고 점유율이 높은 것은 아닙니다. 많은 개발자는 다음과 같은 이유로 부트스트랩을 사용합니다.

● **간단한 설치**

npm 또는 CDN 라이브러리를 사용하면 부트스트랩을 쉽게 설치할 수 있습니다.

npm으로 설치

```
npm i bootstrap@5.3.1  # 버전은 업데이트되면 달라질 수 있음
```

```
<link
    href="https://cdn.jsdelivr.net/npm/bootstrap@5.3.1/dist/css/
        bootstrap.min.css"
    rel="stylesheet"
    integrity="sha384-4bw+/aepP/YC94hEpVNVgiZdgIC5+VKNBQNGCHeKRQN+PtmoHD
        EXuppvnDJzQIu9"
    crossorigin="anonymous"
/>
<script
    src="https://cdn.jsdelivr.net/npm/bootstrap@5.3.1/dist/js/bootstrap.
        bundle.min.js"
    integrity="sha384-HwwvtgBNo3bZJJLYd8oVXjrBZt8cqVSpeBNS5n7C8IVInixGAo
        xmnlMuBnhbgrkm"
    crossorigin="anonymous"></script>
```

● 반응형 그리드 지원

부트스트랩은 미리 정의된 그리드 시스템을 제공하므로 화면 레이아웃을 구성할 때 스타일을 따로 고민하지 않아도 손쉽게 그리드 레이아웃(grid layout, 그래픽 요소를 격자 구조로 구성하는 디자인 레이아웃)을 적용할 수 있습니다. 여기에 추가로 미디어 쿼리에 따른 반응형 처리까지 돼 있어, 반복되는 그리드 레이아웃 작업을 위해 코드를 하나씩 작성할 필요가 없습니다. 예를 들어 다음과 같은 복잡한 그리드 레이아웃도 부트스트랩을 사용하면 간단히 가져다 쓸 수 있습니다.

그림 6-16 복잡한 그리드 레이아웃

.col-md-8		.col-6 .col-md-4
.col-6 .col-md-4	.col-6 .col-md-4	.col-6 .col-md-4
.col-6		.col-6

부트스트랩에서 제공하는 그리드 레이아웃 코드

```
<div class="container text-center">
    <!-- Stack the columns on mobile by making one full-width and the other
    half-width -->
    <div class="row">
```

```
  <div class="col-md-8">.col-md-8</div>
    <div class="col-6 col-md-4">.col-6 .col-md-4</div>
  </div>

  <!-- Columns start at 50% wide on mobile and bump up to 33.3% wide on
  desktop -->
  <div class="row">
    <div class="col-6 col-md-4">.col-6 .col-md-4</div>
    <div class="col-6 col-md-4">.col-6 .col-md-4</div>
    <div class="col-6 col-md-4">.col-6 .col-md-4</div>
  </div>

  <!-- Columns are always 50% wide, on mobile and desktop -->
  <div class="row">
    <div class="col-6">.col-6</div>
    <div class="col-6">.col-6</div>
  </div>
</div>
```

> **NOTE** 그리드 레이아웃 CSS 코드
>
> 더 많은 그리드 레이아웃 CSS 코드는 다음 링크에서 확인할 수 있습니다.
> **https://getbootstrap.com/docs/5.3/layout/grid**

● 브라우저 호환성 지원

일부 CSS3 속성은 웹 브라우저마다 지원 여부가 달라 똑같은 스타일 속성이라도 서로 다르게 적용될 가능성이 있습니다. 보통은 개발자가 이러한 부분을 하나씩 확인한 후 처리해야 하는데, 부트스트랩은 자체적으로 브라우저 호환성까지 체크해 이상 없이 동작하는 코드를 제공합니다. 따라서 크롬, 파이어폭스, 엣지, 사파리 등의 다양한 웹 브라우저에서 제대로 보일까 하는 걱정 없이 동일한 CSS 스타일을 적용할 수 있습니다.

● 컴포넌트 제공

부트스트랩은 자바스크립트와 결합된 다양한 컴포넌트를 제공해 아코디언, 팝업, 드롭다운, 프로그레스바, 스피너 등과 같은 완성된 UI를 제공합니다. 예를 들어 복잡한 드롭다운이라도 다음 코드를 가져다 쓰면 완성된 UI를 화면에 출력할 수 있습니다.

```
<div class="dropdown">
  <button
    class="btn btn-secondary dropdown-toggle"
    type="button"
    data-bs-toggle="dropdown"
    aria-expanded="false"
  >
    Dropdown button
  </button>
  <ul class="dropdown-menu">
    <li><a class="dropdown-item" href="#">Action</a></li>
    <li><a class="dropdown-item" href="#">Another action</a></li>
    <li><a class="dropdown-item" href="#">Something else here</a></li>
  </ul>
</div>
```

그림 6-17 드롭다운 컴포넌트

NOTE 컴포넌트 CSS 코드

더 많은 컴포넌트 CSS 코드는 다음 링크에서 확인할 수 있습니다.
https://getbootstrap.com/docs/5.3/components

● **프레임워크 친화적**

프런트엔드 프레임워크 중 가장 인기 있는 앵귤러, 리액트, 뷰에서 사용 가능한 별도의 부트스트랩 플러그인이 있습니다. 각 프레임워크에 플러그인을 설치하면 부트스트랩을 쉽게 사용할 수 있습니다.

- **앵귤러용 부트스트랩**(ng-bootstrap)：https://ng-bootstrap.github.io/#/home

- **리액트용 부트스트랩**(react-bootstrap)：https://react-bootstrap.github.io

- **뷰용 부트스트랩**(BootstrapVue)：https://bootstrap-vue.org

부트스트랩을 사용하지 않는 이유

부트스트랩도 장점만 있는 것은 아니며 다음과 같은 단점도 있습니다.

● **일관된 스타일**

부트스트랩 디자인이 적용된 웹 사이트는 한눈에 알아볼 수 있을 정도로 부트스트랩은 시각적인 디자인의 특징이 뚜렷합니다. 좋게 말하면 일관된 디자인이고, 나쁘게 말하면 천편일률적인 디자인이라고 할 수 있습니다. 따라서 개성 있는 웹 사이트를 만드는 경우에는 부트스트랩이 적절치 않습니다.

● **느린 속도**

부트스트랩은 CSS 프레임워크 중에서도 특히 내부적으로 많은 기능을 포함하고 있습니다. 기능이 많으면 작성해야 하는 코드양도 많아지고, 이와 비례해 파일의 용량도 커집니다. 이렇게 파일이 커지면 웹 사이트에서 부트스트랩을 불러오는 로딩 시간이 길어 웹 사이트 전체가 느려지는 문제가 발생합니다.

● **긴 학습 기간**

부트스트랩은 자체적으로 정의된 스타일과 규칙 등을 준수해 작성해야만 올바른 디자인 결과를 얻을 수 있습니다. 그리고 자체적으로 그리드 시스템을 내부 레이아웃 시스템으로 채택해 적용하고 있기 때문에 그리드를 이해하지 않고는 부트스트랩을 사용하기가 어렵습니다. 따라서 부트스트랩을 실무에 바로 적용하려면 적지 않은 학습 시간이 필요합니다.

> **수코딩의 조언** 💬
>
> 부트스트랩은 느린 속도 문제를 해결하기 위해 custom.scss 파일에서 필요한 기능만 @import 해 사용할 수 있는 방법을 제공합니다. 자세한 내용은 다음 공식 문서를 참고하세요.
> https://getbootstrap.kr/docs/5.0/customize/sass

학습 방법

부트스트랩을 공부한다면 다음과 같은 학습 방법을 추천합니다.

- **HTML, CSS, 자바스크립트 선행 학습하기**

  부트스트랩은 CSS 프레임워크임에도 불구하고 자바스크립트가 결합된 컴포넌트도 제공합니다. 따라서 제대로 공부하려면 HTML, CSS, 자바스크립트에 대한 사전 지식이 필요합니다. 이러한 지식 없이 사용한다면 단순히 코드를 복사·붙여넣기 하는 셈입니다.

- **공식 문서 활용하기**

  HTML, CSS, 자바스크립트에 대한 사전 지식이 있다면 부트스트랩 공식 문서를 참고해 직접 코드를 작성하고 실행 결과를 확인해보는 것을 추천합니다. 부트스트랩은 역사가 긴 만큼 공식 문서가 잘 정리돼 있습니다.

  - **부트스트랩 공식 문서:** https://getbootstrap.com/docs/5.3/getting-started/introduction

- **부트스트랩 자습서 활용하기**

  W3School에서 제공하는 부트스트랩 자습서를 활용하는 방법도 있습니다. 다음 페이지에 접속하면 부트스트랩 버전을 선택해 그에 따른 활용 방법을 온라인상에서 자습할 수 있습니다. 코드의 실행 결과도 웹 사이트에서 바로 확인할 수 있어 매우 유용합니다.

  - **부트스트랩 자습서:** https://www.w3schools.com/bootstrap/bootstrap_ver.asp

그림 6-18 **부트스트랩 자습서 사이트**

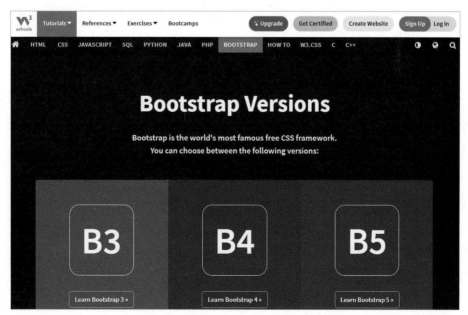

6.3.2 테일윈드 CSS

2017년 11월에 출시된 **테일윈드 CSS**(Tailwind CSS)는 애덤 와선(Adam Wathan)이 고안하고 테일윈드연구소(Tailwind Labs)에서 개발한 CSS 프레임워크입니다. 공식 사이트에서는 'Rapidly build modern websites without ever leaving your HTML(테일윈드 CSS를 사용하면 HTML 페이지를 떠나지 않고도 현대적인 웹 사이트를 만들 수 있다)'이라고 소개돼 있습니다.

그림 6-19 테일윈드 CSS 공식 사이트

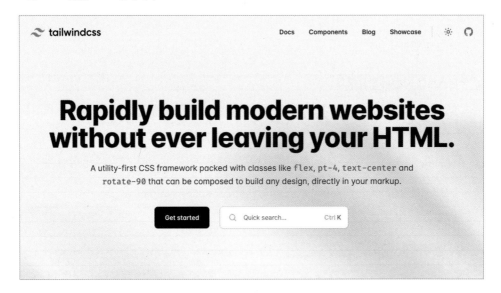

테일윈드 CSS는 부트스트랩과 달리 버튼, 인풋 박스, 테이블 등의 요소에 대해 미리 정의된 일련의 클래스 코드를 제공하지 않습니다. 대신 단일 속성이 지정된 클래스를 제공하고 혼합해 사용하도록 하는데, 이러한 방식을 **유틸리티 퍼스트**(utility-first)라고 합니다.

테일윈드 CSS를 사용하는 이유

테일윈드 CSS가 나오기 전에는 부트스트랩이 CSS 프레임워크 시장을 장악하고 있었으나 테일윈드 CSS의 등장으로 부트스트랩의 위세가 꺾였습니다. 부트스트랩보다 6년이나 늦게 나온 테일윈드 CSS는 왜 점유율이 높아지고 있을까요?

• 유틸리티 퍼스트 콘셉트

테일윈드 CSS는 철저하게 유틸리티 퍼스트 콘셉트를 따릅니다. 유틸리티 퍼스트는 디자인을 위해 일련의 완성된 클래스명을 사용하지 않고, 단일 기능의 CSS 속성을 통해 클래스명을 혼합해 사용하는 방식입니다.

예를 들어 다음과 같은 간단한 버튼을 만드는 경우를 살펴봅시다.

그림 6-20 **버튼 요소**

Sing in

테일윈드 CSS를 사용하지 않은 일반 CSS에서는 다음과 같이 코드를 작성합니다.

———————————————————————————————— **일반 CSS로 작성한 코드**

```
<style>
  .btn {
    background-color: green;
    font-weight: 700;
    padding-left: 1rem;
    padding-right: 1rem;
    padding-top: 0.5rem;
    padding-bottom: 0.5rem;
    border-radius: 0.25rem;
    color: white;
    border-width: 0;
    line-height: 24px;
    font-family: Arial;
  }
</style>
<button class="btn">Sign in</button>
```

한편 테일윈드 CSS를 사용할 때는 다음과 같이 테일윈드 CSS에서 제공하는 유틸리티 클래스를 조합해 작성하면 됩니다.

———————————————————————————————— **테일윈드 CSS로 작성한 코드**

```
<button class="bg-green-500 text-white font-bold py-2 px-4 rounded">
  Sign in
</button>
```

앞의 코드에서 확인할 수 있듯이 별도의 CSS 코드 없이 클래스명을 조합하는 것만으로 쉽고 빠르게 원하는 UI를 만들 수 있습니다.

● **브라우저별 기본 스타일 초기화**

CSS를 모든 웹 브라우저에 일관되게 적용해 디자인하기는 매우 어렵습니다. 웹 브라우저마다 각기 다른 기본 스타일 시트가 있기 때문입니다. 예를 들어 다음과 같이 단순한 〈button〉 태그도 웹 브라우저에 따라 크기와 모양이 다르게 표시됩니다.

```
<button>Sign in</button>
```

그림 6-21 **브라우저별 기본 버튼 UI**

(a) 크롬   (b) 파이어폭스   (c) 사파리

그래서 많은 개발자는 웹 브라우저와 상관없이 일관된 디자인을 적용하기 위해 사전에 웹 브라우저의 기본 스타일 시트를 모두 지워버리는 작업을 하는데, 이를 **리셋**(reset) 또는 **노멀라이즈**(normalize)라고 합니다.

테일윈드 CSS는 웹 브라우저마다 기본으로 가지고 있는 스타일 설정 값을 모든 브라우저에서 동일하게 보이도록 초기화합니다. 테일윈드 CSS를 사용하면 브라우저에 따라 다른 모양이던 버튼 UI가 다음과 같이 똑같은 모양으로 표시됩니다.

그림 6-22 **리셋된 기본 버튼 UI**

테일윈드 CSS를 사용하지 않는 이유

테일윈드 CSS가 늦게 출시된 것에 비해 빠르게 성장한 것은 사실이지만 단점이라고 볼 만한 특징이 있습니다.

- **긴 적응 기간**

  테일윈드 CSS는 자체적으로 유틸리티 클래스를 지정하므로 테일윈드 CSS에서 지정한 클래스명을 외워야 합니다. 테일윈드 CSS를 한 번도 접해보지 않은 사람은 테일윈드 CSS가 적용된 시스템에 적응하는 데 시간이 필요합니다.

- **큰 파일 용량**

  테일윈드 CSS는 모든 CSS 속성을 단일 클래스로 제공하는 유틸리티 퍼스트 콘셉트의 프레임워크이므로, 부트스트랩처럼 일관된 스타일을 한 번에 적용하는 프레임워크보다 파일 용량이 큽니다. 따라서 그냥 사용하면 안 되고, 코드를 빌드할 때 불필요한 클래스를 삭제해주는 PostCSS의 purgecss 플러그인과 함께 사용해야 합니다.

- **재사용의 어려움**

  테일윈드 CSS는 단일 스타일에 대해 정의된 클래스명을 조합해 사용하기 때문에 재사용이 어렵습니다. 예를 들어 앞에서 장점으로 소개했던 버튼 요소에 해당하는 코드가 20개 사용됐다고 가정해봅시다.

```
<button class="bg-red-500 text-white font-bold py-2 px-4 rounded">
  Sign in
</button>
<button class="bg-red-500 text-white font-bold py-2 px-4 rounded">
  Sign in
</button>
(18개 생략)
```

만약 버튼의 배경색을 파란색으로 바꿔야 한다면 어떻게 해야 할까요? 단일 클래스명에 복합적으로 스타일이 정의되지 않았기 때문에 태그에 사용된 bg-red-500이라는 클래스를 하나씩 직접 bg-blue-500으로 바꿔야 합니다. 이러한 방식은 단일 클래스에 여러 스타일을 정의하는 방식보다 재사용이 어렵습니다.

필자가 추천하는 테일윈드 CSS 학습 방법은 다음과 같습니다.

● **공식 문서 활용하기**

국내에는 특별히 참고할 만한 테일윈드 CSS 관련 도서가 없지만 다행히 공식 문서가 잘 정리돼 있습니다. 테일윈드 CSS에서 정의하는 유틸리티 클래스가 어떤 스타일 속성을 나타내는지만 알면 되므로 공식 문서만 참고해도 충분합니다.

  • **테일윈드 CSS 공식 문서:** https://tailwindcss.com/docs/installation

● **실습하기**

테일윈드 CSS를 공부하려면 유틸리티 클래스명을 외워야 하는데, 가장 좋은 암기 방법은 직접 코드를 작성하고 실행 결과를 보는 것입니다. 처음에는 클래스 명명 체계가 낯설게 느껴지겠지만 반복해 사용하다 보면 이해할 수 있을 만큼 클래스명이 직관적입니다. 따라서 꾸준히 코드를 작성하고 실습해보기 바랍니다.

> **수코딩의 조언** 💬
>
> 부트스트랩과 테일윈드 CSS 중 어느 것이 더 좋다고 말할 수는 없습니다. 두 프레임워크는 각자의 장점을 부각해 인지도를 쌓고 있습니다. 또한 자바스크립트 프레임워크인 앵귤러, 리액트, 뷰와의 호환성이 둘 다 좋습니다. 따라서 자신이 맡은 프로젝트의 성격에 따라 적절한 프레임워크를 선택해 사용하면 됩니다.

이 장에서는 프런트엔드 개발에 사용하는 디자인 패턴과 주요 프레임워크를 살펴봤습니다. 현업에서 주로 사용하는 프레임워크는 대부분 특징적인 디자인 패턴이 있습니다. 따라서 디자인 패턴의 개념과 특징을 이해하면 프레임워크를 공부할 때 좀 더 깊이 있게 이해할 수 있습니다.

자바스크립트 프레임워크인 앵귤러, 리액트, 뷰는 학습 난도가 높기 때문에 처음에는 하나만 선택해 배울 것을 권장합니다. 학습 난도만 보자면 뷰가 가장 쉽고 그다음이 리액트, 앵귤러 순입니다. 국내에서는 앵귤러를 거의 사용하지 않으니 뷰와 리액트 중 하나를 선택하는 것이 좋습니다.

CSS 프레임워크는 비교적 배우기 쉽습니다. 본문에서 소개한 부트스트랩과 테일윈드 CSS는 국내에서 인지도가 있으니 둘 다 배울 것을 권장합니다. 실제로 많은 기업에서도 부트스트랩과 테일윈드 CSS를 사용하고 있습니다.

그리고 들어가고 싶은 회사에서는 어떤 프레임워크를 사용하는지 사전 조사를 해보거나, 취업 사이트에서 프런트엔드 개발 포지션 모집 공고를 검색해 프레임워크의 비중을 살펴보고 학습할 프레임워크를 선택하는 것도 좋습니다.

네트워크 통신

프런트엔드 개발과 네트워크 통신은 매우 밀접한 관련이 있습니다. 모든 웹 애플리케이션은 네트워크 통신으로 데이터를 주고받기 때문입니다. 이에 프런트엔드 개발자가 알아야 할 네트워크 통신의 기본 이론과 기술을 살펴보겠습니다.

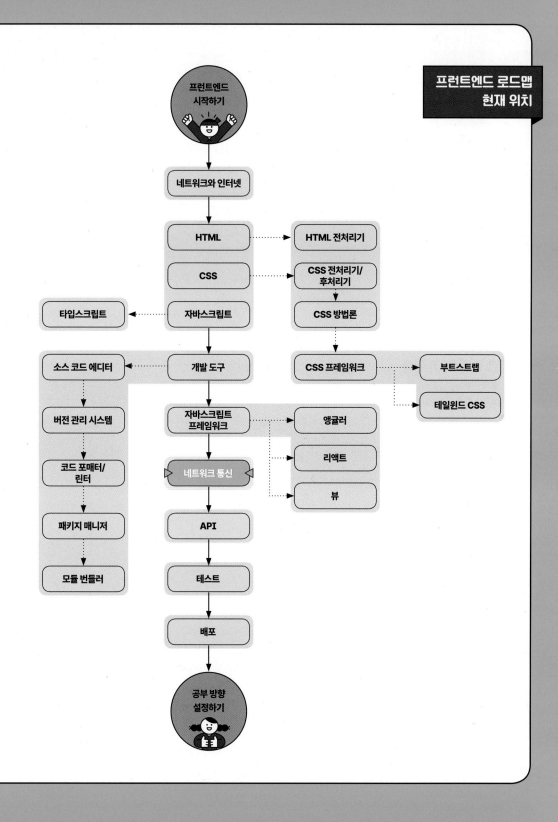

프런트엔드
시작하기

네트워크와 인터넷

HTML → HTML 전처리기

CSS → CSS 전처리기/
후처리기

타입스크립트 ← 자바스크립트   CSS 방법론

소스 코드 에디터 ← 개발 도구   CSS 프레임워크 → 부트스트랩

테일윈드 CSS

버전 관리 시스템   자바스크립트
프레임워크 → 앵귤러

코드 포매터/
린터   네트워크 통신   리액트

패키지 매니저   API   뷰

모듈 번들러   테스트

배포

공부 방향
설정하기

7.1 네트워크 계층 모델과 프로토콜

네트워크 계층 모델은 인터넷에서 통신이 일어나는 과정을 알기 쉽게 정리한 개념적 모델입니다. 이는 통신이 이뤄지는 구조와 기능을 계층화하고 계층마다 동작하는 프로토콜(protocol)을 구분한 것으로, 모든 네트워크 통신은 이러한 계층 모델을 참조합니다. OSI 7 계층과 TCP/IP 4 계층은 대표적인 네트워크 계층 모델입니다.

7.1.1 OSI 7 계층

OSI 7 계층(Open Systems Interconnection 7 Layers)은 국제표준화기구(ISO, International Organization for Standardization)가 정의한 네트워크 통신 표준입니다. 이는 네트워크상에서 통신하는 구조를 7개 계층으로 나눠 각 계층 간의 상호 작동 방식을 규정한 것입니다.

다음 그림은 이러한 7개 계층을 보여줍니다. 하위 계층인 1~3계층은 네트워크상에서 데이터 전송과 관련된 문제를 처리하고, 상위 계층인 4~7계층은 각 컴퓨터의 웹 애플리케이션에서 데이터 송수신 문제를 처리합니다.

그림 7-1 OSI 7 계층

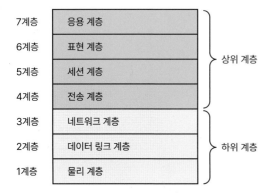

7.1.2 TCP/IP 4 계층

TCP/IP 4 계층(TCP/IP 4 Layers)은 TCP/IP 프로토콜을 규격화한 네트워크 계층 모델로, 인터넷의 전신인 아파넷에서 TCP/IP 프로토콜을 처음 사용하면서 등장했습니다. 기존의 OSI 7 계층은 인터넷에서 사용하기에는 단계가 많고 구조가 복잡했기 때문에, 이보다 간단하고 인터넷 서비스에 적합한 TCP/IP 4 계층 모델이 개발됐습니다.

TCP/IP 4 계층은 OSI 7 계층의 1, 2계층에 해당하는 네트워크 접근 계층, 3계층에 해당하는 인터넷 계층, 4계층에 해당하는 전송 계층, 5~7계층에 해당하는 응용 계층으로 구분됩니다. 네트워크 접근 계층에서는 이더넷(Ethernet)이 동작하고, 인터넷 계층에서는 IP가 동작합니다. 또한 전송 계층에서는 TCP, UDP, QUIC 프로토콜이 동작하고, 응용 계층에서는 HTTP 프로토콜이 동작합니다.

그림 7-2 **TCP/IP 4 계층과 OSI 7 계층 비교**

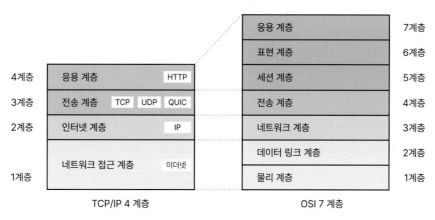

각 계층이 하는 일은 다음과 같습니다.

- **네트워크 접근 계층:** 인터넷을 구성하는 각기 다른 물리적 네트워크의 연결과 관련된 기능을 수행합니다.

- **인터넷 계층:** 데이터를 패킷으로 분할하고 목적지까지 전송 경로를 설정합니다.

- **전송 계층:** 송신 측과 수신 측 사이에서 데이터를 전송하는 기능을 수행합니다.

- **응용 계층:** 송신 측과 수신 측의 응용 프로그램 간 통신을 지원하고, 데이터 교환과 관련된 서비스를 제공합니다.

7.1.3 주요 프로토콜

네트워크 모델의 각 계층은 각기 다른 역할을 수행하면서 상호작용하는 과정을 통해 통신합니다. 각 계층에서 담당하는 역할은 미리 약속된 일련의 규칙, 즉 프로토콜을 기반으로 수행됩니다. 프로토콜에는 네트워크로 연결된 장치 사이에 주고받는 데이터의 형식, 의미, 기타 조치 등에 대한 약속이 정의돼 있습니다. 따라서 다른 개발 환경에서 만들어진 장치라도 프로토콜만 따르면 문제없이 통신할 수 있습니다.

인터넷에서 사용하는 TCP/IP 4 계층은 이더넷, IP, TCP, UDP, QUIC, HTTP 프로토콜을 사용합니다. 실제 두 장치 사이의 통신 과정은 다음과 같습니다. 송신 측의 상위 계층에서 데이터를 보내면 하위 계층으로 전달되고, 통신망을 거쳐 전송된 데이터는 수신 측의 하위 계층에서 받아 최종적으로 상위 계층에 전달됩니다.

그림 7-3 **TCP/IP 통신 과정**

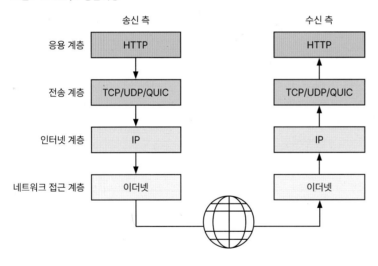

HTTP 프로토콜은 다음 절에서 자세히 다루고 나머지 프로토콜의 역할과 기능을 살펴봅시다.

이더넷

이더넷은 TCP/IP 4 계층 중 1계층인 네트워크 접근 계층에서 사용하는 프로토콜로, 컴퓨터 네트워크에서 데이터를 전송하기 위한 표준화된 방식을 제공합니다. 이는 랜(LAN, Local Area Network)이라는 근거리 통신망 환경에서 주로 활용하는 기술 규격입니다.

네트워크에 연결된 모든 기기는 48비트의 고유한 주소를 가지고 있는데, 이를 MAC(맥) 주소라고 합니다. MAC 주소는 해당 기기(하드웨어)에 부여된 고유한 식별 번호이며, 이더넷은 이 MAC 주소를 이용해 데이터를 주고받습니다.

네트워크 통신을 할 때는 IP 주소를 사용한다고 했는데, 그렇다면 MAC 주소는 무엇일까요? 네트워크상의 장치끼리 통신하려면 IP 주소를 사용하는 것이 맞습니다. 여기서 더 나아가 내부적인 동작을 들여다보면 인터넷 계층에서 사용하는 IP 주소를 네트워크 접근 계층에서 MAC 주소로 변환해 통신합니다. IP 주소가 최종 목적지를 나타내는 주소라면, MAC 주소는 해당 기기와 바로 연결된 장치, 즉 물리적으로 직접 연결된 장치와 통신할 때 사용하는 주소입니다. 따라서 네트워크 통신을 하려면 IP 주소와 MAC 주소가 모두 필요합니다.

IP

IP(Internet Protocol)는 네트워크 통신 시 데이터 전송 경로 설정, 주소 지정 등을 담당하는 프로토콜로, TCP/IP 4 계층 중 2계층인 인터넷 계층에서 사용합니다. IP는 데이터를 **패킷**(packet)이라는 작은 단위로 분할해 전송합니다. 각 패킷은 출발지 IP 주소와 목적지 IP 주소를 가지고 있으며, IP 프로토콜은 이 주소를 이용해 데이터를 목적지로 전송합니다.

그런데 IP는 데이터를 패킷으로 보내는 역할에만 충실할 뿐 데이터를 어떻게 보낼지에는 관여하지 않습니다. 전송 속도가 느리더라도 손실 없이 보낼지, 손실은 있지만 빠르게 보낼지 등을 결정하지 않습니다.

네트워크 통신에서 데이터를 전송하는 것만큼 전송한 데이터가 올바르게 도착하는지 보장하는 것도 중요합니다. 전송한 데이터가 중간에 유실되거나 잘못 전달된다면 수신 측이 데이터를 제대로 받을 수 없기 때문입니다. 따라서 데이터를 유실하지 않고 전달하는 프로토콜이 필요한데, TCP가 바로 이 역할을 합니다.

TCP

TCP(Transmission Control Protocol)는 데이터를 신뢰성 있게 주고받기 위한 프로토콜로, TCP/IP 4 계층 중 3계층인 전송 계층에서 사용합니다. 여기서 '신뢰성 있다'는 말은 통신할 때 패킷을 유실하지 않고 확실하게 전달한다는 의미입니다.

TCP가 데이터를 신뢰성 있게 보낼 수 있는 이유는 통신 방식에 있습니다. 두 장치가 통신하기 위해 연결을 설정할 때는 3-웨이 핸드셰이크(3-way handshake) 방식으로 하고, 통신이 끝난 뒤 연결을 해제할 때는 4-웨이 핸드셰이크(4-way handshake) 방식으로 합니다.

- **3-웨이 핸드셰이크:** TCP가 통신하기 위해 두 장치를 연결할 때 3단계를 거쳐 설정하는 것을 말합니다. 즉 연결 요청(SYN)→연결 응답(SYN ACK)→응답 확인(ACK) 순서로 연결을 설정합니다.

- **4-웨이 핸드셰이크:** TCP가 통신이 끝난 두 장치의 연결을 끊을 때 4단계를 거쳐 종료하는 것을 말합니다. 즉 종료 요청(FIN)→요청 확인(ACK)→종료 준비 완료(FIN)→종료(ACK) 순서로 연결을 해제합니다.

그림 7-4 **TCP의 연결 설정과 해제**

(a) 연결 설정: 3-웨이 핸드셰이크

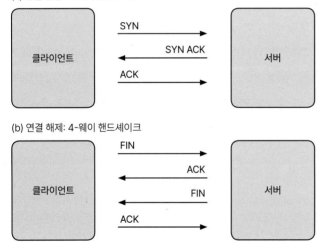

(b) 연결 해제: 4-웨이 핸드셰이크

TCP는 이러한 핸드셰이크 방식으로 연결 설정과 해제를 단계적으로 확인하면서 두 장치 간의 신뢰성 있는 데이터 전송을 보장합니다.

또한 TCP는 데이터를 전송할 때 송신 측이 데이터를 보내는 속도가 수신 측이 받는 속도보다 빨라서 문제가 되는 것을 방지하기 위해 **흐름 제어**(flow control)를 수행합니다. 그리고 송신 측의 데이터 전송 속도와 네트워크상의 데이터 처리 속도 차이를 해결하기 위해 **혼잡 제어**(congestion control)도 수행합니다.

이처럼 TCP는 신뢰성 있는 데이터 전송 기법(연결 설정과 해제, 흐름 제어, 혼잡 제어)을 포함하고 있어 HTTP 통신이나 이메일 전송, 파일 전송에 적합합니다. 하지만 신뢰성이 높은 대신에 데이터 전송 속도가 느리다는 것이 단점입니다.

UDP

전송 계층에서 사용하는 또 다른 프로토콜인 **UDP**(User Datagram Protocol)는 데이터를 빠르고 간결하게 보내는 데 유용합니다. TCP와 달리 비연결형으로 동작하기 때문에 연결 설정을 하지 않고 데이터를 전송합니다. 따라서 매번 연결 설정을 해야 하는 TCP보다 데이터를 더 빠르게 보내지만, 연결 설정이 없기 때문에 TCP와 같은 흐름 제어 및 혼잡 제어가 불가능합니다. 즉 데이터 전송에 대한 신뢰성을 보장하지 못합니다. UDP는 신뢰성 있는 데이터 전송보다 속도가 중요한 인터넷 전화, 멀티미디어 스트리밍, 온라인 게임 등에 사용합니다.

그렇다면 신뢰성도 갖추고 속도도 빠른 프로토콜은 없을까요? 있습니다. 바로 QUIC 프로토콜입니다.

QUIC

2000년대만 해도 전송 계층 프로토콜에는 TCP와 UDP만 있었습니다. TCP는 신뢰성을 보장하지만 속도가 느리고, UDP는 속도가 빠르지만 신뢰성을 보장하지 않으니 사용자 입장에서는 속도나 신뢰성 중 하나만 선택해야 했습니다. 이에 구글은 TCP의 신뢰성과 UDP의 속도를 겸비한 새로운 프로토콜 개발에 착수했고, 그 결과 **QUIC**(Quick UDP Internet Connections) 프로토콜이 탄생했습니다.

QUIC 프로토콜은 그 뼈대가 UDP라 기본적으로 속도가 빠릅니다. 또한 UDP를 커스터마이징해 TCP처럼 신뢰성 있는 데이터 전송을 보장합니다. UDP는 TCP와 달리 많은 기능(연결 설정과 해제, 흐름 제어, 혼잡 제어)이 포함되지 않아 프로토콜의 커스터마이징이 용이합니다. 이러한 특징을 이용해 UDP를 커스터마이징한 것이 바로 QUIC입니다.

표 7-1 **TCP, UDP, QUIC 비교**

구분	TCP	UDP	QUIC
연결 방식	연결형	비연결형	비연결형
신뢰성	신뢰성 있음	신뢰성 없음	신뢰성 있음
속도	느림	빠름	빠름
용도	정확한 데이터 전송이 보장 돼야 하는 서비스	안정성보다 속도가 중요한 서비스	신뢰성과 속도가 중요한 서비스

7.2

HTTP

7.2.1 HTTP의 개요

HTTP(HyperText Transfer Protocol)는 하이퍼텍스트 문서, 즉 HTML 문서를 전송하기 위한 프로토콜로, TCP/IP 4 계층 중 최상위 계층인 응용 계층에서 사용합니다. 응용 계층은 웹 브라우저와 같은 응용 프로그램이 네트워크에 접근할 수 있도록 지원하고, 응용 프로그램의 서비스를 직접적으로 수행하는 역할을 합니다.

HTTP의 특징은 다음과 같습니다.

● **클라이언트-서버 구조**

HTTP는 클라이언트가 서버에 데이터를 요청하고(request), 해당 요청에 대해 서버가 응답하는(response) 구조로 동작합니다. 여기서 클라이언트는 서버에 작업을 요청하는 컴퓨터 또는 응용 프로그램(웹 브라우저)이고, 서버는 클라이언트의 요청을 받아 처리하는 컴퓨터 또는 응용 프로그램입니다.

그림 7-5 **HTTP 클라이언트-서버 구조**

● **비연결성**

HTTP에서는 클라이언트가 서버로 작업을 요청해 응답을 받으면 연결을 끊는데, 이를 **비연결성**(connectionless)이라고 합니다. 여러 클라이언트와 통신하는 서버 입장에서는 요청이 있을 때만 연결을 유지하면 되므로 통신에 따른 과부하가 줄어듭니다. 하지만 요청이 있을 때마다 연결 설정을 새로 해야 하는 부담이 따릅니다.

● **무상태**

HTTP는 상태를 유지하지 않는 **무상태**(stateless) 프로토콜입니다. 상태를 유지하지 않는다는 것은 서버가 클라이언트의 이전 요청이나 세션 정보를 기억하지 않는다는 것을 의미합니다. 클라이언트가 요청하는 각각의 정보는 독립적으로 처리되며, 서버는 클라이언트의 이전 상태에 대한 정보를 저장하지 않습니다. 따라서 무상태로 동작하는 HTTP를 따르면 서버의 부담이 줄어들고 네트워크의 확장성을 향상할 수 있습니다.

NOTE 세션

서버가 자신에게 요청을 보낸 클라이언트의 상태를 유지하기 위한 방법을 세션(session)이라고 합니다. **7.3.2절 세션**에서 이에 대해 자세히 설명하겠습니다.

7.2.2 HTTP 메시지

응용 계층에서 데이터를 요청하거나 응답할 때는 서로 다른 서비스 간에 원활하게 주고받을 수 있도록 데이터를 일정한 형식에 맞추는데, 이때 사용하는 데이터 형식을 **HTTP 메시지**라고 합니다. HTTP 메시지는 크게 클라이언트가 서버에 요청할 때 사용하는 **요청 메시지**, 서버가 클라이언트에 응답할 때 사용하는 **응답 메시지**로 구분됩니다. 이 두 메시지는 모두 시작 행(start line), 헤더(header), 공백 행(blank line), 본문(body)으로 구성되지만 세부적인 내용이 조금씩 다릅니다. 만약 전송할 데이터가 없으면 본문 없는 메시지가 전달됩니다.

그림 7-6 **HTTP 메시지**

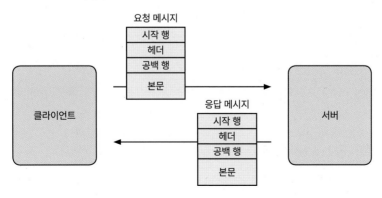

- **요청 메시지**

  - **시작 행:** HTTP 메서드(요청 내용), 요청 URL(요청을 보내는 서버 주소), HTTP 버전이 들어갑니다.

  - **헤더:** 요청과 관련된 부가 정보가 들어갑니다.

  - **공백 행:** 헤더의 끝을 표시하기 위해 빈 행을 넣습니다.

  - **본문:** 요청 내용에 따라 생략할 수 있습니다. 어떤 데이터를 저장하거나 수정하라는 요청의 경우 본문이 들어가고, 단순 조회 또는 삭제하라는 요청의 경우 본문이 들어가지 않습니다.

  요청 메시지의 세부 내용은 다음 그림과 같습니다.

  그림 7-7 **HTTP 요청 메시지의 예**

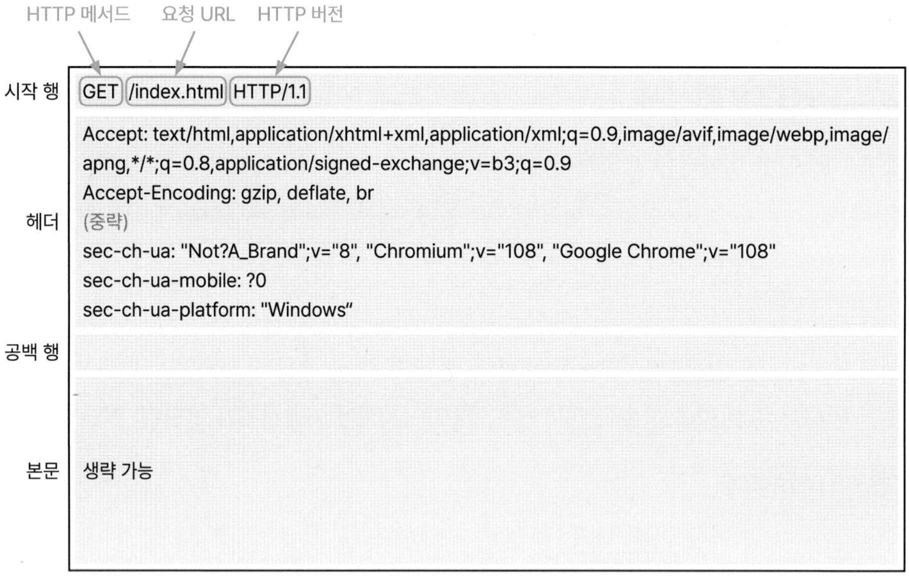

- **응답 메시지**

  - **시작 행:** HTTP 버전, 상태 코드와 상태 메시지(요청에 대한 응답 상태와 메시지)가 들어갑니다.

  - **헤더:** 응답과 관련된 부가 정보가 들어갑니다.

  - **공백 행:** 헤더의 끝을 표시하기 위해 빈 행을 넣습니다.

- **본문:** 응답할 데이터가 있으면 전송합니다.

응답 메시지의 세부 내용은 다음 그림과 같습니다.

그림 7-8 **HTTP 응답 메시지의 예**

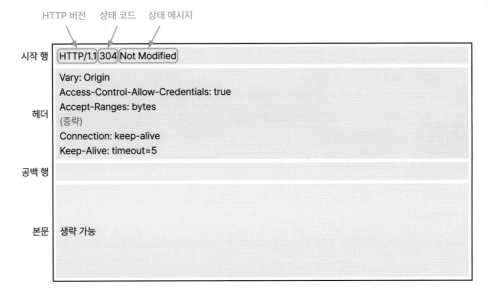

7.2.3 **HTTP 헤더**

HTTP 헤더는 HTTP 요청 메시지와 응답 메시지의 부가 정보가 포함된 부분입니다. 헤더는 개발자가 별도로 설정하지 않아도 기본 정보가 자동으로 포함돼 전송됩니다. 하지만 개발자가 인위적으로 헤더의 값을 추가할 수도 있습니다. 따라서 개발자라면 헤더의 세부 내용을 파악하고 다룰 줄 알아야 합니다.

헤더 정보는 웹 브라우저에서 확인할 수 있습니다. 다음은 크롬의 개발자 도구(단축키 [F12])를 열어 [Network] 탭을 클릭하고 네이버(**www.naver.com**)에 접속했을 때의 모습입니다. 여기서 Name의 목록 중 하나를 선택하면 개발자 도구의 헤더 정보가 General, Response Headers, Request Headers로 구분된 것을 볼 수 있습니다.

그림 7-9 크롬 개발자 도구에서 확인한 헤더 정보

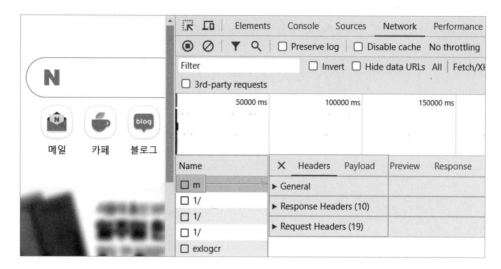

- **General**

  요청 또는 응답의 일반적인 헤더 정보입니다. 여기에는 Request URL(요청을 보내는 서버 주소), Request Method(요청 메서드), Status Code(상태 코드) 등이 포함됩니다.

- **Response Headers**

  응답에만 사용하는 헤더 정보입니다. 여기에는 Set-Cookie(클라이언트에 쿠키 생성), Server(응답을 생성한 서버의 소프트웨어나 버전 정보), Location(페이지 이동 지시) 등이 포함됩니다.

  NOTE 쿠키

  웹 서버가 생성해 웹 브라우저로 전송하는 작은 정보 파일을 쿠키(cookie)라고 합니다. **7.3.1절 쿠키**에서 이에 대해 자세히 설명하겠습니다.

- **Request Headers**

  요청에만 사용하는 헤더 정보로, 보통은 HTTP 통신에서 가장 많은 헤더 정보를 담고 있습니다. 여기에는 Host(요청을 보내는 서버 주소), User-Agent(클라이언트 정보), Accept(허용 미디어 범위) 등이 포함됩니다.

응답과 요청에 포함된 헤더 정보는 호출마다 세부 내용이 조금씩 다릅니다.

7.2.4 HTTP 메서드와 상태 코드

HTTP로 통신할 때 클라이언트는 **HTTP 메서드**(HTTP method)를 요청 메시지에 넣어 전달하고, 서버는 요청에 대한 **상태 코드**(status code)를 응답 메시지에 넣어 전달합니다.

그림 7-10 **HTTP 메서드와 상태 코드**

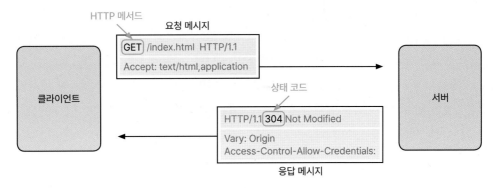

HTTP 메서드

HTTP 메서드는 클라이언트에서 서버로 어떤 작업을 요청할 때 요청의 목적과 종류를 알리는 용도로 사용됩니다. HTTP 메서드의 종류는 다음 표와 같으며 GET, POST, PUT, PATCH, DELETE, OPTIONS를 가장 많이 사용합니다.

표 7-2 **HTTP 메서드**

메서드	설명
GET	데이터 조회를 요청할 때 사용합니다.
POST	데이터를 전송해 등록을 요청할 때 사용합니다.
PUT	데이터 전체의 수정을 요청할 때 사용합니다.
PATCH	데이터 일부의 수정을 요청할 때 사용합니다.
DELETE	데이터 삭제를 요청할 때 사용합니다.
OPTIONS	서버가 어떤 메서드를 지원하는지 알아볼 때 사용합니다.
HEAD	GET 메서드와 동일한 역할을 하지만 시작 행과 헤더만 반환받습니다.
TRACE	클라이언트와 서버 간에 루프백 테스트(loopback test)를 할 때 사용합니다. 루프백 테스트를 하면 통신 중 어느 지점에서 에러가 발생했는지 디버깅을 통해 확인할 수 있습니다.
CONNECT	프록시 서버 같은 중간 서버 경유를 요청할 때 사용합니다.

HTTP 메서드는 **안전성**(safe)과 **멱등성**(idempotent)이라는 속성으로 구분하기도 합니다.

- **안전성**: HTTP 메서드로 보낸 요청이 서버의 상태를 변경하지 않는 경우 그 메서드는 '안전하다'고 합니다. 안전성이 보장된 메서드는 서버에 불필요한 부담을 주지 않으면서 속도나 성능 면에서도 안정적으로 운영되게 합니다. GET, OPTIONS, HEAD, TRACE는 안전성이 보장된 메서드입니다.

- **멱등성**: 서버로 보내는 요청이 한 개든 수십 개든 상관없이 항상 서버에서 동일한 처리와 동일한 응답을 받는 메서드를 '멱등하다'고 합니다. 수학에서 멱등은 연산을 여러 번 적용하더라도 결과가 달라지지 않는 성질을 의미하며, 이와 마찬가지로 멱등한 메서드는 여러 번 요청하더라도 동일한 응답을 받습니다. GET, PUT, DELETE, OPTIONS, HEAD는 멱등한 메서드입니다.

> **수코딩의 조언** 💬
>
> 안전한 메서드는 모두 멱등한 메서드입니다. 하지만 멱등한 메서드가 반드시 안전한 메서드라고 할 수는 없습니다. PUT과 DELETE는 멱등한 메서드이지만 안전한 메서드는 아닙니다.

HTTP 상태 코드

클라이언트가 HTTP 메서드 중 하나로 서버에 어떤 요청을 보내면 서버는 이 요청에 대한 응답 결과를 상태 코드와 함께 전달합니다. 예를 들어 네이버에서 특정 버튼을 클릭해 요청을 보낸 후 General 헤더 정보를 보면 다음과 같이 상태 코드가 함께 전달된 것을 확인할 수 있습니다.

그림 7-11 **General 헤더 정보에서 본 상태 코드**

▼ General	
Request URL:	https://tivan.naver.com/sc2/1/
Request Method:	POST
Status Code:	● 200 OK
Remote Address:	223.130.192.205:443
Referrer Policy:	unsafe-url

상태 코드는 HTTP 요청에 대한 응답 결과를 나타냅니다. 개발자는 상태 코드를 보고 요청이 성공했는지 혹은 실패했는지 판단하고 적절히 처리합니다.

상태 코드는 다음 표와 같이 5개 그룹으로 나뉩니다.

표 7-3 상태 코드

그룹	상태 코드	설명
1xx	정보 응답	요청에 대한 처리가 진행 중이라는 의미입니다.
2xx	성공 응답	요청에 대한 응답을 성공적으로 완료했다는 의미입니다.
3xx	리다이렉션 메시지	요청을 완료하기 위해 리다이렉션(새 URL로 재요청)이 필요하다는 의미입니다.
4xx	클라이언트 오류 응답	요청을 처리하던 중 클라이언트 오류가 발생했다는 의미입니다.
5xx	서버 오류 응답	클라이언트의 요청을 받았으나 적절히 처리하지 못해 응답할 수 없다는 의미입니다.

이 표에서는 각 그룹에 대해 포괄적으로 설명했지만 실제로는 그 안에 포함된 상태 코드가 무수히 많습니다. 예를 들어 2xx번대 그룹에는 200번(요청이 성공적으로 이뤄짐), 201번(요청이 성공적으로 이뤄져서 새로운 리소스가 만들어짐), 202번(요청을 받아들였지만 처리되지 않았음) 등의 세부 코드가 있습니다.

그러나 프런트엔드 개발자라고 해서 그 많은 상태 코드를 다 외울 필요는 없습니다. 각 그룹이 어떤 의미인지 이해하는 것만으로 충분하며, 필요할 때마다 검색해 확인하면 됩니다.

7.2.5 HTTP 버전별 특징

인터넷이 발전하면서 HTTP도 함께 발전했습니다. 최초의 0.9 버전(HTTP/0.9)부터 최신인 3 버전(HTTP/3)까지 간략히 살펴봅시다.

- **HTTP/0.9**: HTTP의 최초 버전입니다. GET 메서드만 지원했으며, 정적인 HTML 문서 전달에만 초점을 맞췄습니다.

- **HTTP/1.0**: POST, HEAD 메서드가 추가되고, 예전에 없던 헤더와 본문이 메시지 형식에 추가됐습니다. HTML 문서뿐만 아니라 이미지, 오디오, 비디오와 같은 미디어 형식의 파일도 전송할 수 있게 됐습니다.

- **HTTP/1.1**: 현재 사용하는 메서드가 모두 추가됐습니다(**표 7-2** 참조). 한 번의 연결로 여러

요청과 응답을 보낼 수 있게 개선됐습니다.

- **HTTP/2:** 1.1 버전에서 한 번의 연결로 보낼 수 있는 요청과 응답을 병렬로 보내게 함으로써 처리 속도를 개선했습니다. 또한 헤더를 압축하게 함으로써 네트워크의 부하를 줄였습니다.

- **HTTP/3:** 이전 버전은 모두 TCP를 사용해 데이터를 전송했는데 3 버전부터 QUIC 프로토콜로 데이터를 전송합니다. 기존 HTTP 버전보다 통신의 신뢰성과 속도가 향상됐으며, 암호화를 기본적으로 제공해 보안도 우수합니다.

여기서 주목할 점은 기존 HTTP가 사용하던 전송 계층 프로토콜이 3 버전부터 TCP에서 QUIC 프로토콜로 변경됐다는 것입니다. 신뢰성과 속도를 모두 챙긴 QUIC 프로토콜을 적용한 3 버전은 현재 구글과 유튜브 등의 글로벌 서비스에서 널리 사용되고 있습니다. 또한 1.1 버전과 2 버전도 여전히 활발히 사용되고 있으나 0.9 버전과 1.0 버전은 더 이상 사용되지 않습니다.

7.2.6 HTTPS 보안 프로토콜

HTTP는 암호화되지 않은 데이터를 전송하기 때문에 비밀번호 같은 개인 정보를 주고받는데에는 위험이 따릅니다. **HTTPS**(HyperText Transfer Protocol over SSL)는 그러한 데이터를 보다 안전하게 주고받을 수 있도록 개발된 프로토콜입니다. 기존 HTTP에 암호화를 추가했으며, 기본으로 443 포트를 사용합니다(HTTP는 80 포트 사용).

그림 7-12 **HTTP와 HTTPS**

(a) HTTP

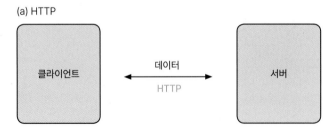

(b) HTTPS

HTTP가 TCP/UDP 위에서 동작한다면 HTTPS는 TCP/UDP 위에 SSL(Secure Sockets Layer) 프로토콜을 추가해 데이터 전송 시 암호화를 수행합니다. SSL 프로토콜은 현재 TLS(Transport Layer Security)로 명칭이 바뀌었지만, SSL이라는 명칭이 사라지지 않아서 SSL/TLS라고도 부릅니다.

그림 7-13 **HTTP와 HTTPS 계층 비교**

응용 계층			HTTP
전송 계층	TCP	UDP	QUIC
인터넷 계층			IP
네트워크 접근 계층			

HTTP

응용 계층			HTTPS
보안 계층			SSL/TLS
전송 계층	TCP	UDP	QUIC
인터넷 계층			IP
네트워크 접근 계층			

HTTPS

7.3

쿠키와
세션

HTTP에서 클라이언트가 보낸 요청에 대한 정보를 서버가 저장하지 않는 특징을 '무상태'라고 했습니다. 하지만 통신을 하다 보면 로그인처럼 사용자임을 인증한 후 일정 시간 동안 접속 상태가 유지돼야 하는 상황이 있는데, 이를 위해 등장한 기술이 바로 쿠키와 세션입니다.

7.3.1 쿠키

쿠키는 웹 서버가 생성해 웹 브라우저로 전송하는 작은 정보 파일입니다. 무상태인 HTTP 통신에서 클라이언트의 요청을 기억하고 구분하려는 용도로 쿠키를 사용합니다.

클라이언트가 서버에 어떤 요청을 보내면 서버는 클라이언트에 응답할 때 쿠키 정보를 포함해 응답합니다. 클라이언트는 응답받은 값에 쿠키가 있으면 자신(웹 브라우저)의 기억 장치에 저장합니다. 그리고 이후 요청을 보낼 때 저장했던 쿠키를 넣어 전송합니다. 서버는 요청에 포함된 쿠키 정보를 보고 클라이언트를 식별하며, 클라이언트와 주고받은 과거 통신 내역에 대한 일부 데이터를 저장합니다.

그림 7-14 **클라이언트와 서버의 쿠키 전달 과정**

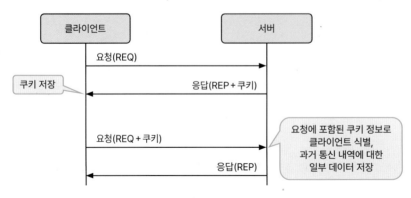

쿠키는 서버에서 구동되는 도메인별로 관리됩니다. 예를 들어 네이버 사이트로 요청을 보내고 응답받을 때 주고받은 쿠키는 **https://www.naver.com** 도메인에서만 사용할 수 있습니다. 만약 **https://www.google.com**으로 도메인이 바뀌면 쿠키를 새로 주고받습니다.

쿠키 전송 방법

서버가 클라이언트로부터 요청을 받아 응답을 보낼 때는 Set-Cookie라는 헤더 정보를 전송합니다. Set-Cookie에는 서버가 클라이언트로 보내는 쿠키가 다음과 같은 형식으로 들어갑니다.

```
Set-Cookie: <쿠키_이름>:<쿠키_값>
```

예를 들어 username이라는 쿠키에 sucoding 값을 넣어 보내는 경우를 살펴봅시다. 서버에서 응답할 때 응답 메시지의 헤더에 쿠키를 저장하도록 코드를 작성하면 되는데, 다음은 이를 Node.js 프로그래밍으로 작성한 예입니다.

헤더에 쿠키 정보를 포함해 전송하는 코드
```
const app = require('express')();
app.get('/', (req, res) => {
  res.setHeader('Set-Cookie', [username='sucoding']);
  res.sendFile(`${__dirname}/index.html`);
});
app.listen(8080, () => console.log('listening on port :8080'));
```

이렇게 전달한 응답 메시지의 헤더에는 Set-Cookie가 포함돼 있어 클라이언트의 웹 브라우저는 username이라는 이름으로 sucoding이라는 값을 저장합니다. 그리고 이후 전송하는 모든 요청에 대해 다음과 같이 쿠키를 넣어 보냅니다.

쿠키가 포함된 요청 메시지
```
GET /sample_page.html HTTP/1.1
Host: www.example.org
Cookie: username=sucoding
```

쿠키 속성

다음은 구글 검색 페이지에서 어떤 요청을 보내고 받은 응답 메시지 헤더의 일부입니다. set-cookie 값으로 쿠키 정보가 포함된 것을 볼 수 있습니다.

그림 7-15 응답 메시지 헤더에 포함된 쿠키 정보의 예

```
set-cookie: SIDCC=AIKkIs1MOEkNAdVpKoiM51tM0Wtnjq613zkoaDOY7hnyZZV1f94z7VmDL6sNux-i0VbdO2
H29w; expires=Thu, 18-Jan-2024 15:59:56 GMT; path=/; domain=.google.com; priority=hig
h
```

그림을 보면 set-cookie에 expires, path, domain, priority 등 여러 값이 붙어 있는데, 이러한 값을 쿠키 속성이라고 합니다.

● 쿠키 만료 시간(expires, max-age)

모든 쿠키는 웹 브라우저가 완전히 닫히면 삭제됩니다. 하지만 다음과 같이 expires 속성으로 날짜를 명시하거나, max-age 속성으로 기간을 명시하면 웹 브라우저의 닫힘과 상관없이 쿠키를 언제까지 저장할지 만료 시간을 설정할 수 있습니다.

```
expires=Wed, 3 Sep 2023 09:00:00 GMT
max-age=3600
```

● 쿠키 범위(domain, path)

쿠키 범위는 domain과 path 속성으로 지정합니다. 쿠키 범위에 따라 쿠키를 보낼 URL과 경로를 설정할 수 있습니다.

```
// example.com 도메인과 example.com 서브 도메인(예: stg.exmaple.com 등)에
서 접근 가능
domain=example.com
// mypage 경로와 mypage 하위 경로(예: /mypage/profile 등)에서 접근 가능
path=/mypage
```

● 쿠키 보안(secure)

쿠키는 HTTP 메시지에 포함돼 전송되므로 중간에 탈취당하기 쉽습니다. 따라서 민감한 정보는 절대로 쿠키로 전달하면 안 됩니다. 그럼에도 불구하고 쿠키를 사용하고 싶다

면 secure 속성으로 지정합니다. secure 속성으로 지정하면 HTTP가 아니라 HTTPS를 사용할 때만 쿠키 값을 전송하도록 설정할 수 있습니다.

- **XSS 공격 방지(HttpOnly)**

  쿠키를 탈취하는 악성 공격 방법 중 **XSS**(Cross-Site Scripting, 사이트 간 스크립팅)는 사용자가 이용하는 웹 사이트에 악성 스크립트 코드를 심어 쿠키를 탈취하는 해킹 공격입니다. 이러한 공격을 막으려면 HttpOnly 속성을 사용해 클라이언트가 쿠키에 접근하지 못하게 합니다. 이렇게 하면 해커가 아무리 쿠키를 탈취하려고 해도 클라이언트에 저장된 쿠키에 접근할 수 있는 권한 자체가 없기 때문에 탈취를 막을 수 있습니다.

- **CSRF 공격 방지(samesite)**

  해커가 쿠키를 악용하는 방법으로 **CSRF**(Cross-Site Request Forgery, 사이트 간 요청 위조)도 있습니다. CSRF는 원치 않는 사이트로 쿠키를 보내는 공격 방법으로, 인증된 사이트에 저장된 쿠키를 해커가 미리 심어놓은 다른 사이트에 전송하는 방식으로 쿠키를 악용합니다. 이러한 공격을 막으려면 samesite 속성을 사용하는데, samesite 속성에는 strict, lax, none 옵션 중 하나를 지정합니다.

  - **strict:** 다른 사이트로 쿠키를 전송할 수 없음

  - **lax:** 안전한 HTTP 메서드(예: GET)이고 작업이 최상위 경로에서 이뤄지는 경우를 제외하고 그 밖의 사이트로 쿠키를 전송할 수 없음

  - **none:** 다른 사이트로 쿠키를 전송할 수 있음(이 옵션은 사용하면 안 됨)

> **NOTE** 쿠키 더 알아보기
>
> 쿠키에 대해 자세히 알고 싶다면 다음 사이트를 참고하세요.
> **https://developer.mozilla.org/ko/docs/Web/HTTP/Cookies**

7.3.2 세션

HTTP 통신으로 클라이언트와 서버가 값을 주고받는 과정을 거치므로 쿠키는 중간에 탈취당할 가능성이 높습니다. 이는 보안상 취약한 부분이 있다는 의미이자, 민감한 정보를 주고받는 데 위험이 따른다는 의미이기도 합니다. 물론 앞에서 살펴본 쿠키 속성(secure,

HttpOnly, samesite)을 사용하면 최대한 보안을 지킬 수 있지만 근본적인 해결책은 아닙니다.

이에 보안 관점에서 좀 더 안전한 방법을 사용하고 싶다면 세션을 사용하면 됩니다. **세션**은 서버가 자신에게 요청을 보낸 클라이언트의 상태를 유지하기 위한 방법을 말합니다.

클라이언트가 서버에 어떤 요청을 보내면 서버는 무작위로 생성한 고유한 세션 ID를 응답 메시지의 Set-Cookie 헤더 정보에 포함해 전달합니다. 이후 클라이언트는 요청 메시지를 보낼 때마다 응답받은 세션 ID를 포함해 보냅니다. 서버는 클라이언트의 요청 메시지에 있는 세션 ID를 보고 해당 ID가 유효한지 확인한 뒤 요청을 처리합니다.

세션은 웹 브라우저와 같은 클라이언트가 종료되면 즉시 삭제됩니다. 또한 새로운 클라이언트가 요청을 보내면 세션 ID를 주고받는 과정을 처음부터 다시 수행합니다.

그림 7-16 **클라이언트와 서버의 세션 전달 과정**

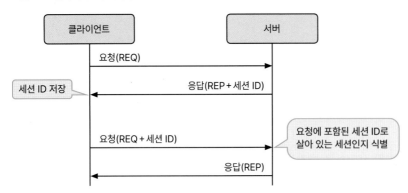

7.4

웹 소켓

HTTP는 클라이언트와 서버의 연결을 유지하지 않는 '비연결성'이라는 특징이 있습니다. 또한 연결 설정이 클라이언트에서 서버로 요청이 발생할 때만 이뤄지므로 요청 없이 서버에서 응답을 보낼 수 없습니다. 이러한 특징 때문에 HTTP는 실시간 채팅과 같이 양방향으로 계속 요청과 응답을 보내는 서비스를 구현하기에는 부족합니다.

이러한 문제를 해결하기 위해 개발된 프로토콜이 바로 **웹 소켓**(web socket)입니다. 웹 소켓은 HTTP처럼 TCP/IP 4 계층 중 응용 계층에서 동작합니다. 하지만 HTTP와 달리 한 번 연결되면 끊어지지 않으며, 클라이언트의 요청이 없어도 서버에서 응답을 보낼 수 있습니다.

웹 소켓의 초기 연결 설정은 HTTP로 합니다. 클라이언트와 서버가 웹 소켓을 지원하는지 사전에 알 수 없기 때문입니다. 따라서 ❶ HTTP 요청 메시지의 헤더에 Upgrade 값으로 websocket을 보내 서버가 웹 소켓을 지원하는지 확인합니다. ❷ 요청을 받은 서버는 웹 소켓을 지원하는 경우 응답에 상태 코드 101, 상태 메시지 Switching Protocols를 담아 보냅니다.

그림 7-17 **웹 소켓의 초기 연결 설정**

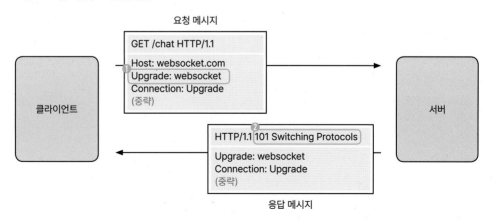

이렇게 요청과 응답을 주고받으면 웹 소켓 연결 설정이 완료되고, 이후 양방향으로 데이터를 전송할 수 있습니다. 현재도 실시간 통신이 필요한 다양한 웹 애플리케이션에서 웹 소켓을 이용하고 있습니다.

NOTE 웹 소켓 더 알아보기

웹 소켓에 대해 자세히 알고 싶다면 다음 사이트를 참고하세요.
https://developer.mozilla.org/ko/docs/Web/API/WebSockets_API

이 장에서는 클라이언트와 서버의 네트워크 통신에 관한 내용을 함축적으로 살펴봤습니다. 더 깊이 공부해도 좋겠지만, 프런트엔드 개발 시에는 네트워크 계층 모델의 종류와 동작 원리, HTTP를 비롯한 주요 프로토콜, 쿠키와 세션, 웹소켓에 관한 내용 정도만 알아도 충분합니다.

이 장에서 네트워크 통신을 잘 이해했다면 다음 장에서 배울 API가 네트워크 통신을 이용한 하나의 웹 애플리케이션 개발 방법임을 알 수 있습니다. 또한 앞으로 네트워크와 관련된 어떤 학습 주제라도 수월하게 공부할 수 있을 것입니다.

API

지금까지 살펴본 프런트엔드 로드맵은 사용자와 상호작용하는 UI를 개발하는 것과 소스 코드를 관리하는 방법에 대한 내용이었습니다. 그런데 이러한 부분은 단순히 겉으로 드러나는 것일 뿐, 실제로 동작하는 인터랙티브한 웹 애플리케이션을 만들려면 서버와 통신하는 방법을 알아야 합니다.

프런트엔드 개발을 할 때 서버와 통신하려면 API를 이용해야 합니다. 이 장에서는 프런트엔드 개발을 위해 알아야 할 API의 개념과 종류, API 디자인 패턴, API 호출 방법과 테스트 도구를 살펴봅니다.

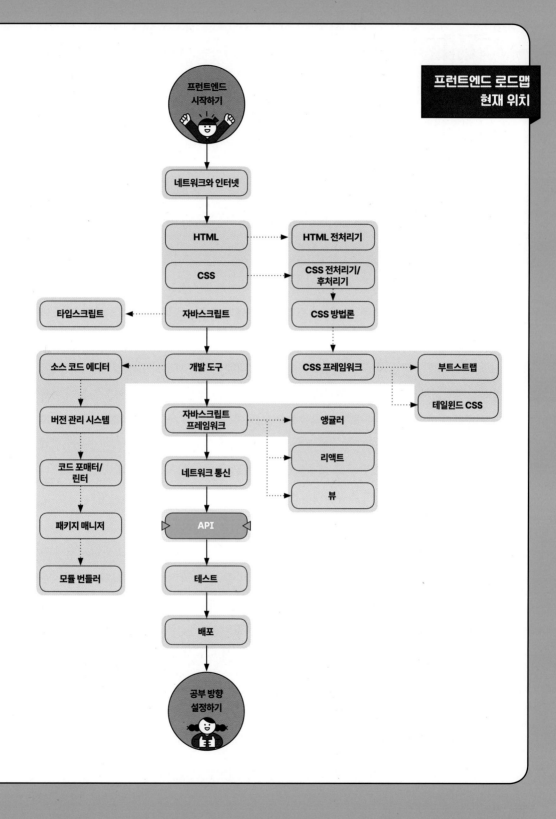

프런트엔드 로드맵
현재 위치

프런트엔드
시작하기

네트워크와 인터넷

HTML → HTML 전처리기

CSS → CSS 전처리기/
후처리기

타입스크립트 ← 자바스크립트   CSS 방법론

소스 코드 에디터 ← 개발 도구   CSS 프레임워크 → 부트스트랩

버전 관리 시스템   자바스크립트
프레임워크 → 앵귤러   테일윈드 CSS

코드 포매터/
린터   네트워크 통신   리액트

패키지 매니저   API   뷰

모듈 번들러   테스트

배포

공부 방향
설정하기

8.1

API의 개요

8.1.1 API의 개념

API(Application Programming Interface, 애플리케이션 프로그래밍 인터페이스)는 애플리케이션(웹 애플리케이션, 모바일 앱)에서 사용하도록 운영체제나 프로그래밍 언어가 제공하는 기능을 제어할 수 있게 만든 인터페이스입니다. API의 개념은 인터페이스를 알면 쉽게 이해할 수 있습니다.

인터페이스는 각기 다른 사물이나 시스템 간의 커뮤니케이션이 가능하도록 설계된 상호작용 방식을 말합니다. 예를 들어 자판기의 음료수를 구매하는 경우, 사용자가 버튼을 눌러 음료를 선택하면 자판기는 내부 로직을 작동하고, 사용자는 내부 로직이 어떻게 돌아가는지 모른 채 음료수를 받습니다. 이때 사용자가 원하는 음료수를 받을 수 있는 것은 자판기가 제공하는 인터페이스, 즉 음료 선택 버튼을 눌렀기 때문입니다. 이처럼 인터페이스는 각기 다른 시스템(사람과 자판기)이 커뮤니케이션을 할 수 있게 해줍니다.

그렇다면 API는 무엇일까요? 스마트폰으로 오늘 날씨를 확인하는 경우를 예로 살펴봅시다. 사용자가 날씨 앱을 실행하면 앱은 서버에 날씨 정보를 보여달라는 API 요청을 보냅니다. 요청을 받은 서버는 날씨 정보를 응답하고, 앱은 이를 받아 화면에 보여줍니다. 사용자는 단순히 날씨 앱을 실행했을 뿐이지만, 내부적으로는 API가 스마트폰 앱과 서버 사이의 데이터 통신을 중재해 서로 다른 시스템 사이에 문제없이 데이터 교환이 이뤄졌습니다. 이처럼 API는 클라이언트에서 동작하는 애플리케이션과 서버가 서로 통신할 수 있도록 도와주는 매개체 역할을 합니다.

그림 8-1 **API의 개념**

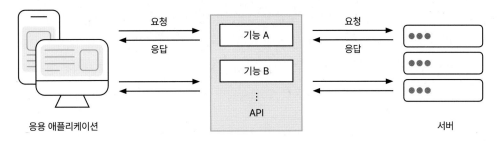

요청 / 응답 / 기능 A / 기능 B / ⋮ / API / 요청 / 응답 / 응용 애플리케이션 / 서버

8.1.2 **API의 중요성**

API 덕분에 각기 다른 시스템 간에 표준화된 방식으로 데이터를 교환할 수 있는데, 이러한 맥락에서 API가 중요한 이유는 다음과 같습니다.

● **통합**

API 기술을 적용하면 목적이 제각각인 시스템 간의 통합(integration)을 쉽게 할 수 있습니다. 예를 들어 날씨 정보를 보여주는 애플리케이션과 날씨 정보를 응답하는 서버는 프로그래밍상의 관련성이 없더라도 API를 사용하면 두 시스템을 통합해 날씨 정보 제공이라는 하나의 목적을 달성할 수 있습니다.

● **확장**

'API를 사용하면 통합이 쉽다'는 말은 곧 확장성(scalability)이 좋은 애플리케이션을 만들 수 있다는 의미입니다. 예를 들어 날씨 정보만 제공하는 애플리케이션에 커뮤니티 기능이 필요하다면 커뮤니티 기능을 하는 애플리케이션을 만든 후 합치기만 하면 됩니다. 날씨 API, 커뮤니티 API, 로그인 API 등 용도별로 API가 있기 때문에 이를 사용하면 애플리케이션의 기능을 쉽게 확장할 수 있습니다.

● **재사용성**

API를 이용하면 애플리케이션의 기능을 쉽게 재사용(reusability)할 수 있습니다. 예를 들어 상품 검색 버튼이 A 페이지에도 있고 B 페이지에도 있는 경우에는 상품 검색 기능 API를 하나만 만들어 여기저기 사용하면 됩니다. 이렇게 API를 통해 특정 기능의 재사용성을 높이면 개발에 들어가는 전체적인 시간과 노력을 줄일 수 있습니다.

- **보안**

  API를 사용하면 애플리케이션의 보안(security) 기능을 강화할 수 있습니다. 중요한 데이터를 보호하기 위해 API 자체에 인증 및 권한 부여 로직을 적용할 수 있고, 보안 프로토콜을 사용해 데이터를 암호화할 수도 있습니다. 또한 속도 제한 및 로그 생성을 통해 잠재적인 보안 위협을 식별하고 대응할 수 있습니다.

- **관심사 분리**

  API를 사용하면 프런트엔드와 백엔드의 관심사를 분리(separation of concerns)할 수 있습니다. 프런트엔드 개발 시 백엔드의 세부 구현 사항을 신경 쓰지 않고 사용자에게 보이는 UI와 각 구성 요소 간의 상호작용에만 집중하면 됩니다. API를 기준으로 서버와 통신하면 되기 때문입니다.

8.2 API의 종류

웹 애플리케이션을 개발할 때는 구현해야 할 기능과 서비스가 다양하기 때문에 각각의 요구 사항에 맞는 API를 사용해야 합니다. 어떤 서비스를 만드느냐에 따라 활용할 수 있는 API가 다릅니다. 이 절에서는 다양한 API 중에서 자바스크립트로 호출해 사용할 수 있는 API에 대해 알아보겠습니다.

8.2.1 브라우저 API

브라우저 API(browser APIs)는 웹 브라우저에서 자체적으로 제공하는 API 집합으로, 웹 브라우저의 다양한 기능과 인터페이스를 제어하기 위해 사용합니다. 개발자는 브라우저 API를 통해 웹 애플리케이션의 대화형 기능(사용자와 웹 애플리케이션 간의 상호작용)을 구현할 수 있습니다. 주요 브라우저 API는 DOM API, 지오로케이션 API, 스토리지 API 등입니다.

DOM API

DOM API(Document Object Model API)는 개발자가 HTML 문서의 구조와 내용에 접근해 조작할 수 있는 일련의 방법을 제공하는 브라우저 API입니다. HTML(또는 XML, XHTML) 문서의 구조화된 표현 방식인 DOM 트리를 통해 HTML의 요소, 속성, 텍스트 등을 선택하고 수정할 수 있도록 관련 속성과 메서드를 제공합니다.

DOM API의 주요 기능은 다음과 같습니다.

● **요소 선택과 탐색**

DOM API를 사용하면 HTML 문서의 특정 요소를 선택할 수 있습니다. 그리고 선택한 요소를 기준으로 다른 요소를 탐색할 수도 있습니다. 요소의 선택과 탐색에는

getElementById(), querySelector(), querySelectorAll() 등의 메서드를 사용합니다.

● **요소 생성과 조작**

DOM API를 사용하면 새로운 요소를 생성하고, 선택된 요소의 속성, 스타일, 내용 등을 조작할 수 있습니다. 이때 사용하는 속성과 메서드는 innerHTML, innerText, createElement(), setAttribute() 등입니다.

● **문서 조작**

DOM API를 사용하면 요소의 생성과 조작뿐만 아니라 문서 자체의 구조도 제어할 수 있습니다. 예컨대 기존의 요소를 삭제하거나 다른 곳으로 이동할 수도 있고, 완전히 새로운 요소를 특정 위치에 추가할 수도 있습니다. 이때 사용하는 메서드는 appendChild(), removeChild(), replaceChild() 등입니다.

● **이벤트 처리**

DOM API를 사용하면 선택된 요소에 이벤트(마우스 클릭과 같은 사용자 행위)를 등록하고, 등록된 이벤트에 해당하는 이벤트 리스너(이벤트를 감지하는 것)를 등록할 수 있습니다. 예를 들어 마우스를 클릭하거나 키보드로 입력하는 등 이벤트에 따라 특정 기능이 동작하게 할 수 있습니다.

다음은 DOM API를 사용해 HTML 문서를 제어하는 코드의 예입니다.

```
<body>
  <h1>Hello!</h1>
  <script>
    const heading = document.querySelector('h1');
    heading.innerHTML = 'Bye!';
  </script>
</body>
```

이 코드를 실행하면 Hello!가 아니라 Bye!가 출력됩니다. DOM API 중 querySelector() 메서드를 사용해 〈h1〉 태그에 접근하고, DOM API의 innerHTML 속성을 사용해 〈h1〉 태그의 내용을 조작했기 때문입니다. 이처럼 DOM API를 사용하면 자바스크립트로 HTML 문서의 태그를 손쉽게 제어할 수 있습니다.

DOM API 공식 문서

DOM API에 대해 자세히 알고 싶다면 다음 공식 문서를 참고하세요.

https://developer.mozilla.org/ko/docs/Web/API/Document_Object_Model/Introduction

지오로케이션 API

지오로케이션 API(Geolocation API)는 사용자의 위치 정보를 가져오는 기능을 제공하는 브라우저 API입니다. 개발자는 지오로케이션 API를 통해 사용자의 현재 위치를 파악함으로써 사용자 위치 기반 서비스를 개발할 수 있습니다.

지오로케이션 API에서 자주 사용하는 메서드는 getCurrentPosition(), watchPosition(), clearWatch() 등입니다. 다음은 지오로케이션 API로 사용자의 현재 위치에 해당하는 좌표 값을 구하는 코드입니다.

```
const myElement = document.getElementById("demo");
function getLocation() {
  if (navigator.geolocation) {
    navigator.geolocation.getCurrentPosition(showPosition);
  } else {
    myElement.innerHTML = "Geolocation is not supported by this browser.";
  }
}
function showPosition(position) {
  myElement.innerHTML = "Latitude: " + position.coords.latitude +
                        "<br>Longitude: " + position.coords.longitude;
}
```

이 코드를 실행하면 코드가 실행된 위치의 좌표 값이 출력됩니다.

> **수코딩의 조언** 💬
>
> 지오로케이션 API는 사용자의 동의를 받지 않으면 사용할 수 없습니다. 따라서 사용자가 위치 추적에 동의했을 때와 동의하지 않았을 때를 고려해 코드를 작성해야 합니다.

스토리지 API

스토리지 API(Storage API)는 데이터를 웹 브라우저에 저장하는 방법을 제공하는 브라우저 API로, 이를 통해 데이터베이스를 사용하지 않고 클라이언트에서 바로 데이터를 저장해 사용할 수 있습니다. 스토리지 API는 크게 웹 스토리지 API와 인덱스드DB API로 구분됩니다.

● **웹 스토리지 API**

웹 스토리지 API(Web Storage API)는 키-값 형태의 데이터를 사용자의 웹 브라우저에 저장하는 API입니다. 키-값 형태의 데이터는 웹 브라우저의 로컬 스토리지(local storage) 또는 세션 스토리지(session storage)에 저장됩니다.

• **로컬 스토리지:** 웹 브라우저를 종료해도 데이터가 유지됩니다. 보통 로그인을 할 때 '아이디 저장' 기능을 이용하면 웹 브라우저가 닫혀도 아이디가 계속 남는 것은 로컬 스토리지에 저장했기 때문입니다.

• **세션 스토리지:** 웹 브라우저가 종료되면 데이터도 같이 삭제됩니다. 사용자 인증 정보 같은 데이터는 웹 브라우저가 닫히면 같이 삭제돼야 하는데, 이러한 경우 세션 스토리지에 저장합니다.

다음은 로컬 스토리지를 사용하는 코드입니다.

```
// 로컬 스토리지에 키-값 형태로 데이터 저장
localStorage.setItem('myData', 'Hello World');
// 로컬 스토리지에 저장된 데이터 가져오기
const data = localStorage.getItem('myData');
// 데이터 출력
console.log(data);
```

이 코드에서는 localStorage의 setItem() 메서드를 사용해 키('myData')-값('Hello World') 형태로 데이터를 저장했습니다. 이후 저장된 데이터를 가져올 때는 localStorage의 getItem() 메서드를 사용합니다. 이렇게 저장된 데이터는 웹 브라우저가 닫혀도 유지됩니다.

● **인덱스드DB API**

인덱스드DB API(IndexedDB API)는 웹 브라우저에 데이터를 저장하기 위한 고급 메커니즘을 제공합니다. 쉽게 말해 웹 브라우저에서 제공하는 NoSQL(Not only SQL) 기반의 데이터베이스라고 생각하면 됩니다. NoSQL 데이터베이스는 행과 열로 이뤄진 테이블에 데이터를 저장하는 관계형 데이터베이스와 달리, 데이터 유형에 따라 유연하게 형태를 바꿔 데이터를 저장합니다. 이처럼 인덱스드DB API는 데이터를 고정되지 않은 객체 형태로 웹 브라우저에 저장하며, 이렇게 저장된 데이터는 별도로 삭제하지 않는 이상 웹 브라우저에 영구적으로 존재합니다.

다음은 인덱스드DB API를 사용하는 코드입니다.

```javascript
// 데이터베이스(myDB) 열기
const request = indexedDB.open('myDB');
// 데이터베이스(myDB) 열기 실패 시 에러 처리
request.onerror = function (event) {
  console.log('error: ' + event.target.errorCode);
};
// 데이터베이스(myDB) 열기 성공 시 데이터 저장 및 검색
request.onsuccess = function (event) {
  // 데이터베이스 객체 가져오기
  const db = event.target.result;
  // 스토어(store)에 데이터 저장
  const transaction = db.transaction(['myStore'], 'readwrite');
  const store = transaction.objectStore('myStore');
  store.add({ id: 1, data: 'First Data' });
  // 스토어(store)에서 id의 값이 1인 데이터 검색
  const request = store.get(1);
  request.onsuccess = function (event) {
    const data = event.target.result;
    console.log(data); // 출력: {id: 1, data: 'First Data'}
  };
};
// 데이터베이스 버전 업그레이드가 필요한 경우
request.onupgradeneeded = function (event) {
  // 데이터베이스 객체 가져오기
  const db = event.target.result;
  // 'myStore'라는 객체 스토어를 생성하고 keyPath를 id로 지정
  db.createObjectStore('myStore', { keyPath: 'id' });
};
```

인덱스드DB API는 데이터베이스에 스토어를 생성해 스토어에 키-값 형태의 데이터를 저장합니다. 앞의 코드에서는 myDB라는 데이터베이스에 myStore라는 스토어를 만들고 id: 1, data: 'First Data'라는 값을 저장한 후 id가 1인 데이터를 조회했습니다.

> **NOTE** 인덱스드DB API 공식 문서
>
> 인덱스드DB API에 대해 자세히 알고 싶다면 다음 공식 문서를 참고하세요.
> **https://developer.mozilla.org/ko/docs/Web/API/IndexedDB_API/Using_IndexedDB**

8.2.2 서드파티 API

프런트엔드에서 사용하는 모든 API가 브라우저에 내장된 것은 아닙니다. 개인이나 기업의 이윤 창출 및 기타 목적을 위해 만들어진 API도 있는데, 이를 **서드파티 API**(third-party APIs)라고 합니다. 대표적인 서드파티 API는 구글, 페이스북, 인스타그램, 네이버, 카카오 등에서 제공하는 API로, 이러한 API를 사용하면 각 회사에서 제공하는 서비스와 사용자 기능을 통합해 개발할 수 있습니다.

서드파티 API는 공개 범위에 따라 공개 API, 내부 API, 파트너 API로 구분됩니다.

● 공개 API

공개 API(open API 또는 public API)는 일반 및 기업에 공개돼 누구나 사용할 수 있는 API입니다. 특정 웹 페이지에 로그인할 때 자체 계정 외에 네이버, 카카오, 구글 같은 소셜 계정으로 로그인할 수 있는데, 이 기능이 공개 API를 활용한 대표적인 예입니다. 공개 API는 무료도 있고 유료도 있으며, 횟수 제한 같은 단계적인 제한이 걸린 경우도 있습니다.

그림 8-2 **공개 API로 구현한 소셜 로그인 기능**

- **내부 API**

  내부 API(internal API 또는 private API)는 외부에 공개하지 않고 회사 내부에서만 사용하는 API입니다. 외부 사람 또는 외부 시스템에서는 절대 접근할 수 없고, 회사 내부 구성원이라도 인증 및 권한이 따로 부여돼 있다면 차별적으로 접근이 가능합니다.

- **파트너 API**

  파트너 API(partner API)는 전략적 비즈니스 파트너와 공동으로 사용하기 위해 만든 API입니다. 회사 내부 사람이 아닌 외부 사람에게 공개된다는 점에서 공개 API와 유사해 보이지만, 인증 및 권한 부여 로직을 적용해 인증받은 사용자만 접근할 수 있다는 것이 공개 API와 다릅니다.

8.3
API
디자인 패턴

서드파티 API는 개인이나 기업이 주체적으로 만들기 때문에 그 형식이 일관되지 않을 가능성이 높습니다. 과거에는 이렇게 제각각인 API를 서드파티 API 제작자가 제공하는 문서를 보면서 사용했습니다. 하지만 지금은 API를 좀 더 효율적으로 사용하기 위한 디자인 패턴이 발전해 이를 기준으로 API를 만들고 사용합니다.

API의 일관성, 유지·보수성, 확장성 등을 고려해 만든 API 설계 방법 또는 접근 방식을 **API 디자인 패턴**(API design pattern)이라고 합니다. 우수한 API는 대개 디자인 패턴을 적용해 만든 것입니다. 가장 많이 사용하는 API 디자인 패턴은 REST, GraphQL 등이며, 디자인 패턴은 아니지만 SOAP라는 프로토콜도 있습니다. 먼저 SOAP에 대해 설명한 뒤 이어서 REST, GraphQL을 살펴보겠습니다.

8.3.1 SOAP

SOAP(Simple Object Access Protocol)는 컴퓨터 네트워크상에서 데이터 교환 포맷을 표준화하기 위해 개발된 프로토콜이며, 이러한 SOAP를 사용하는 API를 **SOAP API**라고 합니다. SOAP API는 기본 데이터 포맷으로 **XML**(eXtensible Markup Language)을 사용합니다. XML은 HTML과 비슷한 문자 기반의 마크업 언어로, HTML처럼 데이터를 보여주려는 목적이 아니라 데이터를 저장하고 전달하려는 목적으로 만들어졌습니다.

XML 태그는 다음과 같이 사용자가 직접 정의해 사용할 수 있습니다.

```
<student>
  <name>김길벗</name>
  <age>19</age>
```

```
        <city>서울</city>
    </student>
```

SOAP는 자체적으로 보안 처리를 위한 SSL을 지원하고, WS-Security라는 자체 표준 보안 기능도 가지고 있습니다. 그래서 SOAP를 사용해 구축한 API는 높은 보안성과 신뢰성을 보장합니다.

하지만 단점도 있습니다. 작은 데이터를 전송하려고 해도 정형화된 XML 구조에 따라 많은 코드를 작성해야 하고, 보안 사항이나 메시지 전송 표준이 정해져 있기 때문에 데이터 전송을 위한 메시지 작성이 까다롭고 복잡합니다.

다음은 SOAP API를 이용한 요청 메시지의 예로, 서버에 UserID가 1인 사용자 정보를 요청하는 것입니다. 코드를 보면 알 수 있듯이 SOAP API는 전형적인 XML 기반의 프로토콜이므로 모든 메시지를 XML 형태로 작성합니다.

```
<soap:Envelope xmlns:soap="http://www.w3.org/2003/05/soap-envelope"
               xmlns:example="http://example.com">
    <soap:Header/>
    <soap:Body>
      <example:GetUserRequest> <!-- UserID가 1인 사용자 정보 요청 -->
        <example:UserID>1</example:UserID>
      </example:GetUserRequest>
    </soap:Body>
</soap:Envelope>
```

SOAP API는 응답 메시지도 XML 형태로 보냅니다. 다음은 UserID가 1인 사용자 정보를 응답 메시지로 보내는 예입니다.

```
<soap:Envelope xmlns:soap="http://www.w3.org/2003/05/soap-envelope"
               xmlns:example="http://example.com">
    <soap:Header/>
    <soap:Body>
      <example:GetUserResponse> <!-- UserID가 1인 사용자 정보 응답 -->
        <example:UserID>1</example:UserID>
        <example:Name>Sucoding</example:Name>
```

```
        </example:GetUserResponse>
      </soap:Body>
   </soap:Envelope>
```

요청 메시지와 응답 메시지의 구조는 이용하는 서비스나 서버에 따라 조금씩 다를 수 있습니다. 하지만 이 예제 코드처럼 정형화된 XML 구조로 코드를 작성하기 때문에 해석하는 데 어려움이 없습니다.

8.3.2 REST

REST(Representational State Transfer)는 HTTP 요청 메시지로 서버의 데이터를 조작하기 위한 디자인 패턴이며, REST 디자인 패턴을 적용한 API를 **REST API**라고 합니다. REST API는 웹 애플리케이션과 서버 간의 통신을 위한 일련의 제약 조건과 규칙을 제시해 확장성과 상호 운용성을 갖추고 동작합니다. HTTP를 그대로 활용하기 때문에 웹 애플리케이션에서의 동작이 매우 유리하고 HTTP의 장점을 최대한 활용할 수 있어 많이 사용되고 있습니다.

REST API의 구성 요소

REST API는 자원(resource), 행위(verb), 표현(representation of resource)을 포함해 API를 설계합니다.

● **자원**

REST API는 클라이언트의 요청과 서버의 응답으로 주고받는 데이터 자원, 즉 텍스트, 이미지, 음악, 영상 등을 **URI**(Uniform Resource Identifier)로 명시합니다. URI는 우리가 어떤 웹 사이트에 접속할 때 주소창에 입력하는 URL과는 다른 개념입니다. URL은 도메인 주소를 통해 어떤 위치 정보(locator)를 가리키는 데 사용하고, URI는 도메인 주소를 통해 고유한 자원을 식별하는 용도로 사용합니다. URI는 URL을 포함하는 상위 개념입니다.

그림 8-3 **URI와 URL의 범위**

https://www.google.com/user/3이라는 주소를 예로 살펴보면, URL은 자원의 위치를 가리키는 **https://www.google.com/user**입니다. 그리고 URI는 세 번째 사용자를 의미하는 /3이 포함된 전체 주소 **https://www.google.com/user/3**입니다.

그림 8-4 **URI와 URL의 구분**

REST API를 설계할 때는 효과적인 URI 작성을 위한 규칙을 만들고, 이에 따라 설계해야 합니다. 예컨대 언더바(_)보다는 하이픈(-)을 사용해야 한다거나, 소문자만 사용해야 한다는 등의 규칙입니다.

그런데 반드시 지켜야 하는 규칙도 있습니다. URI는 고유해야 한다는 규칙입니다. 다음은 3번 회원의 정보를 가져오기 위해 작성한 URI이지만, 잘못 작성한 예입니다.

```
GET /users/show/3 --- ( × )
GET /getUsers/3 ----- ( × )
```

이 URI가 적절하지 않은 것은 show나 get 같은 동사를 사용했기 때문입니다. 이러한 동사는 자원에 대한 행위를 나타내는 것에 더 가깝습니다. 행위는 잠시 뒤에 설명할 HTTP 메서드로 작성해야 하므로 URI의 문자열에 포함하는 것은 적절치 않습니다. 다음은 올바르게 작성한 URI의 예입니다.

```
GET /users/3 ------------ (○)
GET /users/profile/3 ---- (○)
```

- **행위**

REST API는 HTTP 프로토콜에서 지원하는 메서드를 사용해 지정한 자원에 대한 조작을 요청합니다. 조작은 크게 Create(생성), Read(조회), Update(수정), Delete(삭제)로 구분할 수 있으며, 첫 글자를 따서 CRUD라고 합니다.

REST API의 CRUD에 사용하는 HTTP 메서드는 POST, GET, PUT/PATCH, DELETE입니다.

표 8-1 **HTTP 메서드**

메서드	설명
POST	데이터를 생성할(Create) 때 사용합니다.
GET	데이터를 조회할(Read) 때 사용합니다.
PUT/PATCH	데이터를 수정할(Update) 때 사용합니다.
DELETE	데이터를 삭제할(Delete) 때 사용합니다.

REST API를 설계할 때는 요청에 맞는 HTTP 메서드를 사용해야 합니다. 예를 들어 특정 회원의 프로필을 조회하는 REST API를 설계할 때는 반드시 GET 메서드를 사용해야 합니다.

```
GET /users/profile/3 ------ (○)
POST /users/profile/3 ----- (×)
DELETE /users/profile/3 --- (×)
```

- **표현**

REST API의 마지막 구성 요소인 표현은 특정 자원에 대한 요청의 결과로 반환되는 특정 시점의 자원 상태를 의미합니다. 예를 들어 현재 시각을 알고 싶어 REST API를 사용해 다음과 같이 요청했다고 합시다.

```
GET /time/now
```

다음은 이에 대한 응답입니다.

```
2023-09-17 23:00:51
```

만약 똑같은 REST API를 다시 요청하면 어떻게 될까요? 시간이 흘렀기 때문에 동일한 값을 반환하지는 않을 것입니다. 이처럼 REST API는 특정 시점의 요청에 따른 특정 시점의 자원 상태를 반환합니다.

REST API의 단점

REST API는 현재 가장 많이 사용되는 API 디자인 패턴이지만 지속적으로 제기되는 문제점이 있습니다. 그것은 바로 언더페칭(under-fetching)과 오버페칭(over-fetching)입니다.

- **언더페칭:** API 요청 결과와 필요한 데이터를 한 번에 조회하지 못해 한 번의 요청으로 목적을 달성하지 못하는 것을 말합니다. 따라서 REST API를 사용해 목적을 이루려면 여러 번 API를 호출해야 합니다.

- **오버페칭:** API 요청 결과와 필요 이상의 데이터를 조회하는 것을 말합니다. 특정 데이터 하나만 필요한데도 그 이상의 것을 포함한 데이터를 응답받는다면 네트워크 대역폭을 낭비하고 응답 시간이 늘어날 수 있습니다.

8.3.3 GraphQL

GraphQL은 개발자가 API를 좀 더 쉽게 구축하고 사용할 수 있도록 설계된 쿼리 언어 및 서버 측 런타임입니다. 클라이언트가 요청한 데이터를 서버에서 빠르게 조회해 응답하기 위해 만들어진 것입니다.

그림 8-5 GraphQL 로고

GraphQL은 클라이언트가 서버에 데이터를 요청할 때 필요한 데이터를 명시적으로 작성함으로써 REST API의 고질적인 문제인 언더페칭과 오버페칭을 해결해 차세대 API 디자인 패턴으로 주목받고 있습니다.

다음은 GraphQL로 특정 사용자의 이름(name)을 조회하도록 요청하는 코드입니다.

```
query {
  users(id: "1") {
    name
  }
}
```

만약 추가로 나이를 조회해야 한다면 다음과 같이 나이(age)를 추가로 요청하면 됩니다.

```
query {
  users(id: "1") {
    name
    age
  }
}
```

이처럼 GraphQL은 데이터를 조회하기 위한 문법이 단순하지만 목적에 따라 유연하게 데이터 요청을 추가하고 처리할 수 있습니다.

8.4

API
호출 방법

프런트엔드 관점에서는 브라우저 API를 제외하고 모두 서드파티 API로 봅니다. 일반적으로 API를 사용해 데이터를 주고받는 과정은 대부분 서드파티 API로 이뤄지기 때문입니다. 따라서 프런트엔드 개발자라면 서드파티 API 호출 방법을 알아야 합니다. 지금부터는 편의상 서드파티 API를 간략히 API로 부르겠습니다.

8.4.1 동기식 호출과 비동기식 호출

API 호출은 자바스크립트로 하는 경우가 많습니다. 자바스크립트로 API를 호출하는 방식은 동기식 호출과 비동기식 호출로 구분됩니다.

- **동기식 호출:** 동기식(synchronous)이란 자바스크립트 코드가 순차적으로 실행되는 방식을 말합니다. 먼저 실행된 코드가 완료되기 전까지 다음 코드가 실행되지 않습니다. 서로 다른 웹 애플리케이션이나 서비스와 통신하면서 응답받은 결과를 가지고 그다음 작업을 처리할 때 주로 동기식으로 API를 호출합니다.

- **비동기식 호출:** 비동기식(asynchronous)이란 자바스크립트 코드가 순차적으로 실행되지 않는 방식을 말합니다. 하나의 작업이 완료되기 전이라도 다른 코드가 실행될 수 있습니다. 네트워크 요청, 데이터베이스 쿼리 처리, 파일 업로드 등 시간이 오래 걸리는 작업은 비동기식으로 API를 호출합니다.

예전에는 동기식 호출 방식을 사용했으나 사용자 경험을 저하하고 데이터 전송 및 응답 시간이 길어 불편했습니다. 비동기식 호출은 이러한 문제를 개선한 방식으로, 구글 지도와 지메일은 비동기식 호출을 사용하는 대표적인 서비스입니다.

비동기식 호출 방식은 초창기에 기술 자체를 일컫는 용어조차 없었습니다. 그러다 2005

년에 이러한 호출 방식을 AJAX라고 정의한 제시 제임스 개릿의 논문이 발표되면서 이후 AJAX로 불리게 됐습니다.

8.4.2 비동기식 API 호출 방법

AJAX는 기본적으로 비동기식 API 호출 기술을 의미합니다. AJAX를 구현하는 방법에는 XMLHttpRequest 객체를 사용하는 방법, jQuery 라이브러리의 ajax() 함수를 사용하는 방법, Axios 라이브러리를 사용하는 방법, Fetch API를 사용하는 방법이 있습니다.

XMLHttpRequest

XMLHttpRequest는 웹 브라우저에서 제공하는 내장 객체로, HTTP를 사용해 비동기식 API 호출을 하는 데 필요한 여러 기능을 제공합니다. 이는 웹 브라우저에서 제공하는 객체이므로 웹 브라우저 기반의 애플리케이션에서만 사용할 수 있습니다.

XMLHttpRequest 객체가 제공하는 주요 메서드는 open(), send(), abort() 등이고, 핸들러로 onreadystatechange가 있습니다.

- **open():** 통신을 초기화할 때 사용합니다.

- **send():** 전송을 요청할 때 사용합니다.

- **abort():** 전송을 중지할 때 사용합니다.

- **onreadystatechange:** 응답 상태를 모니터링할 때 사용합니다.

다음은 XMLHttpRequest 객체를 사용해 API를 호출하는 코드입니다. **https://api.example. com/data** 주소로 데이터 조회(GET)를 요청하고 응답이 오면 응답 내용을 출력합니다. 응답이 오지 않으면 에러 메시지를 출력합니다.

```
// XMLHttpRequest 객체 생성
const xhr = new XMLHttpRequest();
// 요청 초기화
xhr.open('GET', 'https://api.example.com/data', true);
// 서버 응답 상태를 모니터링하고 처리하는 이벤트 핸들러 등록
xhr.onreadystatechange = function() {
  if (xhr.readyState === XMLHttpRequest.DONE) {
```

```
    if (xhr.status === 200) {
      // 성공적으로 서버 응답 완료
      const response = xhr.responseText;
      console.log(response);
    } else {
      // 서버 응답 실패
      console.log('Error: ' + xhr.status);
    }
  }
};
// 요청 보내기
xhr.send();
```

jQuery.ajax

웹 브라우저에 내장된 XMLHttpRequest 객체를 사용해 API를 호출하는 방법은 코드가 너무 복잡해 가독성이 떨어진다는 것이 단점입니다. 또한 웹 브라우저마다 구현된 XMLHttpRequest 객체의 사양이 달라 작동 방식이 조금씩 다르다는 문제도 있습니다.

그래서 등장한 것이 jQuery 라이브러리의 ajax() 함수입니다. ajax() 함수는 내부적으로 XMLHttpRequest 객체를 사용해 API를 호출하지만, XMLHttpRequest 객체의 단점을 개선한 인터페이스를 제공합니다.

다음은 ajax() 함수를 사용해 API를 호출하는 코드입니다. XMLHttpRequest 객체를 사용하는 코드와 비교해보면 훨씬 직관적이고 간단합니다.

```
$.ajax({
  // API URI
  url: 'https://api.example.com/data',
  // HTTP 메서드
  type: 'GET',
  // 응답 성공 시 호출 이벤트
  success: function (data) {
    console.log(data);
  },
  // 응답 실패 시 호출 이벤트
  error: function (error) {
```

```
    console.log(`Error ${error}`);
    },
  });
```

Axios

프런트엔드 개발이 HTML+CSS+자바스크립트를 사용하던 방식에서 프레임워크를 사용하는 방식으로 바뀌면서 jQuery 라이브러리를 잘 사용하지 않게 됐습니다. 그러면서 등장한 새로운 라이브러리가 바로 Axios(엑시오스)입니다.

Axios 라이브러리는 비동기식 API를 호출하기 위한 axios() 함수를 제공합니다. axios() 함수는 내부적으로 XMLHttpRequest 객체를 사용하지만, 비동기식 API 호출을 좀 더 간단하고 편리하게 할 수 있는 인터페이스를 제공합니다.

다음은 axios() 함수를 사용해 비동기식 API를 호출하는 코드입니다.

```
axios({
  method: 'get',
  url: 'https://api.example.com/data'
})
  .then(response => {
    console.log(response.data);
  })
  .catch(error => {
    console.error(error);
  });
```

> **NOTE** Axios 라이브러리 공식 문서
>
> Axios 라이브러리의 자세한 사용법은 다음 공식 문서를 참고하세요.
> **https://axios-http.com/kr/docs/intro**

Fetch API

Fetch API는 XMLHttpRequest 객체처럼 HTTP 프로토콜을 사용해 비동기식 API를 호출할 수 있는 여러 기능을 제공합니다. Fetch API는 가장 최근에 등장한 인터페이스로, 요청에 대한 응답 결과를 **Promise 객체**로 반환해 XMLHttpRequest 객체보다 편리하게 비동기식 API 호출을 할 수 있습니다. Promise 객체는 '약속'이라는 뜻 그대로, 최종 결과를 반환한다기보다는 미래의 어떤 시점에 결과를 제공하겠다는 의미의 객체입니다.

Fetch API에서 제공하는 주요 함수는 fetch()입니다. fetch() 함수로 호출한 API는 Promise 객체를 반환하며, 이를 통해 비동기적으로 데이터를 요청하고 응답을 처리할 수 있습니다.

앞에서 XMLHttpRequest 객체를 사용해 호출했던 코드를 이번에는 Fetch API를 사용해 호출해보겠습니다. 다음과 같이 훨씬 간단하게 코드를 작성할 수 있습니다.

```
// API 요청을 보냄
fetch("https://api.example.com/data")
    .then((res) => res.text()) // Promise 객체 처리
    .then((success) => console.log(success)) // 성공적으로 API 요청 완료
    .catch((error) => console.log(error)); // API 요청 실패
```

NOTE Fetch API 더 알아보기

Fetch API에 대해 자세히 알고 싶다면 다음 사이트를 참고하세요.
https://developer.mozilla.org/ko/docs/Web/API/Fetch_API

8.4.3 비동기식 API 데이터 교환 형식

클라이언트에서 보낸 모든 비동기식 API 호출은 응답을 받습니다. 물론 상황에 따라 요청만 하고 응답을 받지 않는 경우도 있지만 대부분은 응답을 받습니다. 그렇다면 API 호출의 결과로 응답받은 데이터는 어떤 형식으로 넘어올까요?

CSV

CSV(Comma-Separated Values)는 이름에서 유추할 수 있듯이 데이터를 쉼표(,)로 구분해 텍스트 파일 형식으로 저장합니다. 각 데이터는 필드(field)로 구분하고, 각 라인은 레코드(record)로 표현합니다. 다음은 CSV 데이터 형식의 예입니다.

```
제목, 작가, 출간일
어린왕자, 생텍쥐페리, 1943
```

CSV는 모든 데이터를 쉼표로 구분하기 때문에 간결하고 읽기 쉽습니다. 그리고 텍스트 기반이므로 작은 용량으로도 많은 데이터를 작성할 수 있습니다. 엑셀(Excel)이나 구글 시트(Google Sheets)에서 데이터를 가져오거나 내보낼 때 CSV 데이터 형식을 쉽게 찾아볼 수 있습니다. CSV는 비동기식 API 호출에 많이 사용됩니다. 그러나 대용량 데이터를 보내는 경우 구조적인 문제로 인해 가독성이 떨어지는 것이 단점입니다.

XML

텍스트 기반의 마크업 언어인 **XML**은 자바스크립트 기반의 비동기식 API 호출에서 사용하는 데이터 교환 형식입니다. XML은 HTML 이전에 사용된 마크업 언어 SGML(Standard Generalized Markup Language)에서 파생됐습니다. SGML의 일부 규칙을 따르면서도 단순화된 방식으로 만들어져 SGML의 유연성과 확장성을 유지하되 구문이 더 간결하고 이해하기 쉽습니다.

XML은 HTML처럼 계층 구조로 이뤄진 태그를 사용해 데이터를 표현합니다.

```
<book>
    <title>어린왕자</title>
    <author>생텍쥐페리</author>
    <year>1943</year>
</book>
```

XML은 태그를 사용해 데이터를 계층 구조로 표현하므로 복잡한 데이터 구조를 나타내기에 용이합니다. 또한 HTML처럼 사용할 수 있는 태그가 정해져 있는 것이 아니라 사용자가 얼마든지 태그를 정의해 사용할 수 있어 유연성도 좋습니다. 하지만 그만큼 작성해야 하는 코드양이 많아서 데이터 파일의 크기가 커지고, XML 데이터를 파싱(parsing, 데이터를 분석하고 해석하는 과정)하는 추가 작업이 필요합니다.

JSON

JSON은 사람과 기계가 쉽게 읽고 쓸 수 있도록 경량화(더 가볍고 작게 만들어 자원 소비를 줄이는 것)해 설계한 텍스트 기반의 데이터 교환 형식입니다. 이는 비동기식 API 호출 시 주고받는 데이터 형식으로 가장 많이 사용됩니다.

JSON 데이터는 키-값 형태로 구성되며, 키에 연결된 값에는 문자열, 숫자, 논리형, 배열, 객체, null, undefined 타입을 저장할 수 있습니다. 다음은 JSON 데이터 형식의 예입니다.

```
{
  "title": "어린왕자",
  "author": "생텍쥐페리",
  "year": 1943
}
```

JSON은 자바스크립트 객체는 아니지만 객체처럼 보여서 사람이 쉽게 읽고 쓸 수 있습니다. 이는 기계도 마찬가지입니다. 필요에 따라 새로운 키-값을 추가하거나 삭제할 수 있으므로 데이터를 유연하게 추가·수정·삭제하면서 관리하기에 좋습니다. 하지만 날짜나 시간을 처리할 수 있는 별도의 포맷이 없고, JSON을 위한 데이터 파싱 작업이 필요하다는 단점도 있습니다.

표 8-2 CSV, XML, JSON 데이터 형식 비교

구분	CSV	XML	JSON
데이터 표현	텍스트	계층(트리) 구조	키-값
장점	간단하고 가벼움	복잡한 데이터도 계층적으로 표현 가능	데이터 크기가 작음
단점	복잡한 데이터 표현이 어려움	마크업으로 인해 데이터 크기가 커지고, 데이터 파싱 작업이 추가로 필요함	날짜나 시간을 처리할 수 있는 별도의 포맷이 없고, 데이터 파싱 작업이 추가로 필요함

8.4.4 CORS 오류와 대처 방법

앞에서 소개한 비동기식 API 호출 방법(XMLHttpRequest, jQuery.ajax, Axios, Fetch API) 중 하나를 선택해 사용하다 보면 **CORS**(Cross Origin Resource Sharing, 교차 출처 자원 공유) 오류를 자주 보게 됩니다. 이는 동일한 출처를 가지고 있을 때만 자원 공유를 허용한다는 SOP(Same-Origin Policy, 동일 출처 정책) 보안 정책 때문에 발생하는 오류입니다.

그림 8-6 CORS 오류의 예

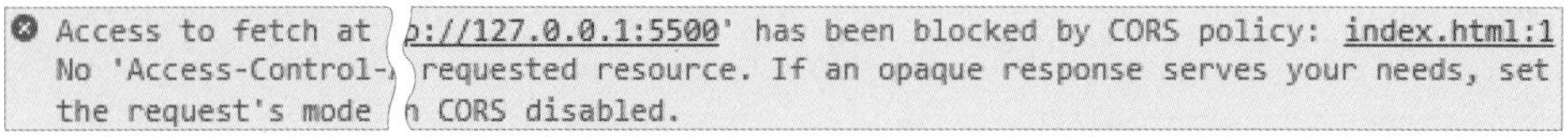

```
⊗ Access to fetch at p://127.0.0.1:5500' has been blocked by CORS policy: index.html:1
  No 'Access-Control-n requested resource. If an opaque response serves your needs, set
  the request's mode n CORS disabled.
```

그렇다면 동일 출처와 다른 출처는 어떻게 구분할까요? **프로토콜+호스트(host)+포트번호 (port)**의 조합이 같으면 동일 출처, 같지 않으면 다른 출처로 구분합니다. 예를 들어 **https:// www.example.com** 주소에서 비동기식 API를 호출하는 경우를 살펴봅시다. 이 주소의 프로토콜, 호스트, 포트번호는 다음과 같습니다.

- **프로토콜:** https

- **호스트:** www.example.com

- **포트번호:** 443(https이므로 443번, 만약 http라면 80번)

따라서 다음 4개의 주소 중 첫 번째와 두 번째는 동일 출처이고 세 번째와 네 번째는 다른 출처입니다.

- **https://www.example.com/about.html**

  → 동일 출처, 프로토콜/호스트/포트번호 일치

- **https://www.example.com/search.html?type=A**

  → 동일 출처, 프로토콜/호스트/포트번호 일치

- **http://www.example.com**

  → 다른 출처, 프로토콜(http) 불일치

- **https://dev.example.com**

  → 다른 출처, 호스트(dev.example.com) 불일치

현재 웹 브라우저에서 동작하는 웹 애플리케이션에서 비동기식 API를 호출할 때 서버와 출처가 다르면 CORS 오류가 발생합니다.

그림 8-7 **CORS 오류 발생 과정**

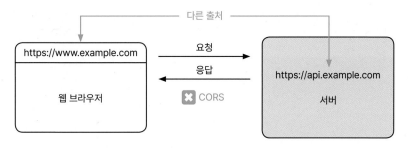

CORS 오류 대처 방법

비동기식 API 호출 시 겪는 CORS 오류를 근본적으로 해결하려면 출처를 동일하게 맞춰야 합니다. 하지만 현업에서는 웹 애플리케이션의 도메인과 서버의 도메인을 분리하는 경우가 많기 때문에 동일하게 맞추기가 현실적으로 어렵습니다.

이에 차선으로 선택할 수 있는 방법은 API 응답에 Access-Control-Allow-Origin 헤더를 포함해 전달하는 것입니다. 이렇게 하면 CORS 오류를 해결할 수 있습니다. 단, API 응답 조작은 백엔드에서 하므로 프런트엔드에서 직접적으로 할 수가 없습니다.

그러나 백엔드의 지원을 바랄 수 없는 상황이라면 프런트엔드에서 프록시 서버(proxy server)를 사용해 CORS를 우회하는 방법을 시도해볼 수 있습니다. CORS 오류는 결국 출처가 동일하지 않은 곳으로 비동기식 API를 호출할 때 발생합니다. 그래서 API 호출을 클라이언트의 웹 브라우저에서 직접 하지 않고 웹 브라우저와 서버 사이에 프록시 서버를 두고 프록시 서버에서 API 호출을 하게 만드는 것입니다.

그림 8-8 **프록시 서버의 우회 원리**

이렇게 하면 웹 브라우저에서 직접 요청하는 것이 아니니 CORS를 우회해 처리할 수 있습니다. 하지만 이 방법은 완벽한 해결책이 아니므로 되도록 응답 헤더에 Access-Control-Allow-Origin 헤더를 포함하는 것이 좋습니다.

8.5 API 테스트 도구

프런트엔드 개발 시 사용하는 API는 적게는 수십 개에서 많게는 수백 개에 이릅니다. 이러한 API 호출과 응답을 직접 자바스크립트 코드로 작성해 하나씩 확인해보는 것은 효율적인 방법이 아닙니다. 예를 들어 회원 가입 API를 테스트하기 위해 회원 가입 정보를 매번 입력하고 API 호출을 하는 경우, 한 번이라면 모르지만 여러 번 해야 한다면 매우 비효율적입니다. 그러므로 현업에서는 API 테스트를 할 때 포스트맨, 인섬니아, 스웨거와 같은 도구를 사용합니다.

● **포스트맨**

포스트맨(Postman)은 API 관리 및 테스트에 사용하는 가장 인기 있는 API 테스트 도구이며, 필자도 개인적으로 포스트맨을 추천합니다. 포스트맨을 사용하면 API 설계, 구축, 테스트, 인증 등을 편리하게 할 수 있습니다. 공식 사이트(**https://www.postman.com**)에서 개인 및 소규모 팀을 위한 무료 플랜과 기업용 유료 플랜을 제공합니다.

그림 8-9 **포스트맨 공식 사이트**

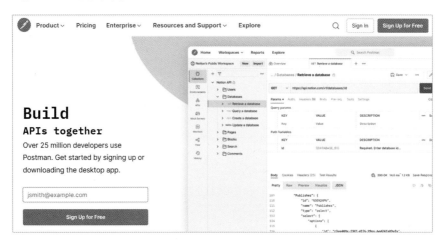

● 인섬니아

인섬니아(Insomnia)는 REST API를 테스트하는 데 최적화된 도구입니다. API를 설계하거나 디버깅 및 테스트를 간단하게 할 수 있는 쉽고 직관적인 인터페이스를 제공합니다. 공식 사이트(**https://insomnia.rest**)에서 무료 플랜부터 개인, 팀, 기업을 위한 다양한 유료 플랜을 선택해 사용할 수 있습니다.

그림 8-10 **인섬니아 공식 사이트**

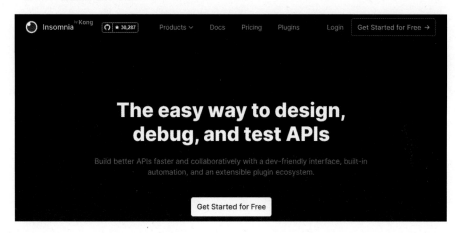

● 스웨거

스웨거(Swagger)는 API 설계, 문서화, 테스트를 위한 도구입니다. 다른 테스트 도구보다 API 문서화에 특화된 기능을 제공하므로 API를 설계하고 문서화하는 작업을 자동화할 수 있습니다. 공식 사이트(**https://swagger.io**)에서 무료 및 유료 플랜을 제공합니다.

그림 8-11 **스웨거 공식 사이트**

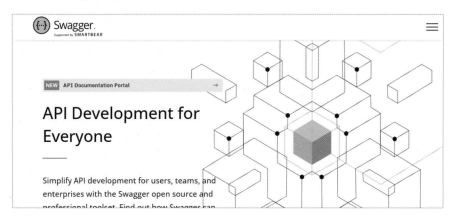

API 테스트 도구는 이 밖에도 여러 가지가 있지만 국내에서는 앞서 소개한 세 가지 도구를 주로 차용합니다. 각 도구는 공식 사이트에서 설치 및 사용법 관련 문서를 구할 수 있으니 이를 참고해 학습하기 바랍니다.

API는 프런트엔드 개발 시 빼놓을 수 없는 기술입니다. 대부분의 웹 애플리케이션에서 서버와 데이터를 주고받는 동적인 기능을 구현하는 데 API를 사용하기 때문입니다.

이 장에서는 API의 개념과 종류, API 디자인 패턴, API 호출 방법과 테스트 도구에 대해 알아봤습니다. 이 중에서 API 디자인 패턴은 백엔드에서 사용하는 개념이라 프런트엔드 개발자는 깊이 파고들지 않아도 됩니다. 하지만 자신이 사용하려는 API가 어떤 디자인 패턴에 의해 동작하는지 정도는 알고 있는 것이 좋습니다.

API를 호출하는 데에는 비동기식 호출 방식인 AJAX를 많이 사용합니다. AJAX를 구현하는 방법으로 XMLHttpRequest 객체를 사용하는 방법, jQuery 라이브러리의 ajax() 함수를 사용하는 방법, Axios 라이브러리를 사용하는 방법, Fetch API를 사용하는 방법을 살펴봤는데, 요즘에는 Axios 라이브러리나 Fetch API를 많이 사용합니다. HTML + CSS + 자바스크립트만 사용해 개발하는 경우가 드물고, 프레임워크를 사용해 개발하는 경우가 더 많기 때문입니다. 그러나 아직도 일부 환경에서는 XMLHttpRequest 객체나 jQuery 라이브러리의 ajax() 함수를 사용하고 있으니 참고로 알아두세요.

API 호출 과정에서 사용하는 데이터 교환 형식의 종류는 CSV, XML, JSON 정도만 알아두면 현업에서 충분히 활용할 수 있습니다. 그리고 API 호출 과정에서 발생하는 CORS 오류는 근본적으로 백엔드에서 수정해야 하는 부분이니 이 책에서 설명한 내용만 알아두세요.

테스트

단순히 코드를 꼼꼼히 작성하기만 하면 오류 없이 잘 동작하는 웹 애플리케이션을 만들 수 있을까요? 그것도 한 방법이겠지만 개발자가 코드를 꼼꼼히 작성하는 데에는 분명히 한계가 있습니다. 따라서 이를 보완하기 위해 프런트엔드 개발 과정에 테스트를 포함합니다. 이 장에서는 테스트의 정의와 필요성을 살펴보고, 수동 테스트 도구 및 자동화 테스트 도구의 종류와 특징을 알아봅니다.

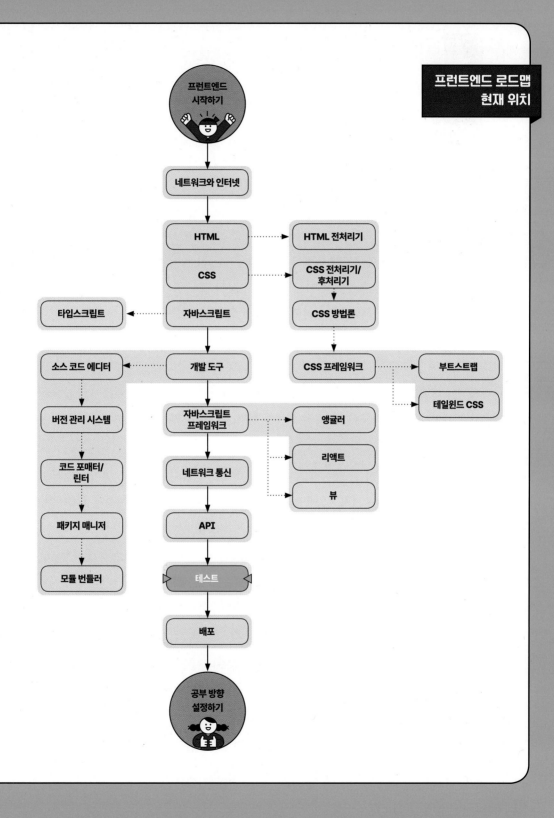

프런트엔드
시작하기

네트워크와 인터넷

HTML

CSS

타입스크립트

자바스크립트

HTML 전처리기

CSS 전처리기/
후처리기

CSS 방법론

소스 코드 에디터

개발 도구

CSS 프레임워크

부트스트랩

테일윈드 CSS

버전 관리 시스템

자바스크립트
프레임워크

앵글러

리액트

코드 포매터/
린터

네트워크 통신

뷰

패키지 매니저

API

모듈 번들러

테스트

배포

공부 방향
설정하기

9.1
테스트의 개요

9.1.1 테스트의 정의

영화 예매 사이트를 만들었다고 가정해봅시다. 사용자는 이 사이트에서 영화 정보를 조회하고 예매할 것이며, 개발자는 이를 위해 로그인이 잘되는지, 영화 정보가 잘 조회되는지, 예매 과정에서 결제 모듈이 제대로 동작하는지 등을 확인해야 합니다.

이때 가장 쉬운 방법은 개발자가 특정 기능을 개발하면서 직접 사용해보는 것입니다. 그러나 개발 당시에는 기능이 제대로 동작했을지 몰라도 장기적으로 문제없이 동작할 것이라고 장담하기는 어렵습니다. 예를 들어 개발자가 로그인 기능을 개발하면서 로그인이 잘되는 것을 확인했더라도 나중에 결제 모듈을 연동한 다음 로그인을 해보면 갑자기 로그인이 안 될 수도 있습니다.

따라서 자신이 만든 기능이 잘 동작하는지 확인하고 미래에도 기능이 오류 없이 안정적으로 동작하도록 개발 과정에 전략적으로 코드 확인 및 검증 단계를 포함하는 것이 좋습니다. 이렇게 개발 과정에서 코드 확인 및 검증을 거치는 것을 **테스트**(test)라고 합니다.

테스트는 웹 애플리케이션의 기능, 성능, 사용자 경험 등을 평가하는 일련의 프로세스입니다. 사용자 인터페이스에 시각적 디자인이 적용된 모습을 확인하는 것부터 버튼, 링크, 폼, 목록 등의 다양한 구성 요소와 상호작용하는 데 불편함이 없는지, 동작 결과가 제대로 나오는지 등을 확인하는 모든 과정이 테스트에 포함됩니다.

테스트를 하면 다양한 확인 및 검증을 거쳐 잘못된 정보나 링크 오류 등을 발견할 수 있습니다. 또한 사용자가 웹 애플리케이션을 이용하는 데 부정적인 영향을 줄 수 있는 성능 문제, 버그, 초기 결함 등을 미리 파악해 대처할 수 있습니다.

9.1.2 테스트의 중요성

좋은 웹 애플리케이션을 만들려면 테스트 코드를 잘 작성해야 합니다. 프런트엔드 개발 시 테스트가 중요한 이유는 다음과 같습니다.

- **안정된 서비스 제공**

  테스트를 하면 사용자가 화면으로 보는 최종 서비스 단계에서 발생하는 결함과 버그를 사전에 발견할 수 있습니다. 웹 애플리케이션이 배포되기 전에 이러한 문제를 해결함으로써 보다 안정된 서비스를 사용자에게 제공하게 됩니다.

- **사용자 경험 향상**

  웹 애플리케이션에서 사용자 경험은 해당 서비스의 성패를 가르는 핵심 요소입니다. 따라서 테스트를 통해 사용자 경험에 부정적인 영향을 미칠 수 있는 요소를 사전에 확인해 조치하면 사용자 경험의 수준을 한층 더 끌어올릴 수 있습니다.

- **손쉬운 유지·보수**

  테스트를 통해 초기 결함과 버그를 발견해 수정했다면 장기적으로 코드를 훨씬 더 안정적이고 깔끔하게 작성할 수 있습니다. 코드가 간결해지면 나중에 프로젝트의 규모가 커져서 코드양이 많아지더라도 좀 더 수월하게 코드를 유지·보수할 수 있습니다.

- **웹 브라우저 간 호환성 확인**

  웹 애플리케이션을 실행하는 웹 브라우저의 종류는 날이 갈수록 다양해지고 있습니다. 각각의 웹 브라우저는 독립적인 렌더링 엔진을 가지고 있는데, 이러한 엔진의 차이로 인해 같은 코드라도 웹 브라우저에 따라 다르게 보일 수 있습니다. 그러나 테스트를 하면 웹 브라우저별 호환성 문제를 사전에 확인해 문제가 되는 부분을 수정할 수 있습니다.

- **보안 강화**

  테스트를 하면 CORS 오류 또는 자바스크립트로 작성된 웹 애플리케이션에서 발생할 수 있는 XSS 같은 보안 취약점을 사전에 감지할 수 있습니다. 따라서 웹 애플리케이션 전반에 걸쳐 보안을 강화하는 데 도움이 됩니다.

9.1.3 테스트 전 고려 사항

테스트가 중요하다고 해서 모든 개발에 테스트를 도입하는 것은 생각보다 쉬운 일이 아닙니다. 테스트를 도입하기 전에 다음 사항을 확인해야 합니다.

● **규모와 복잡성**

개발하려는 웹 애플리케이션의 규모가 작다면 테스트를 도입함으로써 오히려 역효과가 날 수 있습니다. 테스트를 도입하면 그만큼 시간과 비용이 증가하기 때문입니다. 따라서 규모가 작은 프로젝트라면 테스트를 도입하기보다 완성된 결과물을 가지고 직접 테스트하는 것이 더 효율적입니다.

● **테스트 목표**

규모와 복잡성 다음으로 고려해야 할 것은 테스트 목표입니다. 즉 현재 웹 애플리케이션에 적용할 테스트의 종류를 명확히 정의하는 것입니다. 웹 애플리케이션마다 필요한 테스트의 종류가 다르기 때문에 패키지 상품처럼 필요도 없는 테스트를 하는 것은 매우 비효율적입니다. 웹 애플리케이션의 브라우저별 호환성을 고려할 필요가 없다면 브라우저 호환성 테스트를 하지 않아도 되고, 사용자 인터페이스 부분이 필요 없다면 인터페이스 관련 테스트를 하지 않아도 됩니다.

● **전문성 확보**

일부 테스트를 도입하기 위해서는 테스트 도구 및 새로운 언어에 대한 전문 지식이 필요합니다. 따라서 기존 인력이 테스트를 수행할 수 있는 전문성을 지녔는지 고려해야 합니다. 만약 그러한 전문성을 지닌 사람이 없다면 전문 지식을 배우도록 조치를 취하거나 전문 인력을 새로 고용해야 합니다.

● **예산**

테스트 도입 비용도 고려해야 합니다. 앞에서 살펴본 테스트 목표, 전문성 확보 등은 결국 비용과 관련이 있습니다. 프런트엔드 개발에 테스트를 도입하면 안정적인 결과물을 얻을 수 있는 것은 분명하지만, 전문 인력과 시간이 추가로 들어가기 때문에 비용이 증가하는 것 또한 당연지사입니다. 따라서 테스트를 도입하기 전에 예산이 충분한지 확인하는 과정이 선행돼야 합니다.

테스트는 이러한 현실적인 문제를 고려한 뒤 적용해야 합니다. 좋다고 하니까 무조건 테스트를 도입하는 것은 현실적으로 바람직하지 않습니다.

9.2 테스트 방법과 유형

9.2.1 테스트 방법

웹 애플리케이션을 만들 때 사용자 인터페이스와의 상호작용, 접근성, 호환성, 성능, 보안 등 신경 써야 할 부분이 생각보다 많습니다. 이러한 부분을 테스트하는 방법에는 사람이 직접 하는 수동 테스트와 특정 도구를 이용하는 자동화 테스트가 있습니다. 테스트를 할 때는 각 방법의 장단점을 비교해보고 현재 프로젝트에 더 적합한 것이 무엇인지 확인한 뒤 결정해야 합니다.

수동 테스트

수동 테스트(manual test)는 웹 애플리케이션에 구현된 기능을 하나씩 사람이 직접 사용해보며 테스트하는 방법입니다. 사람이 직접 한다는 측면에서 장점과 단점이 공존하는데, 먼저 장점을 살펴봅시다.

- **초기에도 테스트 가능**: 웹 애플리케이션이 전체적으로 완성되지 않았더라도 일부 완성된 기능만 테스트할 수 있습니다.

- **돌발 상황에 유연하게 대응**: 사람이 테스트하기 때문에 테스트 과정에서 발생하는 돌발 상황에 유연하게 대응할 수 있습니다.

- **사용자 관점에서 테스트**: 사용자 경험에 영향을 줄 수 있는 버그나 불편한 점을 사용자 관점에서 발견할 수 있습니다. 시각적인 디자인, 사용자 인터페이스 접근성 등을 기계가 아닌 사람의 시각으로 보기 때문에 가능한 일입니다.

반면에 단점은 다음과 같습니다.

- **많은 시간 소요:** 모든 요소를 사람이 테스트하기 때문에 상대적으로 시간이 오래 걸립니다. 새로운 기능을 추가하거나 기존 기능을 수정하면 그와 관련된 부분을 전부 테스트해야 하므로 변경이 잦은 웹 애플리케이션에는 적합하지 않습니다.

- **일관되지 않은 테스트 결과:** 반복해서 테스트하는 경우 사람의 실수로 인해 테스트 결과가 일관적이지 않을 수 있습니다.

- **비용 발생:** 테스트할 인력을 추가로 고용해야 한다면 비용이 발생합니다.

자동화 테스트

자동화 테스트(automated test)는 웹 애플리케이션의 사용자 인터페이스 관련 기능과 동작을 소프트웨어 도구를 사용해 자동으로 테스트하는 것입니다. 테스트의 주체가 사람이 아니라 기계(컴퓨터)라는 측면에서 장점과 단점이 공존하는데, 먼저 장점을 살펴봅시다.

- **짧은 시간 소요:** 테스트 도구나 테스트 코드를 이용해 검증하므로 테스트를 수행하는 데 오랜 시간이 걸리지 않습니다.

- **일관된 테스트 결과:** 반복해서 테스트하더라도 실수가 발생하지 않습니다. 즉 설정한 그대로 몇 번을 테스트해도 일관된 결과를 얻을 수 있습니다.

- **비용 절감:** 테스트에 필요한 도구나 코드를 만들어두면 유사한 다른 환경에서 재사용할 수 있습니다. 따라서 테스트할 때마다 추가 비용이 들지 않습니다.

반면에 단점은 다음과 같습니다.

- **초기 비용 발생:** 사전에 테스트 도구를 설정하거나 테스트 코드를 작성해야 하므로 이를 위한 전문 인력이 필요합니다. 따라서 수동 테스트보다 초기 설정에 많은 시간과 노력이 들어갑니다.

- **제한된 범위:** 사전에 테스트 도구나 테스트 코드를 이용해 테스트 케이스(test case, 입력·실행 조건·기대 결과를 포함해 작성하는 테스트 항목)를 정의하기 때문에 그에 따라 테스트 범위가 제한됩니다.

- **유지·보수 필요:** 웹 애플리케이션에 추가 또는 변경 사항이 발생하면 그와 관련된 테스트 코드를 모두 수정해야 하므로 지속적인 유지·보수가 필요합니다.

9.2.2 테스트 유형

테스트의 내용, 즉 무엇을 테스트할 것인지는 테스트 유형으로 구분할 수 있습니다. 이러한 테스트 유형에는 유닛 테스트, 통합 테스트, E2E 테스트, 시각적 회귀 테스트, 접근성 테스트, 성능 테스트가 있습니다.

유닛 테스트

유닛 테스트(unit test)는 웹 애플리케이션에서 독립적으로 분리할 수 있는 가장 작은 코드 단위를 테스트하는 것입니다. 함수, 모듈, 객체 같은 코드 단위를 테스트하기 때문에 **단위 테스트**라고도 합니다. 유닛 테스트의 목적은 개발 초기 단계에 문제를 파악하고 각 코드가 의도대로 작동하는지 확인하는 것입니다.

통합 테스트

통합 테스트(integration test)는 여러 기능을 통합해 한 번에 테스트하는 것입니다. 특정 기능을 사용하는 데 필요한 일련의 과정을 묶어서 테스트해야 하는 경우에는 통합 테스트를 수행합니다.

E2E 테스트

E2E 테스트(End-to-End test)는 웹 애플리케이션을 처음부터 끝까지 실행해보면서 올바르게 동작하는지 테스트하는 것입니다. 즉 실제 사용자가 웹 애플리케이션을 사용하는 과정을 예상 시나리오대로 테스트 코드로 작성해 테스트합니다. 사용자 인터페이스와의 상호작용, 백엔드 API 통신 등 웹 애플리케이션 전반에 걸쳐 한 번에 테스트합니다.

시각적 회귀 테스트

시각적 회귀 테스트(visual regression test)는 웹 애플리케이션의 시각적인 디자인과 레이아웃을 확인하는 것입니다. 코드 변경에 따른 웹 애플리케이션의 시각적 변화가 사용자에게 부정적인 영향을 주지 않는지 확인하기 위해 시각적 회귀 테스트를 수행합니다.

접근성 테스트

접근성 테스트(accessibility test)는 시각, 청각, 운동, 인지 장애가 있는 사람이 웹 애플리케이션을 사용할 때 불편한 점이 없는지 테스트하는 것입니다. 접근성 테스트의 목적은 웹 애플리케이션이 사용자의 장애 유무와 상관없이 얼마나 많은 사용자층을 수용할 수 있는지 확인하는 데 있습니다.

성능 테스트

성능 테스트(performance test)는 웹 애플리케이션을 사용하면서 데이터를 불러오거나, 사용자 입력 양식을 전송하거나, 페이지 이동 같은 행위를 할 때 속도가 느려 불편하지는 않은지 테스트하는 것입니다. 웹 애플리케이션을 공개하기 전에 속도 문제를 미리 확인해 개선하기 위해 성능 테스트를 수행합니다.

9.3 테스트 도구

프런트엔드 개발을 할 때는 몇 가지 테스트 도구의 도움을 받아 테스트를 진행합니다. 개발자가 많이 사용하는 수동 테스트 및 자동화 테스트 도구의 종류와 특징을 알아봅시다.

9.3.1 수동 테스트 도구

수동 테스트에 사용하는 대표적인 도구는 개발자 도구입니다. **개발자 도구**는 웹 브라우저에서 자체적으로 지원하는 도구로, 웹 브라우저에 표시되는 웹 애플리케이션의 구조와 네트워크, 리소스, 성능, 메모리, 접근성 등의 항목을 테스트합니다.

웹 브라우저가 제공하는 개발자 도구의 사용 목적은 동일하지만 웹 브라우저에 따라 세부 기능과 사용법이 조금씩 다릅니다. 여기서는 프런트엔드 개발 시 가장 많이 사용하는 크롬 브라우저를 기준으로 개발자 도구의 기능을 살펴보겠습니다.

크롬 브라우저의 개발자 도구는 단축키 [F12]를 눌러 사용합니다. 상단의 탭을 보면 Elements, Console, Network, Sources, Performance, Memory, Lighthouse, Application 등의 세부 도구가 있습니다.

그림 9-1 **크롬 브라우저의 개발자 도구**

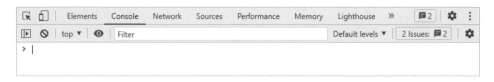

Elements 도구

Elements 도구는 웹 페이지의 DOM(문서 객체 모델)을 테스트합니다. 이 도구를 사용하면 현재 웹 브라우저에 나타난 페이지의 HTML 문서 구조와 인라인 스타일로 작성된 CSS 코드를 확인할 수 있고, 도구에서 바로 코드를 수정할 수도 있습니다.

그림 9-2 Elements 도구

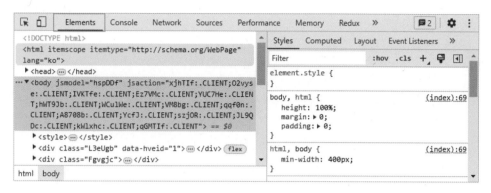

Console 도구

Console 도구는 자바스크립트로 코딩할 때 디버깅하는 용도로 사용합니다. 코드를 실행한 결과로 발생하는 경고, 에러, 일반 메시지가 모두 콘솔창에 표시됩니다. 개발자가 코딩할 때 콘솔 메시지를 보면서 디버깅하기도 하므로 Console 도구는 매우 유용합니다.

다음은 sum( ) 함수로 a와 b의 값을 더해 콘솔 메시지로 출력하는 코드와 그 결과입니다. 콘솔 메시지는 자바스크립트의 console 객체로 출력합니다.

그림 9-3 Console 도구

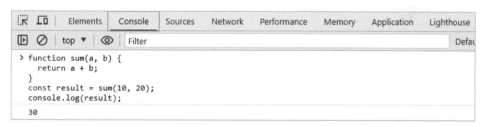

Network 도구

Network 도구는 현재 웹 브라우저에 나타난 웹 페이지를 불러오는 데 사용한 모든 HTTP 요청 및 응답을 표시합니다. 요청과 응답으로 주고받는 데이터에는 CSS, 자바스크립트, 이미지, 폰트, 미디어, 웹 소켓 등이 포함됩니다. 개발자는 Network 도구를 사용해 HTTP 요청 및 응답 결과를 확인하고 잘못된 부분을 발견해 수정합니다. 이 도구로 네트워크 속도를 느리게 또는 빠르게 조절할 수 있어 다양한 네트워크 환경에서 HTTP 요청 및 응답을 테스트할 수 있습니다.

그림 9-4 **Network 도구**

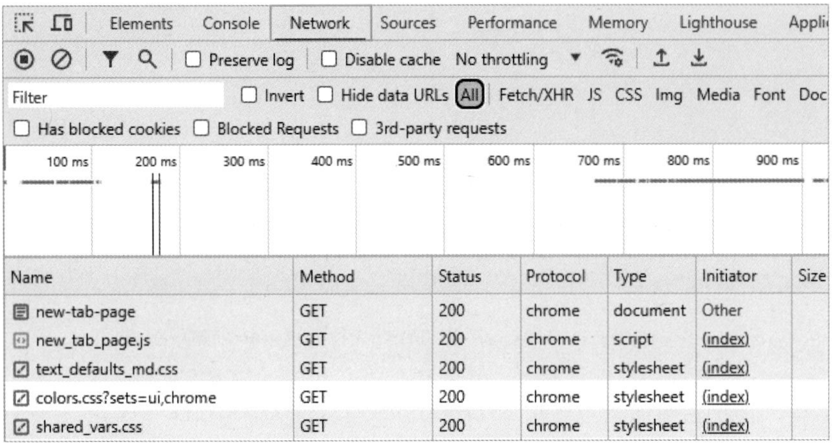

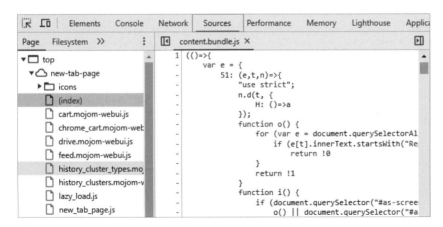

Sources 도구

Sources 도구는 웹 브라우저에 나타난 웹 페이지의 모든 리소스를 표시합니다. 이 도구로 리소스를 확인하는 것은 물론이고 자바스크립트나 CSS 파일을 실시간으로 수정할 수 있습니다. 또한 자바스크립트 코드를 디버깅하거나 스니펫(snippet, 웹 페이지에서 실행할 수 있는 임시 자바스크립트 코드 조각)을 만들어 사용할 수도 있습니다.

그림 9-5 **Sources 도구**

Performance 도구

Performance 도구는 웹 브라우저에 나타난 웹 페이지의 성능을 측정할 때 사용합니다. 보통은 모바일의 성능이 데스크톱보다 두 배 정도 낮은데, Performance 도구를 사용하면 CPU 성능을 임의로 조정해 모바일 환경에서 구동하는 것처럼 느리게 맞출 수 있습니다. 또한 특정 웹 페이지의 사용 과정을 녹화하고, 녹화를 시작한 시점부터 끝난 시점까지의 성능 분석 결과를 보고서로 확인할 수 있습니다.

그림 9-6 **Performance 도구**

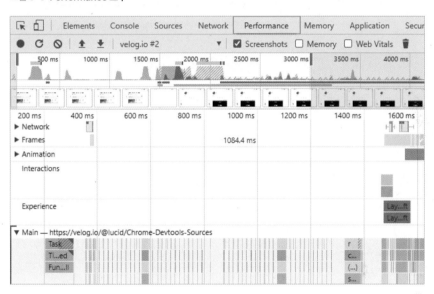

Memory 도구

Memory 도구는 웹 페이지의 메모리 누수 여부를 테스트합니다. 특정 웹 페이지가 일관되게 느리거나, 시간이 갈수록 느려지거나, 페이지가 뚝뚝 끊기는 느낌이 들면 이 도구를 사용해 메모리에 문제가 있는지 확인할 수 있습니다. 다음과 같은 세 가지 탐색 방법을 제공하니 상황에 맞는 것을 선택해 테스트하면 됩니다.

- **Heap snapshot:** 특정 시점을 기준으로 웹 애플리케이션의 메모리 사용량을 보여줍니다.

- **Allocation instrumentation on timeline:** 시간에 따른 메모리 할당/해제 여부를 막대그래프로 보여줍니다. 메모리 할당은 파란색, 해제는 회색으로 표시됩니다.

- **Allocation sampling:** 메모리 공간을 할당한 자바스크립트 함수를 시각적으로 보여줍니다.

그림 9-7 **Memory 도구**

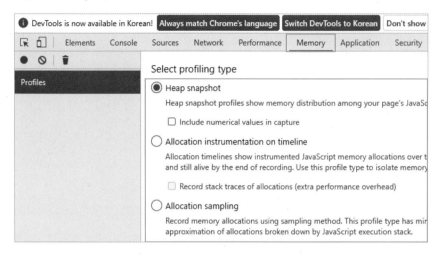

Lighthouse 도구

Lighthouse 도구는 성능(Performance), 접근성(Accessibility), 모범 사례(Best Practices), 검색 엔진 최적화(SEO), 프로그레시브 웹 앱(PWA) 측면에서 웹 애플리케이션의 품질을 검사하고 보고서를 만들어줍니다. 이를 통해 각 항목의 문제점과 해결 방안을 제시하므로 매우 유용합니다.

그림 9-8 **Lighthouse 도구**

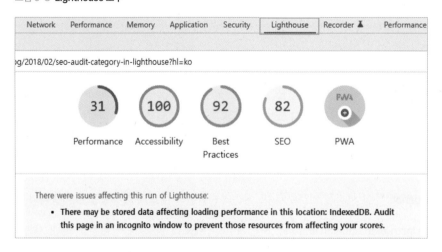

프로그레시브 웹 앱

프로그레시브 웹 앱(PWA, Progressive Web App)은 웹 앱과 네이티브 앱의 장점을 모두 제공하는, 보다 발전된 형태의 웹 애플리케이션을 말합니다.

Application 도구

Application 도구는 웹 애플리케이션에서 사용하는 스토리지(Storage), 캐시(Cache), 백그라운드 서비스(Background Service), 프레임(Frames) 등을 테스트합니다. 보통은 내부 저장소의 값이나 세션, 쿠키 값을 확인하고 조작할 때 사용합니다.

그림 9-9 **Application 도구의 Local Storage**

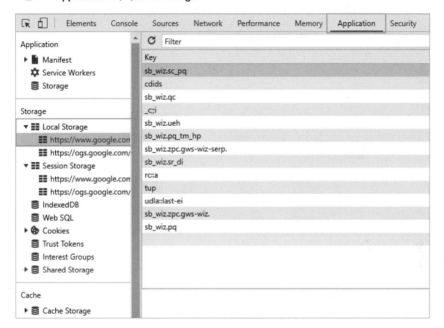

크롬 개발자 도구 공식 문서

크롬 개발자 도구에 대해 자세히 알고 싶다면 다음 공식 문서를 참고하세요.
https://developer.chrome.com/docs/devtools

9.3.2 자동화 테스트 도구

앞에서 살펴본 테스트 유형에 따라 최적화된 자동화 테스트 도구가 있습니다. 유닛 테스트 도구로 Jest(제스트), 통합 테스트 도구로 Mocha(모카), E2E 테스트 도구로 Cypress(사이프러스), 시각적 회귀 테스트 도구로 Percy(퍼시), 접근성 테스트 도구로 aXe(액스), 성능 테스트 도구로 Lighthouse(라이트하우스)를 많이 사용합니다.

Jest: 유닛 테스트 도구

Jest는 2008년에 페이스북에서 개발한 오픈 소스 테스트 프레임워크입니다. 유닛 테스트를 할 때 주로 사용하며 앵귤러, 리액트, 뷰 같은 자바스크립트 프레임워크와의 연동성이 좋아서 자바스크립트 테스트 프레임워크로 많이 사용합니다.

그림 9-10 **Jest 공식 사이트**

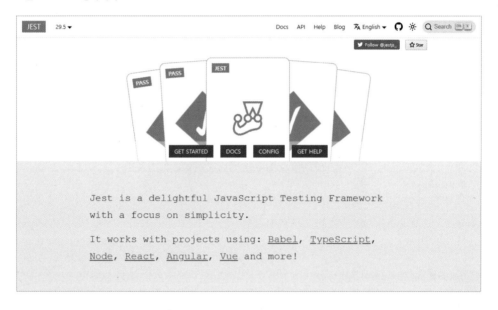

다음은 Jest를 사용해 작성한 유닛 테스트 코드로, 두 매개변수(num1, num2)의 합을 반환하는 add() 함수를 테스트합니다.

```
const add = (num1, num2) => num1 + num2; // add() 함수
// add 함수에 대한 테스트
describe('Addition function test.', () => {
```

```
  test('adds two numbers', () => {
    expect(add(2, 3)).toBe(5);
  });
});
```

이 코드에서는 describe(), test(), expect(), toBe() 등을 사용했는데, 이는 모두 Jest의 기본 함수입니다.

NOTE Jest 공식 사이트

Jest의 설치 및 자세한 사용법은 다음 공식 사이트를 참고하세요.
https://jestjs.io

Mocha: 통합 테스트 도구

Mocha는 Node.js와 자바스크립트 코드를 테스트하는 테스트 프레임워크로, 주요 특징은 다음과 같습니다.

- **웹 브라우저 지원:** 테스트를 웹 브라우저에서 실행할 수 있습니다. 웹 브라우저에서 Mocha를 로드하고 테스트 스크립트를 실행하면 클라이언트 측 코드를 테스트할 수 있습니다.

- **비동기 테스트 구현:** '특정 코드의 실행이 완료될 때까지 기다리지 않고 다음 코드를 먼저 수행하는 특성'을 비동기 처리라고 하는데, Mocha는 이러한 비동기 처리 코드의 테스트를 지원합니다. done()이라는 콜백 함수를 사용해 작업 완료를 알리거나, promise 객체를 반환해 비동기 작업 결과를 처리합니다.

- **테스트 커버리지 보고서 및 어서션 라이브러리 사용:** 테스트 커버리지(test coverage)는 테스트 스위트(test suite, 관련 있는 테스트 케이스들을 논리적인 그룹으로 묶은 단위)가 소스 코드를 얼마나 커버하는지를 나타내는 지표입니다. 그리고 **어서션**(assertion)은 에러 없는 프로그램을 작성하기 위한 기법으로, 주어진 조건이 항상 참이라고 가정하는 문장 또는 표현식입니다. 만약 표현식이 거짓이면 에러가 발생하기 때문에 에러를 사전에 발견해 해결할 수 있습니다. Mocha에서 자체적으로 테스트 커버리지와 어서션을 지원하지는 않지만, 연계된 다른 라이브러리를 사용하면 이 기능을 제공할 수 있습니다.

그림 9-11 **Mocha 공식 사이트**

simple, flexible, fun

Mocha is a feature-rich JavaScript test framework running on Node.js and in the browser, making asynchronous testing *simple* and *fun*. Mocha tests run serially, allowing for flexible and accurate reporting, while mapping uncaught exceptions to the correct test cases. Hosted on GitHub.

gitter join chat Sponsors 13 Backers 624

SPONSORS

Use Mocha at Work? Ask your manager or marketing team if they'd help support our project. Your company's logo will also be displayed on npmjs.com and our GitHub repository.

Mocha는 유닛 테스트나 통합 테스트에 사용합니다. 비동기 테스트를 간단히 구현할 수 있다는 특징 때문에 API 요청을 확인하는 통합 테스트용으로 많이 사용합니다.

다음은 Mocha로 작성한 통합 테스트 코드로, supertest 라이브러리를 사용해 app 파일 코드를 조회하는(GET) API 요청과 응답이 성공적으로 수행되는지 테스트합니다.

```javascript
// supertest 모듈 가져오기
const request = require('supertest');
// app 파일의 코드 가져오기
const app = require('../app');
// 'Integration tests'라는 테스트 스위트 작성
describe('Integration tests', function () {
  // 'checks the root endpoint'라는 테스트 케이스 작성
  it('checks the root endpoint', function (done) {
    // 응용 프로그램에 대한 GET 요청 생성, '/' 경로로 요청
    // 응답 상태 코드가 200인지 확인하고 테스트 종료
    request(app).get('/').expect(200).end(done);
  });
  // 'checks the /users endpoint'라는 테스트 케이스 작성
  it('checks the /users endpoint', function (done) {
```

```
    // 응용 프로그램에 대한 GET 요청 생성, '/users' 경로로 요청
    // 응답 상태 코드가 200인지 확인하고 테스트 종료
    request(app).get('/users').expect(200).end(done);
  });
});
```

Mocha는 모든 테스트를 통과해야만 테스트가 성공했다고 판단합니다. 특히 done() 함수가 있어서 앞의 코드와 같은 API 요청에 대한 통합 테스트를 간단히 실행합니다.

NOTE **Mocha 공식 사이트**

Mocha의 설치 및 자세한 사용법은 다음 공식 사이트를 참고하세요.
https://mochajs.org

Cypress: E2E 테스트 도구

Cypress는 E2E 테스트를 지원하는 테스트 프레임워크입니다. 최신 웹 애플리케이션을 테스트하는 고급 API를 제공해 테스트 코드를 좀 더 쉽게 작성할 수 있을 뿐만 아니라 테스트 프로세스를 자동화할 수도 있습니다.

그림 9-12 **Cypress 공식 사이트**

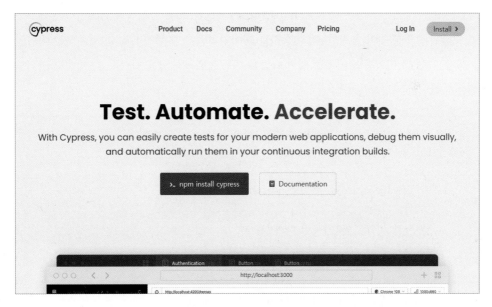

Cypress는 웹 브라우저 내부에서 E2E 테스트를 할 수 있어 매우 직관적이라는 것이 장점입니다. Cypress를 컴퓨터에 설치한 후 E2E 테스트를 할 웹 브라우저를 선택하면 해당 웹 브라우저가 열리면서 바로 E2E 테스트 화면이 나옵니다.

그림 9-13 크롬 브라우저의 E2E 테스트 화면

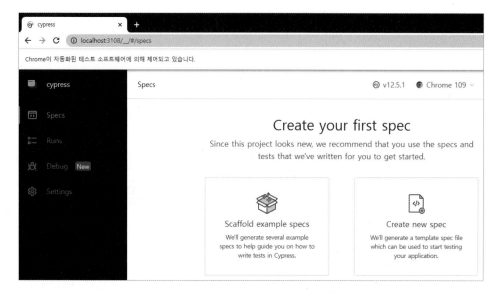

다음은 E2E 테스트를 하는 코드로, **https://example.cypress.io**에 접속해 type이라는 텍스트가 포함된 요소를 찾아 클릭한 후, 이동하는 페이지의 주소가 특정 URL과 일치하는지 확인합니다. URL이 일치하면 이메일 입력 요소에 자동으로 이메일을 입력하고, 제대로 입력되었는지 확인하는 동작을 합니다.

```
// 'My First Test'라는 테스트 스위트 생성
describe('My First Test', function () {
  // 'Visits the cypress.io'라는 테스트 케이스 작성
  it('Visits the cypress.io', function () {
    // 'https://example.cypress.io' 사이트 방문
    cy.visit('https://example.cypress.io');
    // 'type'이라는 텍스트가 포함된 요소를 찾아 클릭
    cy.contains('type').click();
    // 현재 URL이 '/commands/actions'를 포함하는지 확인
    cy.url().should('include', '/commands/actions');
    // '.action-email' 클래스를 가진 요소를 찾아 'sucoding@email.com' 입력
```

```
    // 입력된 값이 'sucoding@email.com'인지 다시 한 번 확인
    cy.get('.action-email')
      .type('sucoding@email.com')
      .should('have.value', 'sucoding@email.com');
  });
});
```

Cypresss는 테스트 결과를 웹 브라우저에서 확인할 수 있습니다. 따라서 작업 중인 소스 코드 에디터에 앞의 코드를 입력한 후 저장하면 테스트 결과가 자동으로 웹 브라우저에 나옵니다. 테스트가 성공적으로 실행되면 다음과 같은 테스트 통과 화면을 볼 수 있습니다.

그림 9-14 **E2E 테스트 결과**

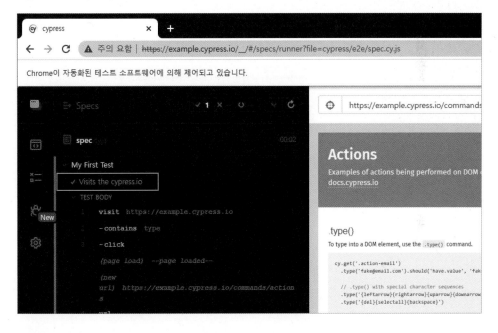

NOTE **Cypress 공식 사이트**

Cypress의 설치 및 자세한 사용법은 다음 공식 사이트를 참고하세요.
https://www.cypress.io

Percy: 시각적 회귀 테스트 도구

Percy는 웹 애플리케이션의 시각적인 디자인을 검토하고 확인하는 데 사용하는 테스트 프레임워크입니다. 시각적인 UI 변경 사항의 테스트를 수동 테스트로만 할 수 있다는 고정관

넘을 최초로 깨트린 것이 바로 Percy입니다.

그림 9-15 **Percy 공식 사이트**

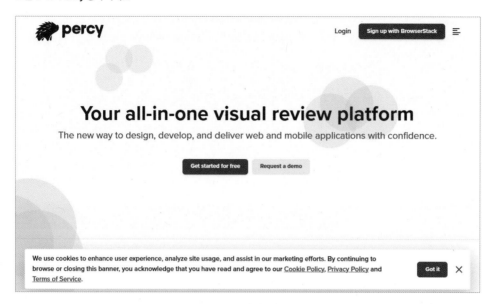

Percy가 시각적 회귀 테스트를 하는 원리는 스크린숏을 찍어 전후를 비교하는 것입니다. 테스트를 할 때마다 각 페이지의 스크린숏을 찍어 Percy 데이터베이스에 저장하고, 이전에 저장한 스크린숏과 비교해 달라진 부분이 있는지 확인합니다.

Percy는 Cypress와 함께 사용합니다. Cypress는 웹 브라우저를 조작해 테스트하는 프레임워크이므로 웹 브라우저에서 보이는 페이지의 스크린숏을 찍어야 하는 Percy와의 상성이 좋습니다.

다음은 Percy와 Cypress를 함께 사용해 시각적 회귀 테스트를 하는 코드입니다.

```
// '@percy/cypress' 모듈에서 percySnapshot 객체 가져오기
const { percySnapshot } = require('@percy/cypress');
// 'Regression Testing'이라는 테스트 스위트 정의
describe('Regression Testing', function () {
  // 'Take a screenshot of the main page'라는 테스트 케이스 정의
  it('Take a screenshot of the main page ', function () {
    // '/' 페이지 방문
    cy.visit('/');
    // 'Home page'라는 이름으로 스크린숏 찍기
```

```
    percySnapshot('Home page');
  });

  // 'Take a screenshot of the about page'라는 테스트 케이스 정의
  it('Take a screenshot of the about page', function () {
    // '/about' 페이지 방문
    cy.visit('/about');
    // 'About page'라는 이름으로 스크린숏 찍기
    percySnapshot('About page');
  });
});
```

> **NOTE** **Percy 공식 사이트**

Percy의 설치 및 자세한 사용법은 다음 공식 사이트를 참고하세요.

https://percy.io

aXe: 접근성 테스트 도구

aXe는 접근성 테스트를 할 수 있는 도구입니다. 크롬 브라우저의 확장 도구로 설치하거나,
axe-core 라이브러리를 이용해 접근성 테스트 코드를 작성하는 방식으로 사용합니다.

그림 9-16 **aXe 공식 사이트**

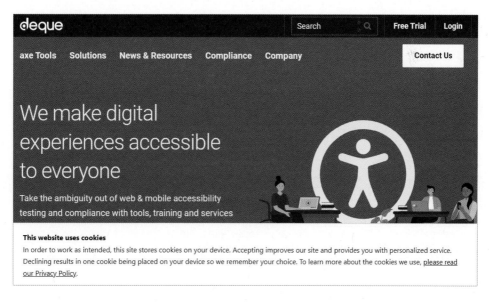

다음은 aXe를 사용해 접근성 테스트를 하는 코드입니다.

```
<!DOCTYPE html>
<html lang="en">
  <head>
    <meta charset="UTF-8" />
    <meta http-equiv="X-UA-Compatible" content="IE=edge" />
    <meta name="viewport" content="width=device-width, initial-scale=1.0" />
    <title>Accessibility Testing</title>
  </head>
  <body>
    <h1>Test</h1>
    /* axe-core 라이브러리로 cdn 불러오기 */
    <script src="https://cdn.jsdelivr.net/npm/axe-core@3.1.2/axe.min.js">
    </script>
    <script>
      axe.run(function (err, results) { /* 접근성 테스트 결과 확인 */
        console.log(results); /* 테스트 결과를 콘솔에 출력 */
      });
    </script>
  </body>
</html>
```

실행 결과는 다음과 같습니다.

그림 9-17 접근성 테스트 결과

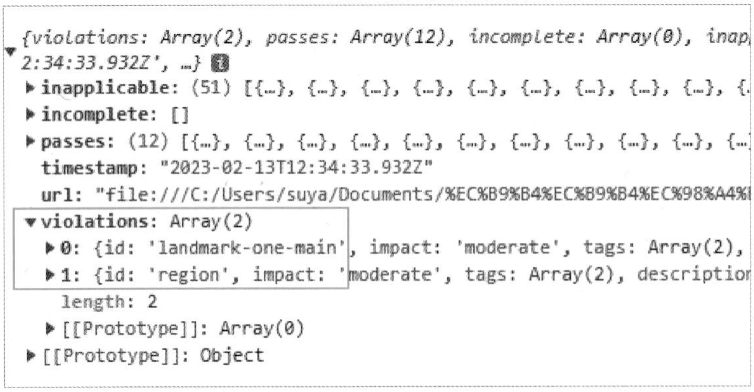

```
{violations: Array(2), passes: Array(12), incomplete: Array(0), inap
2:34:33.932Z', …} ℹ
▶ inapplicable: (51) [{…}, {…}, {…}, {…}, {…}, {…}, {…}, {…}, {…}, {
▶ incomplete: []
▶ passes: (12) [{…}, {…}, {…}, {…}, {…}, {…}, {…}, {…}, {…}, {…}, {…
  timestamp: "2023-02-13T12:34:33.932Z"
  url: "file:///C:/Users/suya/Documents/%EC%B9%B4%EC%B9%B4%EC%98%A4%
▼ violations: Array(2)
  ▶ 0: {id: 'landmark-one-main', impact: 'moderate', tags: Array(2),
  ▶ 1: {id: 'region', impact: 'moderate', tags: Array(2), descriptio
    length: 2
  ▶ [[Prototype]]: Array(0)
▶ [[Prototype]]: Object
```

결과에서 중요한 부분은 violations(위반)로, 이 부분의 결과를 보고 접근성 지침을 올바르게 수정할 수 있습니다. 'landmark-one-main'과 'region' 위반이 발생했다는 것은, 쉽게 말해 HTML5의 〈header〉, 〈nav〉, 〈main〉, 〈footer〉 태그로 문서의 구조가 잡혀 있어야 하는데 실제 코드는 그렇지 않다는 뜻입니다. 이 경우 다음과 같이 코드를 수정하면 모든 접근성 오류를 바로잡을 수 있습니다.

```
<body>
  <header>
    <h1>Test</h1>
  </header>
  <nav>nav</nav>
  <main>main</main>
  <footer>footer</footer>
  <script src="https://cdn.jsdelivr.net/npm/axe-core@3.1.2/axe.min.js">
  </script>
  <script>
    axe.run(function (err, results) {
      console.log(results);
    });
  </script>
</body>
```

코드를 수정하고 다시 실행하면 다음과 같이 violations 값이 비어 있습니다.

그림 9-18 **코드 수정 후 접근성 테스트 결과**

```
{violations: Array(0), passes: Array(12), incomplete: Array(0), inap
2:40:32.364Z', …}
▶ inapplicable: (48) [{…}, {…}, {…}, {…}, {…}, {…}, {…}, {…}, {…}, {.
▶ incomplete: []
▶ passes: (17) [{…}, {…}, {…}, {…}, {…}, {…}, {…}, {…}, {…}, {…}, {…
  timestamp: "2023-02-13T12:40:33.932Z"
  url: "file:///C:/Users/suya/Documents/%EC%B9%B4%EC%B9%B4%EC%98%A4%
▶ violations: []
▶ [[Prototype]]: Object
```

접근성 테스트를 할 때는 이와 같이 aXe-core 라이브러리를 사용할 수 있습니다. 앞의 예에서는 단순히 콘솔창에 결과를 출력했지만, 결과 값을 어떻게 사용하는지에 따라 자동화된 테스트 코드를 작성할 수 있습니다.

Lighthouse: 성능 테스트 도구

Lighthouse는 앞에서 수동 테스트 도구로 소개했는데, 자동화된 테스트 코드를 작성하는 성능 테스트 도구로도 사용 가능합니다. Lighthouse는 기본적으로 웹 페이지의 속도, 접근성, 보안 취약점 등 웹 애플리케이션의 성능과 품질에 영향을 미치는 문제를 식별하고 해결할 수 있도록 설계됐습니다. 크롬 개발자 도구에서 [Lighthouse]를 선택한 후 [Analyze page load] 버튼을 클릭하면 해당 페이지의 성능을 테스트할 수 있습니다.

그림 9-19 **크롬 개발자 도구에 포함된 Lighthouse**

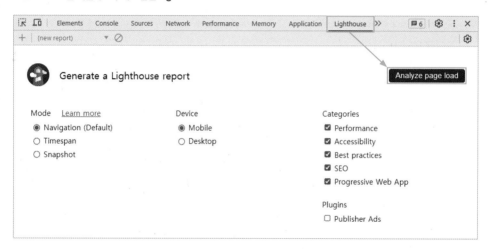

테스트 결과로 다음과 같은 성능 측정 결과 보고서가 생성되며, 이 보고서에서 점수가 취약한 부분을 보완하면 됩니다.

그림 9-20 **Lighthouse 성능 측정 결과**

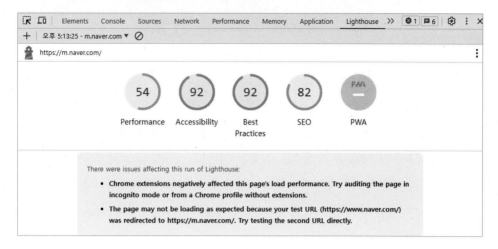

코드를 작성해 성능 테스트를 하고 싶을 때는 다음과 같이 작성하면 됩니다. 다음 코드에서는 **https://google.com**에 접속해 성능과 품질을 측정하고, 결과를 JSON 파일로 저장합니다.

```javascript
import lighthouse from 'lighthouse';
import fs from 'fs';
// Lighthouse를 실행하는 비동기 함수인 runLighthouse() 정의
async function runLighthouse(url) {
  // 지정된 URL에 대해 Lighthouse를 실행하고 결과를 json 형식으로 받아오기
  const results = await lighthouse(url, { output: 'json' });
  // 실행 결과 파일에 저장
  fs.writeFileSync(
    `lighthouse-results-complete.json`,
    JSON.stringify(results, null, 2)
  );
  // Lighthouse가 완료됐음을 콘솔에 표시
  console.log(`Lighthouse Complete : ${url}.`);
}
// runLighthouse 함수를 호출해 'https://google.com' URL에 대한 Lighthouse 테스트 실행
runLighthouse('https://google.com');
```

> **NOTE** **Lighthouse 공식 깃허브**
>
> Lighthouse의 설치 및 자세한 사용법은 다음 공식 깃허브를 참고하세요.
> **https://github.com/GoogleChrome/lighthouse**

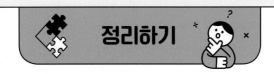

웹 애플리케이션의 품질을 일정 수준 이상으로 유지하려면 개발 프로세스에 반드시 테스트를 포함해야 합니다. 이를 위해 수동 테스트와 자동화 테스트 중 하나를 선택해 수행할 수도 있고, 수동 테스트와 자동화 테스트를 함께 사용해도 됩니다. 단, 수동 테스트는 테스트 주체가 사람이고 자동화 테스트는 기계(컴퓨터)이므로 주체에 따라 결과가 조금씩 달라질 수 있음에 주의해야 합니다.

수동 테스트와 자동화 테스트는 장단점이 뚜렷하므로 개발하는 웹 애플리케이션의 상황에 맞게 적절한 테스트 계획을 수립하는 것이 중요합니다.

배포

개발이 완료된 웹 애플리케이션을 서버에 올려 다른 사람이 사용할 수 있도록 공개하는 과정을 '배포'
라고 합니다. 개발된 웹 애플리케이션을 개발자의 컴퓨터에 묵혀둔다면 무용지물일 것입니다.

다행히 전 세계는 인터넷이라는 거대한 네트워크로 연결돼 있어 누군가가 웹 애플리케이션을 만들
어 서버에 올리면 다른 사람이 접속해 사용할 수 있습니다. 이 장에서는 배포 플랫폼을 사용했을 때
의 이점과 가장 인기 있는 배포 플랫폼에 대해 알아봅니다.

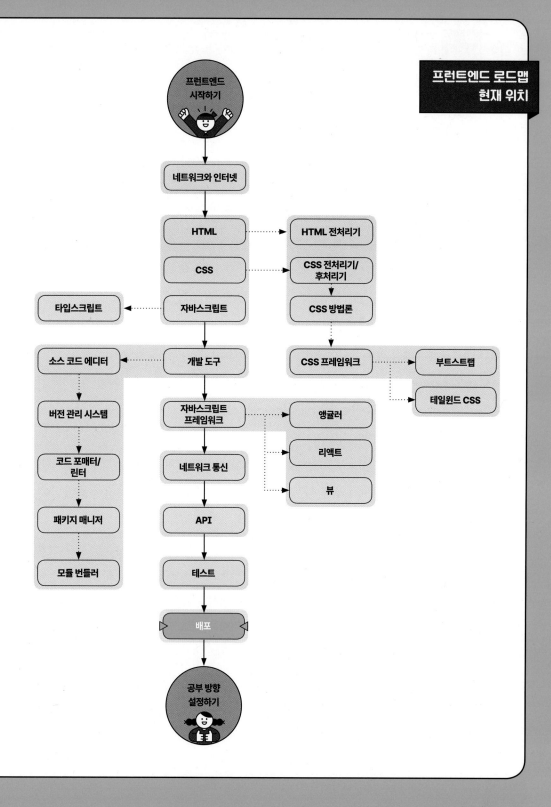

프런트엔드 로드맵
현재 위치

프런트엔드
시작하기

네트워크와 인터넷

HTML → HTML 전처리기

CSS → CSS 전처리기/
후처리기

타입스크립트 ← 자바스크립트

CSS 방법론

소스 코드 에디터 ← 개발 도구

CSS 프레임워크 → 부트스트랩

테일윈드 CSS

버전 관리 시스템

자바스크립트
프레임워크 → 앵귤러

코드 포매터/
린터

리액트

패키지 매니저

네트워크 통신

뷰

모듈 번들러

API

테스트

배포

공부 방향
설정하기

서버의
동작 방식

웹 애플리케이션은 클라이언트-서버 구조에서 동작합니다. 여기서 서버는 네트워크를 통해 다른 프로그램이나 장치에 서비스를 제공하는 컴퓨터를 말합니다. 이는 클라이언트의 요청을 받아 특정 서비스를 제공하는 컴퓨터로, 일반 가정에서 사용하는 컴퓨터에 웹 애플리케이션을 올려 서비스를 제공한다면 그 컴퓨터는 서버라고 할 수 있습니다.

서버는 역할에 따라 **웹 서버**(web server)와 **백엔드 서버**(backend server)로 나뉩니다. 웹 서버와 백엔드 서버는 배포에서 자주 등장하는 용어이니 잘 이해하고 있어야 합니다.

- **웹 서버:** 클라이언트(웹 브라우저)에 HTML, CSS, 자바스크립트, 이미지 파일 등의 웹 자원을 제공하는 컴퓨터입니다. 클라이언트는 필요한 것을 웹 서버에 요청하고 웹 서버로부터 결과를 응답받습니다.

- **백엔드 서버:** 클라이언트(웹 브라우저)의 요청을 받아 실질적인 처리를 하는 컴퓨터입니다. 클라이언트와 상호작용하기 위해 API를 제공하며, API를 통해 들어온 요청을 받아 데이터베이스에 접근해 정보를 처리합니다.

예를 들어 쇼핑몰 관리자가 회원 목록을 조회하는 경우를 생각해봅시다. 관리자는 관리자 페이지에서 회원 목록을 조회해달라고 요청합니다. 웹 서버는 요청을 접수해 백엔드 서버에 전달하고, 백엔드 서버는 데이터베이스에서 회원 목록을 조회해 그 결과를 반환합니다. 웹 서버는 반환된 데이터를 받아 웹 브라우저에 출력할 형태로 만들고 이를 관리자 화면에 보여줍니다.

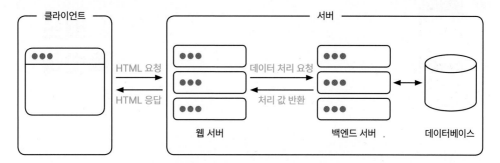

그림 10-1 **서버의 동작 방식**

이처럼 웹 서버는 클라이언트와의 상호작용을 담당하고, 백엔드 서버는 핵심 처리 부분을 담당합니다.

10.2

배포 플랫폼

웹 애플리케이션을 배포하는 과정은 생각보다 단순하지 않습니다. 네트워크와 연결된 서버를 준비하고 엔진엑스(Nginx), 아파치(Apache) 같은 소프트웨어를 사용해 웹 서버 환경을 구축해야 합니다. 그리고 배포를 위한 코드 최적화, 배포 환경 구성, 도메인 연결, 보안 SSL 인증서 설정, 테스트, 모니터링을 위한 소프트웨어 설치 등 복잡하고 전문적인 과정을 거쳐야 합니다.

대부분의 기업에서는 이러한 배포 과정을 처리하기 위해 전문 인력인 '인프라 엔지니어'를 두고 있습니다. 배포는 이처럼 전문 포지션을 따로 두고 관리할 만큼 복잡하고 어려운 일입니다.

다행히 지금은 다양한 배포 플랫폼이 등장해 인프라 엔지니어가 처리하던 작업을 간편하게 할 수 있도록 각종 배포 서비스를 제공하고 있습니다. 또한 버전 관리 시스템인 깃과 통합해 배포와 관련된 작업 절차를 단순화함으로써 일반 개발자도 쉽게 배포할 수 있게 됐습니다.

10.2.1 배포 플랫폼 사용 시의 이점

배포 플랫폼을 사용하면 웹 애플리케이션을 배포하는 본연의 기능을 수행하는 것 외에도 다음과 같은 이점을 추가로 얻을 수 있습니다.

CDN 서비스 이용

배포는 서버에 웹 애플리케이션을 올리는 일입니다. 만약 서울에 있는 서버에 웹 애플리케이션을 올리면 같은 서울에 있는 사용자는 비교적 짧은 거리의 네트워크를 이동해 웹 애플리케이션에 접근하기 때문에 전반적인 속도나 반응이 빠릅니다. 하지만 미국 뉴욕에 살고 있는 사용자가 서울 서버에 올린 웹 애플리케이션에 접근하려면 물리적으로 약 11,700km 의 거리를 이동해야 합니다. 멀리 떨어져 있는 만큼 통신 구간이 길기 때문에 상대적으로 속도나 반응이 느릴 수밖에 없습니다.

CDN(Content Delivery Network, 글로벌 콘텐츠 전송 네트워크)은 이러한 네트워크 거리 문제를 해결하기 위한 솔루션입니다. 웹 애플리케이션의 리소스 원본을 복사해 복사본을 만든 후 세계 곳곳에 있는 서버에 배치합니다. 그리고 사용자가 웹 애플리케이션에 접근할 때 사용자와 가장 가까운 서버에서 응답하기 때문에 성능상 유리합니다.

웹 애플리케이션을 배포하는 데 사용하는 배포 플랫폼은 자체적으로 CDN 서비스를 제공합니다. 자체 CDN이 없는 경우에는 외부 CDN 서비스를 배포 플랫폼에 통합하는 방식으로 지원합니다. 따라서 배포 플랫폼을 사용하면 CDN을 통해 성능이 향상됩니다.

파일 압축 기능

배포 플랫폼은 자체적으로 웹 애플리케이션 리소스를 압축(코드의 불필요한 공백과 주석을 제거해 전체 코드 용량을 줄임)하는 서비스를 제공합니다. 웹 브라우저가 웹 애플리케이션에 접근할 때 해당 애플리케이션의 리소스를 네트워크 통신으로 내려받기 때문에 용량이 작을수록 빨리 다운로드됩니다.

배포 단순화

배포 플랫폼은 자체적으로 깃과 통합해 버전 관리 및 배포를 쉽게 하는 서비스를 제공합니다. 웹 개발과 관련된 리소스를 저장소에 업로드하기만 하면 연동된 배포 솔루션 서비스가 자동으로 배포하므로 일일이 배포하는 수고를 덜어줍니다.

보안 성능 향상

배포 플랫폼은 보안 기능을 강화하는 HTTPS 및 SSL 인증서를 기본으로 제공합니다. 또한 플랫폼 자체적으로 XSS, CSRF와 같은 해킹 공격에도 대비하기 때문에 개발자는 기본적인 보안 설정을 신경 쓰지 않아도 됩니다.

> **NOTE** CSRF
>
> CSRF(Cross-Site Request Forgery)는 사용자가 자신의 의지와 무관하게 특정 웹 사이트에 공격자가 의도한 요청을 보내도록 유도하는 공격을 말합니다.

모니터링 기능

대부분의 배포 플랫폼은 자체적으로 웹 애플리케이션을 모니터링하는 시스템을 갖추고 있습니다. 개발자는 웹 애플리케이션을 배포한 이후에도 모니터링 기능을 사용해 자신의 서비스에 위험 요소가 있는지 감지해 대비할 수 있습니다.

10.2.2 배포 플랫폼의 종류

요즘 인기 있는 배포 플랫폼은 넷리파이, 깃허브 페이지, 버셀 등입니다.

넷리파이

넷리파이(Netlify)는 반응형 웹 애플리케이션을 쉽고 빠르게 구축·배포·관리할 수 있는 클라우드 기반 배포 플랫폼입니다. 2014년에 문을 열어 오늘날 가장 인기 있는 배포 플랫폼 중 하나로 자리 잡았습니다.

그림 10-2 **넷리파이 공식 사이트**

넷리파이의 장점은 다음과 같습니다.

- **간단한 배포**

  넷리파이는 별도의 로드 밸런싱(load balancing, 부하 분산), 확장, 보안 등의 서버 설정 없이 웹 애플리케이션을 쉽게 배포하고 호스팅할 수 있도록 설계됐습니다. 인프라 설정이 대부분 자동으로 처리되기 때문에 웹 애플리케이션 배포를 간단하게 할 수 있습니다.

- **CDN 서비스 제공**

  넷리파이는 CDN 서비스를 제공하며, 외부 CDN 서비스와 통합해 사용할 수도 있습니다. **10.2.1절 배포 플랫폼 사용 시의 이점**에서도 살펴봤듯이 CDN을 사용하면 웹 애플리케이션에 접근할 때 가장 가까운 위치의 서버에서 웹 애플리케이션 리소스를 내려받을 수 있어 성능 향상에 유리합니다. 따라서 전 세계의 사용자가 거리의 한계를 극복하고 웹 애플리케이션을 이용할 수 있습니다.

- **고급 빌드 도구 제공**

  넷리파이는 자체적으로 웹 애플리케이션을 빌드해야 할 때 사용자가 빌드 프로세스를 최적화할 수 있도록 다양한 빌드 도구 및 기능을 제공합니다. 예를 들어 프로젝트를 만들 때 사용하는 Node.js 기반 패키지 명세서를 캐싱해 기억해두는 'npm 종속성 캐싱'이라는 기능이 있습니다. 이 기능을 이용하면 다음에 빌드할 때 훨씬 빠른 속도로 진행할 수 있습니다.

- **확장성**

  넷리파이는 개인이 운영하는 소규모 사이트부터 대기업이 운영하는 대규모 사이트까지 아우르는 확장성을 가지고 있습니다. 넷리파이 인프라에는 트래픽에 따라 자동으로 규모가 커지는 오토 스케일링(auto scaling) 기능이 포함돼 있어 빠르게 변화하는 트래픽에 개발자가 일일이 대응할 필요가 없습니다.

- **글로벌 소프트웨어와의 통합**

  넷리파이는 깃, 비트버킷, 워드프레스(WordPress), 구글 애널리틱스 등의 글로벌 소프트웨어와 쉽게 연동해 사용할 수 있습니다. 예를 들어 깃을 넷리파이의 배포 시스템과 연동하면 깃에 푸시(push, 원격 저장소에 코드 변경 내용을 업로드하는 명령)하는 것만으로 배포까지 자동으로 수행할 수 있습니다.

넷리파이는 웹 애플리케이션을 배포하고 호스팅하는 과정에서 다루게 되는 거의 모든 개발 및 인프라 요소를 지원합니다. 따라서 프런트엔드 개발자라면 한번쯤 이용해보길 추천합니다.

NOTE 넷리파이 공식 사이트

넷리파이에 대해 자세히 알고 싶다면 다음 공식 사이트를 참고하세요.
https://www.netlify.com

깃허브 페이지

깃허브 페이지는 깃허브에서 제공하는 호스팅 및 배포 플랫폼입니다. 2007년에 깃허브가 론칭해 그다음 해인 2008년에 출시됐습니다. 웹 기반 버전 관리 시스템 중 가장 인기 있는 깃허브의 영향력을 등에 업은 깃허브 페이지는 오늘날 가장 인기 있는 배포 플랫폼 중 하나로 자리매김했습니다.

그림 10-3 **깃허브 페이지 공식 사이트**

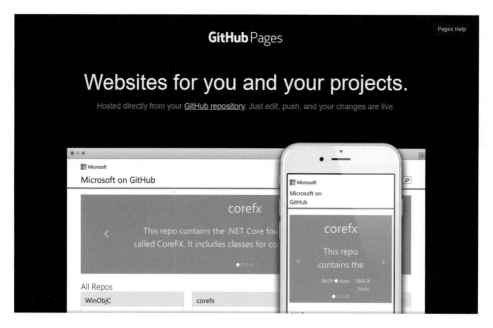

깃허브 페이지의 장점은 다음과 같습니다.

- **간단한 배포**

  깃허브 페이지는 깃허브 저장소와 연동돼 있어 작성한 코드를 클릭 몇 번만으로 호스팅하거나 배포할 수 있습니다. 즉 깃허브 저장소에 코드를 올리기만 하면 됩니다.

- **버전 제어**

  깃허브 페이지는 깃허브 저장소와 연동되므로 깃의 버전 관리 제어 기능을 그대로 활용할 수 있습니다. 다시 말해 특정 코드의 버전을 깃허브를 통해 관리할 수 있고, 해당 버전의 배포도 간편하게 할 수 있습니다.

- **무료 호스팅**

  깃허브 페이지는 기본 호스팅 및 배포를 무료로 제공합니다. 호스팅된 웹 페이지에 도메인을 지정하거나, 기본으로 제공되는 분석 정보 말고 구글 애널리틱스 같은 타사 서비스와 연결하려고 할 때는 예외적으로 비용이 들지만, 이처럼 비용이 청구되는 서비스를 사용하지 않아도 웹 호스팅과 배포를 할 수 있습니다.

- **CDN 서비스 제공**

  깃허브 페이지는 깃허브 플랫폼의 CDN 인프라를 그대로 활용하므로 깃허브와 같은 수준의 CDN 서비스를 제공합니다.

이렇게 깃허브 페이지는 깃허브 플랫폼과 밀접한 연관성을 가지고 웹 호스팅 및 배포 서비스를 제공합니다. 게다가 비용이 들지 않아 개인이 부담 없이 이용할 수 있습니다.

> **NOTE** 깃허브 페이지 공식 사이트
>
> 깃허브 페이지에 대해 자세히 알고 싶다면 다음 공식 사이트를 참고하세요.
> **https://pages.github.com**

버셀

버셀(Vercel)은 웹 애플리케이션을 개발하고 호스팅 및 배포할 수 있도록 서비스를 제공하는 클라우드 기반 플랫폼입니다. 2015년에 설립된 버셀은 급성장하면서 점유율을 올리고 있습니다.

그림 10-4 **버셀 공식 사이트**

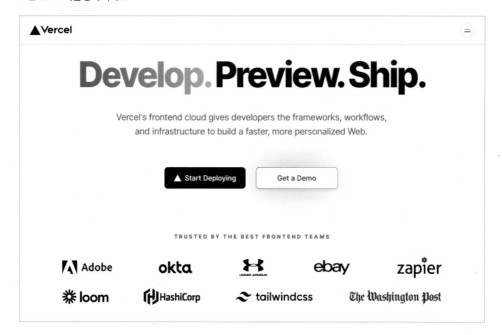

버셀의 장점은 다음과 같습니다.

- **CDN 서비스 제공**

  다른 배포 플랫폼과 마찬가지로 버셀도 자체적으로 구축한 CDN 서비스를 제공합니다.
  대부분의 배포 플랫폼은 CDN 서비스를 기본으로 제공하지만, 버셀의 CDN 서비스가
  성능이 가장 좋은 것으로 알려져 있습니다.

- **빠른 속도**

  버셀은 아마존 웹 서비스(AWS, Amazon Web Services)에서 제공하는 서버리스 컴퓨팅 서
  비스인 AWS 람다(AWS Lambda) 위에 구축됐습니다. 그래서 다른 배포 플랫폼보다 더 빨
  리 웹 호스팅과 배포를 할 수 있는 최적화된 시스템을 갖췄습니다. AWS가 전 세계적으
  로 서버리스 컴퓨팅 서비스를 제공하는 만큼 버셀은 AWS 인프라를 이용해 웹 애플리케
  이션의 성능을 최적화하는 캐싱, 글로벌 배포, 오토 스케일링 등의 기능을 제공합니다.

- **Next.js와의 호환성**

  버셀은 최신 프레임워크 중에서도 Next.js 프레임워크와의 호환성이 좋습니다. Next.js는 정적 사이트 생성(SSG)을 지원하는 리액트 기반 프레임워크입니다. 물론 앵귤러와 뷰 같은 프레임워크도 지원하지만 Next.js와의 호환성이 가장 좋습니다. 버셀은 리액트 공식 문서에서도 가장 권고하는 배포 도구로 소개됐습니다.

- **배포 미리 보기 제공**

  버셀은 배포 미리 보기 기능을 제공합니다. 배포 미리 보기는 어떤 코드가 실제로 어떻게 표시될지 서비스가 배포되기 전에 미리 볼 수 있는 기능입니다. 버셀의 배포 미리 보기 기능을 사용하면 서비스를 개시하기 전에 코드를 테스트하고 문제점이나 개선 사항을 확인할 수 있습니다.

속도가 빠르고, Next.js에서 최적화된 성능을 보이며, 배포 전에 미리 보기가 가능하다는 것은 다른 플랫폼과 비교했을 때 특히 손꼽히는 버셀의 장점입니다.

> **NOTE** 버셀 공식 사이트
>
> 버셀에 대해 자세히 알고 싶다면 다음 공식 사이트를 참고하세요.
> **https://vercel.com**

이 장에서는 배포의 개념과 배포 플랫폼을 사용했을 때의 이점, 가장 인기 있는 배포 플랫폼에 대해 살펴봤습니다. 대부분의 배포 플랫폼은 자체적으로 호스팅 서비스를 제공하기 때문에 '호스팅 기반의 배포 플랫폼'이라고도 하고 '호스팅 및 배포 플랫폼'이라고도 합니다.

과거에는 웹 애플리케이션을 배포하기 위해 상당히 복잡한 과정을 거쳐 서버를 설정했습니다. 하지만 지금은 넷리파이, 깃허브 페이지, 버셀 등의 배포 플랫폼을 이용해 간단하게 웹 호스팅 및 배포를 할 수 있습니다. 참고로 파이어베이스(Firebase), AWS 앰플리파이(AWS Amplify)와 같은 배포 플랫폼도 있지만, 여기서 소개한 넷리파이, 깃허브 페이지, 버셀만 알아도 충분합니다.

프런트엔드 개발자로 성장하기

공부 방향
설정하기

프런트엔드 분야는 웹의 성장과 함께 발전해왔습니다. 지금 이 순간에도 기술, 프레임워크, 디자인 패턴, 개발 방법론이 진화하거나 새로이 등장하고 있습니다. 하지만 이러한 발전이 무조건 반갑기만 한 것은 아닙니다. 그만큼 학습 부담이 커지기 때문입니다. 기술 변화가 빠르고 정형화된 학습 커리큘럼도 없는 상황에서, 게다가 입문자라면 어떤 순서로 무엇에 집중해 공부해야 할지 몰라 헤맬 것입니다.

이에 프런트엔드에 입문하려는 예비 개발자가 공부를 시작하는 단계에서 어떤 부분을 고려해 학습해야 할지 알아봅니다. 기업은 어떤 개발자를 원하는지, 어떤 순서로 공부하는 것이 좋은지, 그리고 나만의 커리큘럼 짜는 방법 등을 자세히 설명하겠습니다.

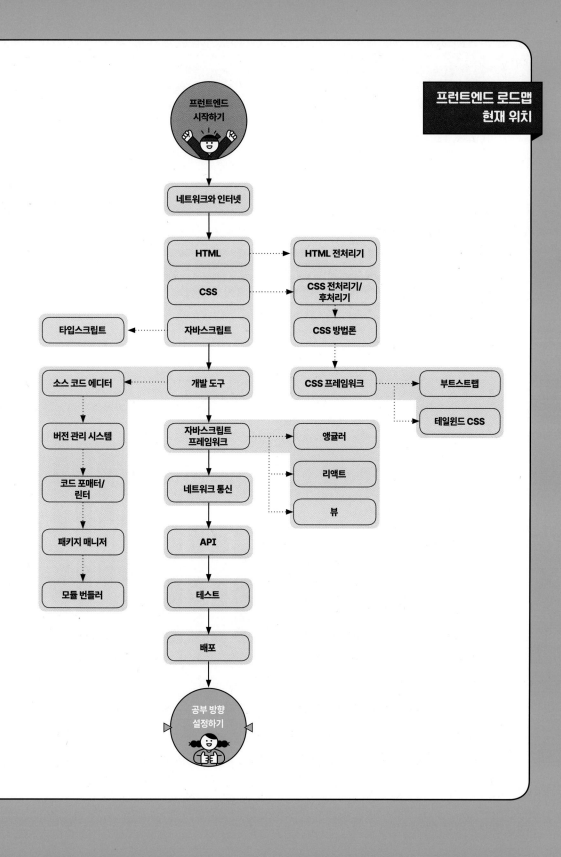

프런트엔드 로드맵
현재 위치

프런트엔드
시작하기

네트워크와 인터넷

HTML → HTML 전처리기

CSS → CSS 전처리기/
후처리기

↓

CSS 방법론

타입스크립트 ← 자바스크립트

소스 코드 에디터 ← 개발 도구

CSS 프레임워크 → 부트스트랩

→ 테일윈드 CSS

버전 관리 시스템

자바스크립트
프레임워크 → 앵귤러

코드 포매터/
린터

네트워크 통신 → 리액트

패키지 매니저

API → 뷰

모듈 번들러

테스트

배포

공부 방향
설정하기

11.1

기업이 원하는
개발자

웹이 처음 등장한 1991년 이후 인터넷은 폭발적으로 성장했습니다. 독일의 통계 전문 사이트 스타티스타(Statista)의 조사에 따르면 1991년에 200명에 불과했던 인터넷 사용자가 2022년에는 50억 명을 넘어섰습니다. 그만큼 인터넷은 우리의 삶에서 많은 부분을 차지하고 있습니다.

그림 11-1 2005~2022년 인터넷 사용자 수(출처: https://www.statista.com)

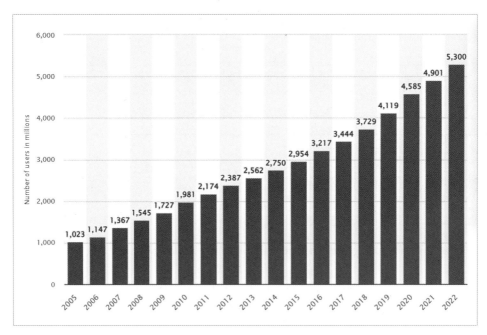

이러한 추세에 발맞춰 기업은 인터넷 공간에서 입지를 확보하기 위해 총력을 다하고 있으며, 인터넷에서 다져진 입지는 곧 매출로 이어집니다. 홍보·마케팅부터 유통·판매에 이르기까지 모든 것이 인터넷 공간에서 이뤄지고, 웹 애플리케이션(홈페이지) 또는 앱 개발이

필수가 됐습니다. 기업은 이러한 웹 애플리케이션을 활용해 자사를 알리고, 비즈니스에 도움이 되는 전략을 세워 이익을 창출합니다.

프런트엔드 개발자는 웹 애플리케이션에서 사용자 인터페이스와의 상호작용 부분을 담당합니다. 그렇다면 기업은 프런트엔드 개발자를 뽑을 때 무엇을 중점적으로 볼까요? 이는 기업의 사업 성향에 따라 다르겠지만 공통적으로 중요시하는 기술과 자질은 다음과 같습니다.

- **기본 언어 및 프레임워크 숙련도**

  기업이 프런트엔드 개발자를 뽑을 때 가장 중요하게 보는 것은 기본 언어와 프레임워크의 숙련도입니다. 기술 수준이 어느 정도인지에 따라 할 수 있는 일의 범위가 달라지기 때문입니다. 최근에는 신입을 채용할 때도 일정 수준 이상의 숙련도를 요구하는 경우가 많기 때문에 HTML, CSS, 자바스크립트와 해당 기업에서 사용하는 프레임워크의 숙련도를 반드시 갖춰야 합니다. 입문부터 고급까지 개발자 단계별로 갖춰야 할 기술 및 수준은 **11.2절 단계별 추천 포지션과 필수 기술**에서 설명하겠습니다.

- **평균 이상의 UI/UX 감각**

  웹 디자이너라는 직업이 따로 있기는 하지만, 관리자 페이지 같은 기업 내부용 웹 애플리케이션은 프런트엔드 개발자 혼자 만드는 경우가 많습니다. 따라서 기업은 평균 이상의 UI/UX 안목을 가진 개발자를 선호합니다. 텍스트 하나, 버튼 하나를 만들어 배치하더라도 안목이 있는 사람과 없는 사람의 결과물은 천지 차이입니다.

- **문제 해결 능력**

  실무를 하다 보면 학원이나 독학, 인터넷 강의에서 배운 적이 없는 돌발 상황이 수시로 발생합니다. 기업은 이럴 때 당황하지 않고 문제를 침착하게 해결할 수 있는 능력을 갖춘 개발자를 원합니다.

- **협업 및 커뮤니케이션 능력**

  프런트엔드 개발자는 백엔드 개발자, 프로젝트 매니저(PM), 기획자, 웹 디자이너 등과 소통하면서 협업하는 경우가 허다합니다. 기업은 개인이 혼자 일하는 곳이 아니라 공동체 조직이므로 협업 및 커뮤니케이션을 잘하는 개발자를 원합니다.

● 학습 자세

프런트엔드의 기술 동향은 시시각각 변합니다. 매년 새로운 프레임워크, 라이브러리, 도구가 등장하고 기존 기술도 끊임없이 업데이트되며, 이와 맞물려 사용자 경험에 대한 기대치가 높아지고 있습니다. 프런트엔드 개발자는 이러한 변화를 따라가기 위해 꾸준히 공부해야 합니다. 실제로 기업에서도 코드 리뷰, 최신 기술에 대한 논의 등 내부 스터디가 활발하게 이뤄지고 있으며, 개발자를 뽑을 때도 발전하려는 의지를 중점적으로 봅니다.

11.2 단계별 추천 포지션과 필수 기술

2장부터 10장까지 프런트엔드 로드맵을 훑어봤습니다. 그런데도 어떤 순서로 공부해야 할지 감이 잡히지 않는다면 앞서 그 길을 걸었던 선배가 제시하는 커리큘럼이 도움이 될 것입니다. 이에 필자는 다음과 같은 커리큘럼을 권장합니다. 개발자 단계를 입문→초급→중급→고급 순으로 구분하고 각 단계별로 공부할 내용을 정리했는데, 여기서 '필수'는 해당 기술을 자유자재로 구사할 수 있는 수준을 말합니다.

그림 11-2 **추천 커리큘럼**

기술	입문	초급	중급	고급	비고
HTML	필수	필수	필수	필수	
CSS	필수	필수	필수	필수	
자바스크립트		필수	필수	필수	
버전 관리 시스템		권장	필수	필수	깃 + 깃허브, 깃랩, 비트버킷
CSS 프레임워크		권장	필수(1개 이상)	필수(2개 이상)	부트스트랩, 테일윈드 CSS
자바스크립트 프레임워크			필수(1개 이상)	필수(2개 이상)	앵귤러, 리액트, 뷰
네트워크 통신(API)			필수	필수	
배포			필수	필수	
HTML/CSS 심화 기술			권장	필수	HTML 전처리기, CSS 전처리기/후처리기
타입스크립트			권장	필수	
테스트			권장	필수	

11.2.1 입문 단계

입문 단계는 주니어 웹 퍼블리셔(web publisher) 수준입니다. 웹 디자이너가 만든 디자인 결과물을 웹 표준성과 접근성에 부합하게 정리해 HTML, CSS, 자바스크립트로 코딩하는 작업을 '웹 퍼블리싱(web publishing)'이라고 하며, 이를 담당하는 사람을 '웹 퍼블리셔'라고 합니다. 입문 단계의 학습을 마치면 주니어 웹 퍼블리셔가 됩니다.

- **추천 포지션:** 주니어 웹 퍼블리셔
- **예상 학습 기간:** 4개월
- **필수 기술:** HTML, CSS
  [HTML]
  – 기본 HTML 구조 및 태그
  – 시맨틱 태그
  – 폼(form) 관련 태그
  [CSS]
  – CSS 선택자 및 속성
  – CSS 박스 모델, 위치(position)에 대한 이해
  – flexbox layout, grid layout, media query 속성

이 단계에서 HTML은 기초 태그부터 현대적인 레이아웃을 설계할 수 있는 시맨틱 태그까지 태그의 역할과 의미를 정확하게 이해하는 수준으로 학습해야 합니다. 또한 CSS는 기본 속성부터 현대적인 레이아웃을 디자인할 수 있는 플렉스박스 레이아웃(flexbox layout), 그리드 레이아웃(grid layout)과 미디어 쿼리(media query) 등의 속성을 자유자재로 사용할 수 있는 수준으로 학습해야 합니다.

그리고 토이 프로젝트와 클론 코딩(인스타그램, 카카오톡 등 자주 사용하는 웹 애플리케이션을 그대로 따라 개발하는 것)을 하면서 HTML과 CSS를 사용해 하나의 완성된 결과물을 만들어보는 연습을 꾸준히 해야 합니다.

11.2.2 초급 단계

초급 단계는 전문 웹 퍼블리셔 수준입니다. 이 단계에 이르면 HTML, CSS와 더불어 자바스크립트를 공부해야 합니다. HTML과 CSS를 배우면 UI만 다룰 수 있지만 자바스크립트를 배우면 UX까지 다룰 수 있기 때문에 처리 가능한 영역이 넓어집니다. 예상 학습 기간은 입문 단계의 예상 학습 기간인 4개월에 3개월을 더해 총 7개월로 잡았습니다.

- **추천 포지션:** 전문 웹 퍼블리셔
- **예상 학습 기간:** 7개월(입문 단계 4개월 + 3개월)
- **필수 기술:** HTML, CSS + 자바스크립트
  [자바스크립트]
  - 변수, 자료형, 함수, 객체 등의 기본 개념
  - 클로저, 클래스, 내장 객체, DOM 조작, 이벤트 등의 고급 개념

자바스크립트는 ES5를 기준으로 변수 선언부터 클로저, 클래스, 함수, 객체, 이벤트 등의 기본 개념을 완전히 익히고 자유롭게 사용할 수 있는 수준까지 학습해야 합니다.

11.2.3 중급 단계

중급 단계부터는 프런트엔드 개발자로 포지션이 바뀝니다. 이 단계에서는 HTML, CSS, 자바스크립트는 기본으로 학습한 상태여야 하고 버전 관리 시스템을 다룰 줄 알아야 합니다. 프레임워크로 개발하기 때문에 CSS 프레임워크와 자바스크립트 프레임워크를 각각 1개 이상 알아야 하고, 백엔드에 데이터를 요청하고 응답받아 화면에 출력하는 작업이 많아지므로 API 호출 방법도 알아야 합니다. 예상 학습 기간은 초급 단계의 예상 학습 기간인 7개월에 9개월을 더해 총 16개월로 잡았습니다. 물론 이 기간은 개인마다 다를 수 있습니다.

- **추천 포지션:** 프런트엔드 개발자
- **예상 학습 기간:** 16개월(초급 단계 7개월 + 9개월)
- **필수 기술:** HTML, CSS, 자바스크립트 + 버전 관리 시스템, CSS 프레임워크, 자바스크립트 프레임워크, 네트워크 통신(API), 배포
  [버전 관리 시스템]
  - 분산 버전 관리 시스템: 깃

- 웹 기반 버전 관리 저장소: 깃허브, 깃랩, 비트버킷 중 1개 이상

[CSS 프레임워크]

- 부트스트랩, 테일윈드 CSS 중 1개 이상

[자바스크립트 프레임워크]

- 앵귤러, 리액트, 뷰 중 1개 이상

[네트워크 통신]

- 네트워크에 대한 이해(HTTP)

- API에 대한 이해, 호출 방법

[배포]

- 넷리파이, 깃허브, 버셀 중 1개 이상

자바스크립트 프레임워크를 사용하면 작성하는 코드의 양이 많아지고 그에 비례해 관리해야 할 코드의 양도 늘어나기 때문에 버전 관리 시스템을 필수로 배워야 합니다. 분산 버전 관리 시스템인 깃은 필수이고, 웹 기반 버전 관리 저장소는 깃허브, 깃랩, 비트버킷 중 하나 이상을 알아야 합니다.

국내 시장에서 배워두면 유리한 자바스크립트 프레임워크는 리액트와 뷰입니다. 중급 단계로 올라가려면 이 두 가지 중 하나를 제대로 배워야 합니다. 이 단계에서는 의외로 타입스크립트를 필수로 꼽지 않는데, 타입스크립트를 굳이 사용하지 않아도 훌륭한 웹 애플리케이션을 충분히 만들 수 있기 때문입니다. 따라서 타입스크립트를 성급하게 배울 필요는 없습니다.

자바스크립트 프레임워크를 본격적으로 사용하게 되면 백엔드로 API를 호출해 응답받은 데이터를 화면에 출력하는 작업을 많이 하고, 반대로 데이터를 백엔드로 보내는 작업도 많이 합니다. 따라서 네트워크 통신의 기본 원리, API 동작 원리와 호출 방법을 이해해야 합니다.

이 단계에서도 토이 프로젝트와 클론 코딩을 꾸준히 하길 권합니다. 결과물을 배포해 인터넷에 공개하는 작업은 익숙하게 할 수 있어야 합니다.

11.2.4 고급 단계

고급 단계는 웹 애플리케이션 개발부터 테스트까지 전체를 할 수 있는 수준입니다. 중급 단계까지 배운 것에 더해 HTML 전처리기, CSS 전처리기/후처리기, CSS 방법론, 타입스크립트 등 기본 언어에서 심화된 기술을 필수로 배우고 테스트 방법도 알아야 합니다. 예상 학습 기간은 중급 단계의 예상 학습 기간인 16개월에 20개월을 더해 총 36개월로 잡았습니다. 이 기간 또한 개인에 따라 차이가 있습니다.

- **추천 포지션:** 프런트엔드 개발자
- **예상 학습 기간:** 36개월(중급 단계 16개월 + 20개월)
- **필수 기술:** HTML, CSS, 자바스크립트, 버전 관리 시스템, CSS 프레임워크, 자바스크립트 프레임워크, 네트워크 통신(API) + HTML 전처리기, CSS 전처리기, CSS 후처리기, CSS 방법론, 타입스크립트, 테스트, 배포
  [HTML 전처리기]
  − 함엘, 슬림, 퍼그 중 1개 이상
  [CSS 전처리기]
  − SASS, SCSS, LESS 중 1개 이상
  [CSS 후처리기]
  − PostCSS
  [CSS 방법론]
  − OOCSS, SMASS, BEM 중 1개 이상
  [타입스크립트]
  − 타입, 변수, 함수 등의 기본 개념
  − 클래스, 인터페이스, 상속 등의 객체 지향 개념
  − 콜백, promise, await, async 등의 비동기 함수
  − 제너릭, 데코레이터, 모듈
  [테스트]
  − 테스트 유형
  − 테스트 유형에 따른 테스트 방법 및 프레임워크 사용법

중급에서 고급 단계로 넘어갈 때는 배워야 할 언어와 기술이 급격히 증가하기 때문에 오랜 시간이 필요합니다. 특히 타입스크립트는 그 자체만도 배워야 할 문법이 많습니다. 하지만 이 단계에 도달했다면 독립적인 전문 프런트엔드 개발자가 됐다고 말할 수 있습니다.

11.3 나만의 커리큘럼 짜기

프런트엔드 분야는 계속 성장 중이고 배워야 할 범위가 매우 넓습니다. 이 방대한 분량을 어떤 커리큘럼으로 공부할지는 개인이 처한 상황이나 학습 성향이 각기 다르기 때문에 정해진 최선이 없습니다. 그래서 다른 사람의 커리큘럼을 따르는 것보다 스스로 커리큘럼을 짜는 것이 더 나은 선택지일 수 있습니다. 설령 부트캠프나 국비 지원 학원의 커리큘럼을 따르고 있더라도 자신이 현재 어느 위치에 있는지 아는 것과 모르는 것은 차이가 큽니다.

나만의 커리큘럼을 짤 때는 다음 사항을 참고하세요.

● **목표 설정하기**

목표를 설정하면 학습의 방향과 깊이를 결정하는 데 도움이 됩니다. 앞에서 소개한 입문, 초급, 중급, 고급 단계 중에서 무엇을 목표로 삼을지 정하세요. 고급 단계를 목표로 삼고, 거기에 도달하는 데 걸리는 과정을 중간 목표로 잡아도 좋습니다.

● **언어와 기술 선택하기**

목표를 정했다면 그것을 이루기 위해 배워야 할 언어와 기술을 추립니다. 입문 단계(UI를 구성하는 웹 퍼블리셔)가 목표라면 HTML과 CSS만 배우면 되고, 초급 단계(UI/UX를 구성하는 웹 퍼블리셔)가 목표라면 HTML, CSS, 자바스크립트를 배워야 합니다. 그이상이 목표라면 프레임워크와 버전 관리 시스템, API 등을 배워야 합니다. 어떤 언어와 기술을 선택할지는 이 책의 **2부 프런트엔드 로드맵 따라가기**를 읽어보고 기업의 채용 공고문도 둘러본 후 선택하기 바랍니다.

- **학습 방법 선택하기**

  언어와 기술을 추렸다면 학습 방법을 선택해야 합니다. 책, 온라인 강의, 부트캠프, 국비
  지원 학원, 과외 등을 학습 도구로 활용할 수 있습니다. 책이나 온라인 강의로 독학해도
  되고 부트캠프나 국비 지원 학원에 다녀도 됩니다. 독학하는 경우 학습 과정을 직접 관
  리할 수 있지만, 모르는 내용을 만나면 시간이 오래 걸리기도 합니다. 학원은 정해진 스
  케줄에 맞춰 진도를 나갈 수 있지만 비용이 들고, 따라가지 못한다면 기회 비용이 발생
  할 수 있습니다. 이러한 장단점을 고려해 자신에게 맞는 학습 방법을 선택하세요.

- **학습 계획표 만들기**

  언어와 기술, 학습 방법을 선택했다면 구체적인 학습 계획표를 만듭니다. 계획 없이 커
  리큘럼을 소화하려고 하면 공부하려는 마음가짐과 자세를 꾸준히 유지하기 어렵습니다.
  특정 언어 또는 기술을 언제까지 학습하겠다는 계획표를 만들어 실행하면 그것을 완료
  할 가능성이 높아집니다.

지금까지 프런트엔드 로드맵을 살펴보고 커리큘럼을 짜는 방법까지 다뤘습니다. 어떤 목표
를 정하더라도 이 책에서 소개하는 내용을 참고해 커리큘럼을 구성하고 실행한다면 현업에
서 활약할 수 있는 수준의 프런트엔드 개발자가 될 수 있을 것입니다.

찾아보기